Eva Melusine Thieme

KILIMANDSCHARO-TAGEBUCH

Chlorwasser, kein WC, eiskalte Nächte - kurzum, ein Traumurlaub!

Die amerikanische Originalausgabe erschien 2014 unter dem Titel »Kilimanjaro Diaries: Or, How I Spent a Week Dreaming of Toilets, Drinking Crappy Water, and Making Bad Jokes While Having the Time of My Life«

ISBN-13: 978-1508860594
ISBN-10: 1508860599

www.evamelusinethieme.com

Umschlagsgestaltung: Nicole El Salamoni

*Für meine Mutter,
die mir die Liebe zu Büchern
beigebracht hat, und die
dieses Buch gerne
gelesen hätte.*

INHALT

Kilimandscharo-Tagebuch

Prolog

Septmber 2009

Es ist ein kalter und windiger Tag in Overland Park im US-Bundesstaat Kansas. Ich sitze an meinem Computer und weiß nicht, was ich denken soll.

Bleiben wir hier, oder ziehen wir mit unserer sechsköpfigen Familie nach Johannesburg in Südafrika um? Afrika – das wäre dann ein weiterer Kontinent, den wir Heimat nennen könnten, wenn auch nur zeitweise; es wäre aufregend; und es gäbe den Kindern erstmals die Gelegenheit, in einem fremden Land in die Schule zu gehen.

Zudem gäbe es *mir* die Gelegenheit, meine Stellenbeschreibung zu »Expat-Ehefrau« aufzuwerten, eine dieser glamourösen Ehefrauen im Auslandseinsatz zu werden, welche in meiner Fantasie permanent im knappen Kleid und Stöckelschuhen herumspazieren, das Cocktailglas graziös zwischen den Fingern balancierend. Das wäre eine deutliche Verbesserung meines gegenwärtigen Hausfrauenalltags, der hauptsächlich aus Kochen, Hausaufgabenaufsicht und Streitschlichtung besteht.

Aber wir leben erst seit drei Jahren in Kansas, nachdem wir davor alle paar Jahre von Staat zu Staat umgezogen waren, und deswegen sind wir nicht besonders aufbruchslustig. Die Kinder sind in ihren verschiedenen Schulen glücklich, ich habe die Nachmittags-Sportsszene endlich einigermaßen kapiert und entsprechend eingeteilt, wir mögen unseren Kieferorthopäden und unseren Frisör

– unser Leben ist kurz gesagt eine rundum bequeme Routine.

Außerdem habe ich gerade meinen Laptop voller Abscheu zugeklappt. Ich hatte mir ein paar Internetseiten zum Leben in Südafrika angeschaut, aber es war äußerst entmutigend. Wenn ich das glauben soll, was ich in einem Expat-Forum nach dem anderen gelesen habe, dann ist Südafrika – und Johannesburg im Besonderen – die Hochburg der Kriminalität. Sollten wir so leichtsinnig sein dorthin zu ziehen, so habe ich erfahren, dann werden wir schon auf dem Weg vom Flughafen zu unserem Haus nicht nur entführt, sondern höchstwahrscheinlich auch gleich ermordet werden. Unsere Finger wird man abhacken, um an unseren Schmuck zu kommen, pistolenschwingende Gangster werden uns am Geldautomaten überfallen, und man wird uns an der roten Ampel Steine in die Windschutzscheibe schmettern, während ein Trupp Krimineller sich mit unseren Handys davonmacht. Und wenn wir das alles überleben, fallen wir bestimmt einem Verkehrsunfall zum Opfer, weil jedem Autofahrer dort geraten wird er solle »niemals an einer roten Ampel halten«.

Wäre es nicht unverantwortlich, unsere Familie solchen Gefahren auszusetzen? Alle unsere Freunde und Verwandten scheinen genau das zu denken. »Johannesburg? Ihr müsst verrückt geworden sein«, ist eine der milderen Reaktionen, die unsere ersten zaghaften Mitteilungsversuche in den letzten Wochen hervorgerufen haben. Wenn nur wir beide, mein Mann und ich, dorthin gehen würden, dann wäre das naiv genug, so sind sich alle einig. Aber unsere Kinder in die »Mordhauptstadt der Welt« zu verpflanzen – ein Name, der der Stadt Johannesburg seit dem Umsturz der Apartheid-Regierung anhaftet, sei er nun gerechtfertigt oder nicht – wäre grob fahrlässig, wenn nicht noch schlimmer.

»Geht dort nicht hin« ist ein Refrain, den wir von allen Seiten hören.

Vielleicht liegt es daran, dass ich nicht gerne gesagt bekomme, was ich alles nicht machen darf. Oder vielleicht hat unser Leben voller Umzüge – erst ohne, dann mit Kindern – meine innere Uhr so programmiert, dass ich mich langsam wieder nach einem Szenenwechsel sehne, Routine hin oder her. Könnte es sein, dass es noch eine weitere Seite des Lebens in Afrika gibt, eine, die mir nicht unmittelbar ins Auge fällt?

Mir kommt plötzlich ein Gedanke, und ich klappe meinen Computer wieder auf. Wie erwartet bringt eine Google-Suche nach »Kilimandscharo« eine weit vielversprechendere Liste von Links als »Expat in Johannesburg«, und es dauert nicht lange bis ich in diese faszinierende Lektüre vertieft bin und die Welt um mich herum völlig vergessen habe.

Eine Idee ist geboren.

Teil I – Die Planung

»Wer ohne weitere Erfahrung zum erstenmal kulturferne Länder bereist, wird je nach Gewöhnung und Grundsätzen entweder unzulänglich ausgerüstet sein oder – und dies in den meisten Fällen – sich mit allzu viel Ballast schleppen.«

– Dr. Hans Meyer, der als Erster den Gipfel des Kilimandscharo erreichte

Den Kilimandscharo besteigen – ja oder nein?

Dezember 2011

Anfang des Jahres 2010 sind wir tatsächlich nach Südafrika umgezogen und erreichten wohlbehalten - und mit intakten Fingern und Windschutzscheiben - unser neues Haus in Johannesburg. Ohne lange auf den Beginn eines neuen Alltags zu warten, begaben wir uns sogleich auf allerlei Abenteuer und Reisen. Wir wussten, dass jeder Auslandseinsatz irgendwann einmal zu Ende ist - oft eher früher als später - und außerdem lockte die atemberaubenden Schönheit der südafrikanischen Landschaft. So sind nun schon zwei Jahre vergangen. Der Schnee auf dem Kilimandscharo glitzert aus so unerreichbarer Ferne wie je zuvor, obwohl ich den Gedanken an das Erklimmen des »Daches Afrikas« heimlich mit mir herumtrage seit ich den ersten Fuß auf diesen Kontinent gesetzt habe.

Ich kann nicht sagen, was mich dazu antrieb, etliche Informationen über Kletterrouten und Packlisten zu durchforsten, bevor wir überhaupt eine Schule für die Kinder ausgesucht hatten. Ich bin keine Bergsteigerin. Ich bin auch nicht besonders naturverbunden. Ich mache noch nicht mal gerne Spaziergänge und sitze viel lieber an meinem Computer mit einer dampfenden Tasse Kaffee. Klaus, mein Mann, schwärmt häufig von der »frischen Luft«, um mich und die Kinder - die oft genauso fest an ihren elektronischen Geräten kleben wie ich – ins Freie zu locken. Aber wisst ihr was? Warme Luft ist besser als frische Luft, finde ich.

Ehrlich gesagt bin ich eine richtige Stubenhockerin. Ich mag zwar ein gelegentliches Abenteuer, aber hauptsächlich mit dem alleinigen Gedanken, darüber hinterher schreiben zu können. Solange ich es durchlebe, kann ich das Ende kaum abwarten. Ich will nur endlich unter die Dusche kommen und meine Geschichte schreiben, die im Nachhinein unweigerlich lustiger ist als das eigentliche Erlebnis.

Ich habe auch keine »Bucket List«, also so eine Liste auf der alles draufsteht, was man im Leben erreichen will. Ich stelle zwar gerne Listen auf, aber von der alltäglichen Sorte: »Zahnarzttermin ausmachen«, »Gartensprenger reparieren«, und in letzter Zeit, »Herausfinden, wie ich den Maulwurf fangen kann, der unseren Garten umgräbt«. Wenn ich eine »Bucket List« hätte, wäre Bergsteigen möglicherweise das Letzte, was ich daraufsetzen würde. Ich habe schreckliche Höhenangst, habe sogar noch mehr Angst vor Kälte, und Höhe und Kälte sind beim Bergsteigen wohl kaum zu vermeiden.

In der Tat fallen mir noch tausend andere Gründe ein, warum ich den Kilimandscharo *nicht* besteigen sollte. Zum Beispiel könnte ich krank werden. Ich bin zwar keine Hypochonderin, aber mithilfe weniger Nachforschungen kann man herausfinden, dass auf diesem Berg unzählige Erkrankungen drohen. Abgesehen von der gefürchteten Höhenkrankheit, die jährlich zahlreiche Besucher zur vorzeitigen Rückkehr zwingt (oder für diejenigen tödlich endet, die nicht den gesunden Menschenverstand besitzen, rechtzeitig umzukehren), gibt es eine Unzahl anderer Leiden, die einem das Leben auf dem Kilimandscharo zur Hölle machen können. Wenn man sich nicht vom Trinkwasser einen bösartigen Magenvirus einfängt, sich die Ferse durch eine eitrige Blase infiziert oder sich die Knochen beim Sturz in einen tiefen Abgrund bricht, so kann man immer noch hinterher krank werden, wenn einen die Malaria doch noch erwischt, obwohl man sich Wochen später zu Hause schon wieder außer Gefahr wähnt. Diese Gefahr droht zwar nur während der zwei Nächte im Hotel am Fuß des Berges, aber das kann ja schon ausreichen.

Ich bin auch nicht unbedingt auf der Suche nach größerer Aufregung in meinem Leben. Seitdem wir uns entschieden haben, allen Warnungen zum Trotz nach Südafrika umzusiedeln, haben wir uns genussvoll in unser Expat-Leben gestürzt und so viel wie nur möglich von diesem faszinierenden Land erforscht. Man lässt sich zu leicht von den Anforderungen des Alltags einengen und vergisst dabei ganz, dass man an einem unglaublich exotischen Ort lebt und dass die Zeit zu schnell vorübergeht – das wissen wir aus eigener Erfahrung. Südafrika ist nämlich nicht unser erster Auslandseinsatz. Als unsere Söhne noch klein waren, am Ende des vorigen Jahrhunderts (ich sage das zu gerne!), lebten wir einige Jahre lang in Singapur. Im Übrigen war das auch der Anfang meines Hausfrauendaseins, denn wir kamen durch Klaus und seine Firma dorthin, nicht durch meine. Direkt nach unserer Ankunft schlüpfte ich in meine neue Rolle mit dem gleichen Elan, den ich zuvor in den Entwurf von Marketingplänen und Gruppenbildungsseminaren gesteckt hatte. Ich war so sehr mit Mittagsschlafprogrammen, Belohnungstabellen und Töpfchentraining beschäftigt, ganz zu schweigen von oft fruchtlosen Versuchen, verständnislos lächelnde chinesische Handwerker zur Reparatur unserer Klimaanlage zu bewegen, dass ich die exotische und verführerische Welt um uns herum fast vergaß. Wir besuchten zwar einige ferne Länder wie Neuseeland und Indonesien, aber im Nachhinein waren es viel zu wenige. Schon zwei Jahre später verließen wir Singapur wieder, schwanger mit unserem dritten Kind und voller Bedauern über die unerforscht gebliebenen Länder.

Bisher haben wir das hier mehr als wettgemacht. Wir haben nicht nur Südafrika erkundet, das für sich alleine schon einen lebenslänglichen Vorrat an interessanten Ferienzielen aufweist, sondern auch noch exotischer anmutende Orte wie die Viktoriafälle, Mosambik, Mauritius, Namibia, und Sansibar. Wir sind von Elefanten geküsst worden, haben Geparden gestreichelt, sind mit Weißen Haien getaucht, haben ein Löwenbaby gehalten, haben uns von Brücken hinuntergestürzt und aus Flugzeugen heraus (nun gut, ich gebe zu, das waren nur manche von uns, und ich war nicht dabei), sind im Okavango geschwommen und sind den Sambesi hinuntergepaddelt. Wir haben aus diesem Leben so viele Abenteuer gemolken wie es nur ging.

Sicherlich muss nicht ich, eine Hausfrau und Mutter von vier Kindern mit mehr als genug zu tun, einen der großen Gipfel dieser Welt erklimmen.

Und dennoch habe ich genau das vor. Mein Bauchgefühl sagt mir, dass ich Afrika nicht verlassen sollte, ohne den Gipfel des Mount Kilimandscharo gesehen zu haben. Dass mir sonst in meinem Leben etwas fehlen würde. Und es liegt nicht an der Sehnsucht nach einem weiteren exotischen Ferienziel. Vielmehr verspüre ich tief in mir den Wunsch, etwas Bedeutungsvolles zu tun, etwas, das die Jahre zwischen Mutterschaft und Ruhestand überbrückt, etwas, das eine gewisse Größenordnung aufweist. Aber nicht zu viel Größenordnung, um ganz ehrlich zu sein, und wenn man darüber nachdenkt ist der Kilimandscharo der perfekte Kandidat für genau solch ein Unterfangen mittlerer Größenordnung.

Er ist hoch - hoch genug, dass dir das Atmen oben schwerfällt, wenn du überhaupt so weit kommst - aber nicht übermäßig hoch. Er ist der höchste Berg auf einem ganzen Kontinent und zudem der höchste freistehende Berg der Welt, wodurch dein Erfolg, solltest du ihn bezwingen, ein klein wenig mehr herausragt. Und dann ist da noch der Breitengrad. Wenn ich nicht auf einem Berggipfel erfrieren will, dann bietet sich doch wohl derjenige als die ideale Lösung an, der als einziger mitten auf dem Äquator sitzt.

Oder vielleicht liegt es ja auch an Ernest Hemingway, obwohl ich kein großer Fan seiner Bücher bin. Wer denkt bei »Schnee auf dem Kilimandscharo« nicht an weite afrikanische Savannen, an Zeltlager im Busch und an zahlreiche Diener, die einem jeden Wunsch von den Lippen ablesen und den Weg weisen, während sie einem das Gewehr schleppen?

Ich gebe zu, es ist letzteres, was den Ausschlag gegeben hat: Die Gewissheit, dass jemand zwar nicht mein Gewehr, aber dafür meinen Schlafsack, meine Wasserflaschen und meine Feuchttücher zusammen mit Zelten und Haufen von Essensvorräten trägt, während ich gemütlich hinterher schlendere.

Nun gut, also nicht gerade gemütlich, wie sich herausstellen wird. Aber ihr wisst was ich meine.

Wo sonst als in Afrika kann man sich darauf verlassen, dass man rundum verwöhnt wird, wenn man sich eine Woche lang den Entbehrungen der Natur aussetzt?

Es ist Ende 2011, und wenn ich den Kilimandscharo – oder Kili, wie die Insider ihn liebevoll nennen – besteigen will, so ist es jetzt oder nie. Wir wissen nicht, wie lange wir noch hier sein werden. Auslandseinsätze bei großen Firmen kommen und gehen, und unserer hat schon fast zwei Jahre gedauert. Natürlich kann man aus aller Welt zum Kilimandscharo fliegen, aber Johannesburg ist der perfekte Ausgangspunkt, besonders wenn man dort lebt. Man gewinnt schon ein bisschen Vorsprung in Sachen Höhenlage, da man nicht auf Meereshöhe sondern bei 1.600 Metern anfängt, man spart sich den teuren Auslandsflug, und ich bin mir ziemlich sicher, dass man hier auch billigere Klettertouren als im Ausland buchen kann.

Also spreche ich das Thema unter ein paar Freunden an, und in der mir liebgewonnenen typisch südafrikanischen Art wird eine nur vage Idee nach zwei Flaschen Chardonnay Wirklichkeit.

»Wir machen das«, verkündet unser Freund Mike, als Klaus und ich bei ihm und seiner Frau Jacky zum Abendessen eingeladen sind. Und schon wird ein Plan geschmiedet. Über die nächsten Wochen werden noch ein paar Freunde rekrutiert, ein paar Nachforschungen eingeholt, ein Reiseveranstalter gefunden und eine Gruppenreise gebucht. Ich kann ganz ehrlich sagen, dass ich keinen Finger rühren musste, außer vielleicht ein paar E-Mails zu beantworten. Es ist sehr praktisch wenn man Freunde hat, die einem den Urlaub planen.

Erst später erfuhr ich, warum Mike sofort Feuer und Flamme gewesen war. Sein Sohn Dylan, 16 Jahre alt, hatte ihm davor schon irgendwann verkündet, dass er gerne mit ihm den Kilimandscharo besteigen würde; als Vater-Sohn Erlebnis sozusagen.

»Woher hast du denn auf einmal diese Idee?«, fragte Mike.

»Na ja, du wirst eben älter«, kam die ungeschminkte Antwort. »Ich möchte mit dir den Kili besteigen, solange du nicht *zu* alt bist.«

Mike hat es sich nicht zweimal sagen lassen. Obwohl ich mir sicher bin, dass er noch mit über achtzig wie eine Gämse auf Bergen herumhüpfen wird, beschloss er, den Kilimandscharo zum immerhin dritten Mal zu besteigen, bevor Dylan zur Universität aufbrechen würde. Und da war es ein glücklicher Zufall, dass ich genau zur gleichen Zeit auch laut darüber nachgedacht hatte. Ich wollte nämlich gerne unseren ältesten Sohn Max, auch 16 Jahre alt, zum Mitkommen bewegen, und deswegen war mir der Gedanke sehr willkommen, dass einer oder auch mehrere von seinen Freunden uns begleiteten. Das würde mir die Aufgabe bedeutend erleichtern, ihm eine Woche ohne Internet schmackhaft zu machen. Vielleicht habe ich ihm aber auch eine große Schüssel Teig meiner legendären Schokokekse versprochen.

Wenn ich sage, dass nur ein paar Nachforschungen eingeholt und eine Reise gebucht wurde, so stimmt das nicht ganz. Es fanden außerdem eine Reihe von »pub meetings« statt - so nannte Mike unsere regelmäßigen Kneipenabende in seinem Haus - an denen wir offiziell die Details der Reise festlegten, aber uns in Wirklichkeit hauptsächlich einige weitere Flaschen Wein zu Gute kommen ließen, um unser Abkommen zu besiegeln.

Egal was unser Kletterabenteuer bringen wird, ich habe schon jetzt schöne Erinnerungen an diesen ersten Abschnitt - die gemütlichen Abende an der Bar in Mikes und Jackys Haus, an denen wir uns stundenlang Witze und Abenteuergeschichten über vergangene Reisen erzählten.

In einer anderen Sache habe ich auch Klarheit gewonnen. Als ich Klaus anfangs von meinem Vorhaben erzählte, war er an einer Kili-Besteigung interessiert, wenn auch nicht übermäßig davon begeistert. Genau wie ich dachte er, es könnte eine schöne gemeinsame Erfahrung mit Max werden. Max ist unser erstgeborener Sohn (und aus diesem Grund der erste - wenn auch nicht mehr der einzige - Teenager in unserer Familie) und muss demzufolge den Hauptteil unserer zugegebenermaßen oft nicht ganz ausgefeilten Erziehungsmethoden erdulden. Über die letzten drei Jahre hinweg ist daher unser Verhältnis zu ihm nicht das beste gewesen. Sollten wir mit ihm alleine etwas Zeit verbringen, weit entfernt von zu Hause und der verführerischen Anziehungskraft aller elektronischen Geräte, so wäre das für uns alle eine gute Gelegenheit zur Erneuerung der Familienbande.

Unsere anderen drei Kinder sind noch nicht groß genug und zu anfällig für Höhenkrankheit, und außerdem neigen sie dazu, bei der geringsten Steigung zu Fuß lauthals zu jammern. Max, so dachten wir, wäre fähig uns zu begleiten, auch wenn es uns einige Mühe kosten würde, ihn zum Mitkommen zu bewegen.

Dann unternahmen Klaus und ich eine Wanderung - ich würde es eigentlich eher einen Spaziergang nennen - entlang dem Franschhoek Pass im Eastern Cape, nicht weit von Kapstadt entfernt. Es dauerte nicht lange bis das Meckern anfing, ganz ohne Kinder.

»Dieser Weg ist zu uneben«, beschwerte sich mein Mann. »Ich kann die Umgebung gar nicht sehen, wenn ich immer auf meine Füße schauen muss.«

»Wirklich?«, rief ich von weiter oben. Ich hatte genau ans Gegenteil gedacht. Dass gerade dies die Art des Wanderns war, die mir gefiel. Es war eine Herausforderung.

Als wir uns daraufhin gegenseitig Geschichten aus unserer Kindheit erzählten, während wir vorsichtig über große Steine den Berghang hinaufstiegen, stellte sich heraus, dass Klaus die Sonntagsspaziergänge seiner Familie liebte, auf breiten asphaltierten norddeutschen Straßen, flach wie ein Pfannkuchen und natürlich an der frischen Luft. Ich dagegen hasste als Kind Spaziergänge. Schon allein das Wort war mir zuwider. Ich hasste sie leidenschaftlich, auch wenn sie nur eine Stunde dauerten, und gab meinen Gefühlen durch lautes Jammern freien Lauf (erzählt das bitte jetzt nicht meinen Kindern). Aber wenn wir stattdessen eine Tageswanderung in den Schweizer Alpen unternahmen, mit steilen Hängen, Gletscherüberquerungen und sprudelnden Bergbächen, an denen man wunderbare Dämme bauen konnte, dann war ich im siebten Himmel und beklagte mich nie. Oder, bevor jetzt meine beiden Brüder lauthals protestieren, zumindest beklagte ich mich seltener. In der Tat mag ich eine richtige Herausforderung gerne, während ich Laufen nur des Laufens wegen hasse wie die Pest. Wenn es schon eine geteerte Straße gibt, warum nicht mit dem Fahrrad fahren damit es schneller geht?

Klaus allerdings konnte sich mit dem zerklüfteten Weg auf unserer halbstündigen Wanderung nicht anfreunden, und ihm wurde dabei klar, dass er sieben ganze Tage noch weniger mögen würde. So kamen wir damals zu dem Schluss, dass ich den Kilimandscharo ohne ihn besteigen müsste, falls ich es tatsächlich tun wollte. Ich hatte mir Sorgen um Max gemacht, aber am Ende war es mein Mann, den ich nicht überzeugen konnte. Sogar Mikes unermüdliches Zureden im Laufe all unserer weinseligen Abende fiel auf taube Ohren und es gelang uns nicht, ihn umzustimmen.

Jetzt, wo wir alles geplant haben, ist mir der Gedanke etwas unangenehm, dieses Abenteuer ohne Klaus zu unternehmen. Ich bin zwar nicht eine dieser Ehefrauen, die zu ängstlich sind, etwas ohne ihre Männer zu unternehmen. Ich bin mit den Kindern etliche Male alleine gereist, einschließlich tausender Kilometer mit dem Auto, und es hat mich nie gestört, wenn ich dabei die einzige Erwachsene war. Ich hätte mich bei solchen Gelegenheiten zwar über seine Gesellschaft gefreut, aber es machte mir nichts aus, den Kofferraum selber ein- und auszupacken oder mich in einer Flughafenhalle zurechtzufinden.

So ist es auch diesmal, oder sogar einfacher, weil die Kinder zur Abwechslung nicht in der Mehrheit sein werden. Aber dennoch plagt mich ein unangenehmes Gefühl. Bei allen früheren Gelegenheiten, an denen Klaus uns nicht begleiten konnte, gab es dafür plausible Gründe. Sie waren den Umständen geschuldet und im Voraus gemeinsam abgesprochen. Wir schauten uns gemeinsam den Terminplan an, legten eine Reiseroute fest, und Klaus buchte die Flüge. Ich kann Flüge buchen nicht ausstehen. Wenn es an mir läge, die Flüge zu buchen, dann würden wir niemals irgendwohin reisen.

Aber diesmal habe zum ersten Mal *ich allein* den Wunsch, eine Reise zu unternehmen, und der Wunsch ist so stark, dass ich mich selbst an die Planung mache. Oder dass ich vielmehr jemand anderen finde, der meine Reiseplanung macht. Von uns beiden bin nur ich diejenige, die den Kilimandscharo besteigen will, und wenn es sein muss, lasse ich ihn eben zurück. Es fühlt sich fast so an, als ob ich zwischen Ehemann und Berg die Wahl habe und den Berg wähle. Wir sind seit über 20 Jahren verheiratet, und während dieser ganzen Zeit haben wir alle Entscheidungen gemeinsam getroffen, wollten die gleichen Dinge im Leben, hatten fast immer denselben Geschmack. Obwohl er meine Entscheidung voll und ganz unterstützt, kann ich trotzdem das Gefühl nicht ganz abschütteln, dass ich auf meiner Suche nach persönlicher Erfüllung meinen Mann ein klein wenig im Stich lasse.

Dass Max mitkommen wird, glaube ich schon, oder zumindest hoffe ich es. Er ist dem Thema bisher aus dem Weg gegangen, denn er hat gelernt, dass »vielleicht« und »ich bin mir nicht ganz sicher« eine leichter zu verdauende Antwort ist als »nein, absolut auf gar keinen Fall«. Das ist nämlich sonst seine typische Reaktion, wenn es darum geht, etwas Neues und Unbekanntes auszuprobieren. Besonders wenn er nicht zu hundert Prozent sicher sein kann, dass es ihm auch beim ersten Versuch gelingt. Ich habe eine Tendenz zum Perfektionismus, und ich sehe sie tausendmal in Max widergespiegelt. Es ist sehr amüsant, ihm zum Beispiel dabei zuzuschauen, wie er einen Kuchen backt und beim Messen der Zutaten winzige Mengen hin- und her bewegt und immer wieder prüft, bis endlich alles aufs Milligramm genau stimmt. Und wie alle Perfektionisten macht er etwas lieber gar nicht, bevor er eventuell daran scheitert.

Außerdem wird es ihm schwerfallen, es über eine Woche lang ohne die geliebte Xbox auszuhalten, ganz zu schweigen vom Komfort seines Alltags. Aber andererseits liebt er genau wie ich eine echte Herausforderung. Er ist mit mir einmal um die Wette bis in die 21. Etage eines Hotels in Manhattan hinaufgesprintet, wobei er mich nach drei Stockwerken abhängte und mit einem unschuldigen Lächeln begrüßte, als ich mich Ewigkeiten später mit hängender Zunge und unverständlich stammelnd ins Zimmer schleppte.

Es wird bestimmt ein tolles Erlebnis werden, das Kilimandscharo-Massiv gemeinsam zu bezwingen. Ich hoffe nur, dass er nicht mit mir um die Wette den Berg hinaufrennen wird.

Ein Paar Neue Stiefel… und ein Countdown

Februar 2012, noch sieben Monate

Es ist vollbracht. Ich habe meine Wanderstiefel für den Kilimandscharo gekauft.

Die Stiefel sind bisher alles, was ich habe, aber trotzdem fühle ich mich jetzt irgendwie anders. Jetzt bin ich sozusagen »drin« in dem Abenteuer. Soll der Countdown beginnen! Ich habe sieben Monate Zeit, um die restliche Ausrüstung zusammenzusuchen.

Wir haben September als unseren Klettermonat gewählt, und das aus mehreren Gründen. Zum einen haben die südafrikanischen Schulen im September Ferien, und somit werden die Jugendlichen in unserer Gruppe keinen Unterricht verpassen. Zum anderen war es kein einfaches Unterfangen, die Terminpläne aller zehn Teilnehmer zu koordinieren und sich auf ein Datum zu einigen. Es ist ein kleines Wunder, dass wir einen Termin gefunden haben, der weniger als zehn Jahre in der Zukunft liegt.

Aber hauptsächlich haben wir uns wegen des Klimas auf den September geeinigt. Ich kann euch sagen, die Nachforschungen über das Wetter und die beste Jahreszeit für eine Kilimandscharobesteigung waren nicht gerade einfach. Ich nehme an, dass die Reiseveranstalter im Zwiespalt stehen, ob sie lieber auf gute Erfolgsraten setzen sollten oder darauf, das ganze Jahr ausgebucht zu sein, und deswegen kann man gute Argumente für eigentlich jeden Monat im Jahr finden, je nachdem welche Meinung man liest.

Ganz einfach gesagt: Es gibt zwei Regenzeiten auf dem Berg, eine kürzere und eine längere. Die willst du beide vermeiden. Nur, dass das alle anderen auch möchten, und das bedeutet, dass besseres Wetter auch größere Menschenmengen mit sich bringt.

Die trockensten Monate sind August, September und Oktober, von denen der August am kältesten ist und der Oktober, obwohl wärmer, sich zunehmend von seiner bewölkten Seite zeigt. Von den dreien scheint der September das beste »Goldlöckchen«-Szenario zu bieten - milde Temperaturen und blauen Himmel.

Die andere Trockenzeit währt von Januar bis Mitte März und ist auch eine gute (und populäre) Jahreszeit für Kilimandscharobesteigungen. Es ist dann wärmer als im September, aber die Niederschlagswahrscheinlichkeit ist auch höher. Zu beiden Zeiten ist der Berg überfüllt. Wenn du die Menschenmengen vermeiden willst, ist die beste Zeit wahrscheinlich Anfang März. Aber du gehst damit das Risiko ein, in die Regenzeit zu kommen, die typischerweise von Ende März bis Anfang Juni dauert.

Juni klingt für mich wie der schlimmste Monat - kalt und nass. Nur Juli ist vielleicht noch schlechter, weil es dann immer noch kalt - und nur unbedeutend weniger feucht - ist, dabei aber voller Massen von Europäern, bei denen gerade dann die Sommerferien angefangen haben. Stell dir Horden von Menschen vor wie sie über Wege aus Schlamm rutschen, und du wirst dir nicht gerade den Juli aussuchen wollen.

Von November bis Dezember dauert die andere Regenzeit, und ich kann auch für sie kein vorteilhaftes Argument bezüglich unseres Abenteuers finden, es sei denn, man setzt es sich in den Kopf, unbedingt von der höchsten Spitze Afrikas ins neue Jahr rutschen zu wollen.

Mir schwirrte der Kopf, als ich mich zum ersten Mal durch dieses Meer aus Informationen kämpfte. Der Nebel begann sich erst zu lichten, als ich mein »Unternehmen Kilimandscharo« in die folgenden Kategorien einteilte:

Januar – März: Hauptsaison auf dem Kilimandscharo (eine von zweien), warme Temperaturen, eine relativ geringe Niederschlagswahrscheinlichkeit (außer gegen Ende März), gute Sicht, viel Betrieb (aber etwas weniger als im September).

April – Juni: Die Hauptregenzeit mit fallenden Temperaturen gegen Juni hin, wird von den meisten Touristen vermieden (und auch von einigen Reiseveranstaltern).

Juli: Weniger Regen, Nächte immer noch sehr kalt, zunehmende Besucherzahlen.

August – Oktober: Hauptsaison auf dem Kili, die trockensten Monate des Jahres, gute Sicht, zunehmend warme Temperaturen, oftmals bewölkt gegen Ende Oktober, sehr viel Betrieb (besonders im September).

November – Dezember: Regensaison, weniger Touristen aber zunehmende Menschenmengen über die Weihnachtsfeiertage.

Es gibt auch allerlei widersprüchliche Informationen, besonders was die Temperatur anbelangt. Ist denn wirklich Juni der kälteste Monat, oder September? Oder vielleicht sogar Januar? Wie dem auch sei, es scheint mir vernünftig zu sein, jeglichen Regen zu vermeiden, egal, wie hoch die Durchschnittstemperatur ist. Ich zumindest hasse es, nass zu werden. Das bedeutet, dass zwischen Ende August und Mitte Oktober – oder eventuell auch im Januar bzw. Februar – die vielversprechendsten Termine für eine erfolgreiche Kili-Besteigung liegen.

Wir haben September ausgesucht. Und ich glaube, das haben alle anderen Kilimandscharo-Bergsteiger auch getan.

Bis dahin ist noch viel Zeit, und es gibt keinen Grund zur Sorge. Nur habe ich das ungute Gefühl, dass ich ein neues Blog ins Leben rufen sollte, in dem ich die Tage herunterzähle. Jeder, der einen Kili-Aufstieg versucht, scheint ein Blog dafür zu haben. Da ich aber schon ein Blog habe, in dem ich seit Jahren unser Expat-Leben in Südafrika aufzeichne, begnüge ich mich mit einer neuen Kategorie namens »Kili Climb« und schreibe einen Eintrag über meine ersten Vorstöße in Sachen Planung. Als Antwort darauf bekomme ich jede Menge ermutigende Kommentare von meinen Lesern. Das ist einerseits nett, aber mir ist andererseits klar, dass ich mich damit öffentlich geoutet habe und dass es nun kein Zurück mehr gibt.

Nicht nur scheint jeder, der einen Kili-Aufstieg plant, ein Blog dafür zu haben, sondern er oder sie widmet außerdem die ganze Geschichte irgendeiner Wohltätigkeitsaktion. Aber mir fällt kein einziger karitativer Zweck ein, in dessen Namen ich mir hinreichend die kommenden Entbehrungen aufhalsen könnte. Der einzige Wohlfahrtsfall, der mir einfällt, ist mein eigener, denn ich muss ja irgendwie dieses eher teure Unterfangen finanzieren. Ich befürchte, meine Wanderung wird ohne edles Ziel stattfinden müssen. Wenn ich ganz ehrlich bin, ist sie sogar ziemlich egoistisch. Man muss sich nur vorstellen: eine ganze Woche lang nicht für eine sechsköpfige Familie kochen müssen – wo liegt darin die Aufopferung?

Es gibt zweierlei Gründe dafür, dass ich die Wanderstiefel schon jetzt und nicht später gekauft habe: 1) Sie waren im Sonderangebot, und hier in Südafrika, wo jegliche Sorte von Schuhen unsagbar teuer ist, muss man bei Schuh-Sonderangeboten sofort zuschlagen; und 2) Man muss sie vor dem Wandern einlaufen, denn das Letzte, was man auf dem Berg brauchen kann, ist eine Blase am Fuß.

Ich habe die feste Absicht, jeden Morgen diese Stiefel zu schnüren und mit den Kindern zur Schule zu marschieren (und vielleicht sogar ihre Rücksäcke zu tragen). Nur habe ich die Stiefel jetzt schon eine Woche lang, und bisher sind sie nur in meinem Schrank gestanden, während die Kinder alleine in die Schule gelaufen sind, so wie immer.

Genau deswegen habe ich die Stiefel so früh gekauft: damit ich genügend Zeit habe, alles auf die lange Bank zu schieben. Wie ich von Kili-Absolventen gehört und auch gelesen habe, besteht die beste Vorbereitung zur Besteigung darin, täglich oder zumindest wöchentlich spazieren zu gehen, mit oder ohne Stiefel.

Joggen oder laufen - so, als ob man sich auf einen Marathon vorbereiten würde - muss man nicht. Diese Sorte von Fitness ist nicht gefragt. Darüber bin ich ganz besonders erfreut, denn ich hasse das Laufen. Anscheinend ist es nicht nur unnötig, sondern vielleicht sogar kontraproduktiv. Man hört viele Geschichten von durchtrainierten Sportlern, die ihre Gipfelambitionen wegen Höhenkrankheit oder anderen Leiden aufgeben mussten. Ich denke da zum Beispiel an Martina Navratilova. Ich habe in letzter Zeit etliche Kilimandscharo-Berichte durchstöbert, und der ihrige vom Vorjahr hört sich ausgesprochen dramatisch an: Magenkrämpfe, schwerer Regen, Höhenkrankheit, eine Rettungsaktion mitten in der Nacht, ein Krankenhausaufenthalt zur Erholung von Lungenödemen - all dies, obwohl sie von einem persönlichen Teamarzt begleitet wurde.

Ich kann nicht vorhersehen, welches Drama unsere Expedition mit sich bringt, aber ich weiß mit ziemlicher Sicherheit, dass auf *unserem* Berg kein Teamarzt dabei sein wird.

Übrigens möchte ich hier nicht verschweigen, dass ich tatsächlich an einer Art Training teilnehme, und zwar an einem dieser »Bootcamps«, die momentan der letzte Schrei zu sein scheinen. Einmal, manchmal auch zweimal die Woche, schleppe ich mich zum Fußballplatz neben der

Schule und lasse mich eine Stunde lang von einem Feldwebel mit Stoppuhr herumkommandieren. Beziehungsweise ist es eine Feldwebelin, und sie ist Martina Navratilova gar nicht so unähnlich, wie mir jetzt, als ich darüber nachdenke, auffällt. Sie zwingt uns zu allen möglichen grausamen Übungen, und wenn wir mit den Übungen fertig sind, zwingt sie uns zu mehreren Kilometern Dauerlauf, den ich, wie schon erwähnt, hasse, und zu guter Letzt bringt sie uns mit einem »Burpee« nach dem anderen vollends auf Vordermann. (Wenn du schon einmal bei einem Bootcamp mitgemacht hast, wirst du genau wissen, was ein »Burpee« ist, denn man vergisst es nicht so schnell. Wenn du noch bei keinem Bootcamp warst, dann willst du es wahrscheinlich gar nicht wissen.)

Ich glaube aber nicht, dass das Bootcamp für eine erfolgreiche Kilibesteigung unbedingt erforderlich ist. Ich mache eigentlich nur zufällig dabei mit und weiß ehrlich gesagt gar nicht genau, warum, außer dass meine Freundin Monia, die mit uns den Kili besteigen möchte, mich dazu überredet hat. Vielleicht sollte ich auch erwähnen, dass Monia schon einmal erfolgreich den Kilimandscharo bestiegen hat. Sie ist eine dieser Verrückten, die es ein zweites Mal tun wollen. Wenn sie zum Bootcamp geht, dann ist es sicherlich keine schlechte Idee, es ihr nachzumachen.

Einen Rucksack habe ich auch gekauft. Nichts großes, sondern nur einen fürs Tagesgepäck. Ich glaube nicht, dass ich ihn so wie die Schuhe eintragen muss, aber ich habe ihn trotzdem jetzt schon gekauft, weil mir allein die Idee des Tagesgepäckes so viel Freude macht. Wie ich schon sagte: Wenn ich »Berg bezwingen« von meiner »Bucket List« streichen will, obwohl ich keine »Bucket List« habe, dann ist mir ein Berg wie dieser am liebsten, auf den ich nur einen kleinen Rucksack für Jacke, Kamera und Wasserflasche tragen muss. Alles andere, so wurde uns gesagt, sollen wir in Reisetaschen packen, die die Träger dann auf ihren Köpfen transportieren werden.

Ich kann es kaum abwarten, ein Foto von den Trägern zu machen, wie sie unsere Taschen auf ihren Köpfen tragen, denn ich arbeite immer noch an einer Fotokollage zum Thema »Afrikaner, die Zeug auf ihrem Kopf tragen« für mein Blog. Obwohl die Träger mir wahrscheinlich weit voraus den Berg hinaufeilen werden, sodass ich sie gar nicht zu Gesicht bekommen werde.

Übrigens, falls ihr neugierig seid: Ich habe meine Stiefel angezogen. Wenn ich schon so früh anfange, dann könnte es ja sein, dass sie bis zum September eingelaufen sind, obwohl ich mit ihnen bisher nur am Computer gesessen und dieses Tagebuch getippt habe.

Die Einkaufsliste

März 2012, noch sechs Monate

Zum Glück sind es noch sechs Monate bis zu unserer Wanderung, denn mein Kili-Vorratshaufen ist bislang kümmerlich klein. Und das nicht mangels ausreichender Bemühungen meinerseits.

Ich war schon zigmal im örtlichen Outdoor-Geschäft Trappers. Es ist sehr gut ausgestattet und außerdem direkt neben einem Pick-'n-Pay-Supermarkt, was sehr praktisch ist für kurze Abstecher, wenn ich gerade sowieso einkaufen gehe. Die Angestellte bei Trappers – sie heißt Julie – kennt mich schon beim Namen. Sie hat mir geduldig alle Möglichkeiten dargelegt und mir mehr oder weniger alles gezeigt, was vorrätig ist.

Aber genau das ist das Problem: Ich bin völlig überfordert vor lauter Auswahl. Ich muss ja schon stundenlang die Wahl einer Tube Sonnencreme überdenken, bevor ich mich zum Kauf durchringen kann. Und hier gibt es auf einmal dutzende Varianten von Schlafsäcken, Iso-Matten und wollener Unterwäsche. Wie soll ich mich da entscheiden können? Und dann gibt es natürlich auch noch etliche Regale voll unnötigem Kram. Oder vielleicht ist er ja auch gar nicht so unnötig. Wer kann schon sagen, ob ein Handtuch aus Mikrofaser nicht genau das ist, wonach ich mich auf dem Kilimandscharo am meisten sehnen werde? Es wiegt praktisch gar nichts und ist superweich! Die Versuchung ist überwältigend. Aber in welcher Größe soll ich es kaufen? Und fast noch wichtiger: in welcher Farbe? Und wie steht es mit dem kompletten Teller- und Besteckset aus eloxiertem Aluminium, fein säuberlich gestapelt und in einem Tragnetz verzurrt? Oder sollte ich das teurere Topmodell aus Titan nehmen, mit Löffel-Gabel-Kombinationsgerät und – laut Werbung – unverwüstlich?

Julie, das muss man ihr anrechnen, hat mir nichts davon aufgedrängt. Im Gegenteil, sie rettet mich vor den schon in meinen Einkaufskorb gewanderten Essgeräten sowie einem sturmsicheren Feuerzeug (widersteht orkanartigem Wind), indem sie mich behutsam darauf aufmerksam macht, dass auf dem Kilimandscharo all unser Essen für uns gekocht und serviert wird. Mit Bedauern lege ich Teller und Löffel-Gabel-Ding (auf Englisch heißt es *spork* – ist das dann auf Deutsch ein Löbel? Oder eine Gaffel?) wieder an ihre Plätze im Regal zurück und begebe mich zur Kasse, vorbei an verlockenden Taschenlampen, Karabinerhaken, einer Packung »Ultimativer Überlebensausrüstung«, und einem Taschenmesser aus mattseidenem Stahl.

Vielleicht sollte ich auf den Rat keines Geringeren hören als desjenigen, der als Allererster in der Geschichte auf dem Gipfel des Kilimandscharo stand, vor über 120 Jahren: »Wer ohne weitere Erfahrung zum erstenmal kulturferne Länder bereist, wird je nach Gewöhnung und Grundsätzen entweder unzulänglich ausgerüstet sein oder – und dies in den meisten Fällen – sich mit allzu viel Ballast schleppen.«

Diese Worte hat Dr. Hans Meyer niedergeschrieben, Deutschlands eigener Sir Edmund Hillary, der erste, der im Jahre 1889 erfolgreich den Kilimandscharo bestiegen hat. Er warnt ausdrücklich vor »Offiziersmenagen zum Ineinanderschachteln, Lampen und Laternen zum Zusammenfalten, Gummibetten und Kissen zum Aufblasen und dergleichen mehr, wie sie in den europäischen Ausrüstungsmagazinen angepriesen werden«. Hätte es zu seiner Zeit Karabinerhaken und »Sporks« und mattseidene

Taschenmesser mit Pinzette und Zahnstocher gegeben, so hätte er sie bestimmt auf seine »Lass-dich-nicht-verführen-Liste« gesetzt, da bin ich mir ganz sicher.

Ich kann nicht umhin, eine gewisse Solidarität mit Hans Meyer zu empfinden. Zum einen war er ein Deutscher, so wie ich und auch Klaus. Wir sind zwar beide inzwischen eingebürgerte Amerikaner, nachdem wir vor über 20 Jahren zu unserem MBA-Studium in die USA gezogen sind und dort eine Familie gegründet haben, aber wir sind beide in Deutschland aufgewachsen und fühlen uns in unserem Innersten immer noch ein bisschen deutsch (besonders alle vier Jahre während der Fußballweltmeisterschaft).

Es liegt jedoch nicht an seiner deutschen Herkunft, dass mir Hans Meyer wie ein alter Bekannter vorkommt. Es ist vielmehr das Gefühl, dass seine damaligen Gedanken zum Einkauf der Expeditionsausrüstung meinen eigenen im Jahre 2012 so ähnlich sind. Meine Errungenschaften kann man bisher ganz eindeutig auf der Seite von »unzulänglich ausgerüstet« verbuchen - in diesem Tempo laufe ich keine Gefahr, zu viel mitzunehmen. Die Tatsache, dass dieser Vater aller Kili-Bergsteiger mir seine Zustimmung zu geben scheint, stimmt mich auf einmal ganz froh.

Bald genug fühle ich allerdings den erneuten Drang, meine Vorräte über Stiefel und Rucksack hinaus aufzustocken, und so mache ich mich erneut mit einer langen Kili-Einkaufsliste in der Hand auf den Weg zu Trappers. Ich gehe nicht besonders gerne einkaufen (hier sollten wir eine kurze Pause für die lauten Proteste von Klaus einlegen, wohin denn dann sonst verdammt nochmal unser ganzes Geld verschwindet) und bin außerdem, wie gesagt, eine Perfektionistin, was zusammen keine gute Kombination ergibt.

Ich schaue mich in dem Geschäft um und sehe eine Columbia-Jacke die mir gefällt. Ich besitze zwar schon eine perfekte Skijacke, aber leider ist sie irgendwo in den hintersten Winkeln eines Lagers in Kansas verstaut, zusammen mit ein paar Möbeln, die wir beim Umzug nicht mitnehmen konnten. (Anmerkung für zukünftige Expats: Bringt immer eure Kaltwetter-Kleidung mit, egal wohin ihr zieht; ihr wisst nie, ob ihr irgendwann den Drang verspürt, einen der Sieben Gipfel der Welt zu erklimmen.)

Ich probiere die Jacke an, und sie ist sehr schön. Nein, sie ist sogar spektakulär! Außerdem ist sie sehr teuer. Sie hat ungefähr 20 mit Reißverschlüssen versehene Taschen und 15 Stoffschichten, anhaltende Wärme praktisch garantiert! Sie ist ein High-Tech-Kleidungsstück der feinsten Sorte, und wahrscheinlich bräuchte ich für das korrekte Anziehen ein separates Trainingsprogramm, denn ich wüsste gar nicht, ob ich es schaffe, alle meine Gliedmaßen erfolgreich in den richtigen Ausbuchtungen zu verstauen und alle Öffnungen zu schließen.

Weil mir die Jacke gefällt, schaue ich nach Hosen, die dazu passen. Wisst ihr, was mich beim Einkaufen von Skikleidung verrückt macht? Nichts passt zusammen! Ich probiere eine sich beißende Farbkombination nach der anderen an, während sich in meinem Kopf eine stumme Debatte darüber entfaltet, dass es am Ende des ersten Tages scheißegal sein wird, welche Farbe meine Skihose hat, die ich sowieso nur kurz für die Gipfelnacht brauche. Und trotzdem kann ich mich nicht dazu überwinden, eine dieser schrillen Dinger wirklich zu kaufen.

Da ich es mir aber in den Kopf gesetzt habe, nicht ohne mindestens einen Einkauf in der Tasche den Laden zu verlassen, denke ich nochmal an Hans Meyers Rat. »Das Teuerste ist auch da in vieler Beziehung am billigsten« ist eine der anderen Weisheiten aus seinem Buch, und mir wird auf einmal klar, dass neben den Stiefeln der Schlafsack die Investition ist, bei der ich nicht sparen darf. Ich werfe alle meine Internet-Nachforschungen und komplizierten Pläne, mir Teile aus den USA zuschicken zu lassen, über den Haufen und gehe zielstrebig zum Schlafsack-Display. Dort suche ich mir den teuersten Schlafsack mit dem besten Temperatur-Rating aus und trage ihn zur Kasse, allen Kosten zum Trotz.

Gleich geht es mir viel besser. Der Schlafsack war ein bedeutender Posten auf meiner Liste. Ich muss zwar nochmal zurückkommen und einen zweiten für Max kaufen, wenn wieder neue ins Lager kommen, aber jetzt weiß ich ja, welchen ich will, also ist das kein Problem.

Noch eine weitere Entscheidung treffe ich heute, und zwar hinsichtlich der Socken. Als ich vor einem Monat die Stiefel gekauft habe, bekam ich zum Anprobieren ein Paar Socken, und jetzt erinnere ich mich daran, dass sie himmlisch waren. Ich wollte sie nicht wieder ausziehen, gar nicht mehr! Von dieser Marke muss ich jetzt zwei Paar haben, und sie sind auch nicht schwer wiederzufinden. Man kann das große rote »L« und »R« - für »links« und »rechts« - auf ihnen gar nicht übersehen, die Buchstaben leuchten mir aus dem Sockenregal geradezu entgegen. Vielleicht liegt es nicht nur am Komfort sondern auch an dieser besonderen Markierung, dass ich gerade die und keine anderen Socken als Reisebegleiter haben muss, auch wenn es die teuersten Socken sind, die ich jemals besitzen werde. Ich glaube, dass ich alle Hilfe brauchen werde, um diesen Berg zu bezwingen. Wenn diese Hilfe in Gestalt von Socken kommt, dann sind diese wohl das Geld wert.

Ich freue mich so richtig über meinen Erfolg, sodass ich gleich zu Hause einen kleinen Haufen aufschichte mit all dem, was ich schon habe: Stiefel, Socken, Rucksack und Schlafsack - vier Teile. Acht, wenn ich jeden Stiefel und jede Socke einzeln zähle. Das ist kein schlechter Trick, um meine Errungenschaften ein wenig umfangreicher erscheinen zu lassen. Trotzdem habe ich das ungute Gefühl, dass alle anderen in unserer Gruppe mir mit dem Packen schon weit voraus sind.

Noch schlimmer: Ich muss ja alles in zwei Ausführungen kaufen - eine für mich und eine für Max. Ihn zum Schuheinkauf zu schleppen wird noch eine viel schwierigere Aufgabe sein. Als ich ein Teenager war, ging ich gerne einkaufen, auch wenn ich es heute eher vermeide, aber Max in ein Geschäft hineinzukriegen, ist wie Elefanten in einer Herde zu treiben. Es wird schon schwierig genug sein, ihn dort lange genug festzuhalten, um ein einziges Paar Stiefel anzuprobieren. Wenn die nicht passen, wird er sich weigern, danach noch andere anzuziehen.

Wie ich da so stehe und meinen Vorratshaufen betrachte, kommt mir plötzlich ein Gedanke. Ich renne ganz nach unten in die Garage, und da ist sie, ganz hinten auf dem Regal zwischen Küchentüchern und Fußballschuhen: eine Kiste voll »Little Hotties – bis zu 8 Stunden pure Hitze«.

Klaus hat diese Kiste Handwärmer bei Costco während unseres letzten Winters in den USA gekauft. Wir hätten die nie alle aufbrauchen können, auch wenn wir noch 20 Jahre in Kansas gelebt hätten. Aber wenn *meine* Schwäche Unentschiedenheit bei zu viel Auswahl ist, so hegt Klaus eine irrationale Liebe zu Großmärkten. Eigentlich sollte sich diese Kiste ja irgendwo in Kansas befinden, zusammen mit meiner Skijacke, anstatt um die halbe Welt geschafft zu werden. Sie war für die Lagerung vorgesehen, nicht für den Container, denn wer braucht in Afrika schon Handwärmer? Jetzt aber bin ich heilfroh, sie zu haben. Ihr werdet euch erinnern, dass ich genau zwei Ängste vor dem Bergsteigen habe, und mit meinen Handwärmern werde ich eine davon bezwingen können. Sie – die Handwärmer – werden in meine Reisetasche gepackt, komme was wolle, auch wenn ich sie bei meinen Nachforschungen auf diversen Internetseiten noch nicht erwähnt gesehen habe.

Ich werde gleich die ganze Kiste einpacken.

Sicherheitshalber setze ich mich sofort zu Hause an den Schreibtisch und tippe meine eigene Kilimandscharo-Packliste. Das Endprodukt ergibt sich aus Unterhaltungen mit Leuten, die schon mal auf dem Kili waren, Julies professionellem Rat (sie ist selber auch Kili-Veteranin), dem so praktisch veranlagten Hans Meyer höchstpersönlich (»dicke starkfädige Wollsocken und rindlederne, über die Knöchel reichende und gut vernagelte Schnürstiefel«) und meinen vielen zeitraubenden Vorstößen ins Internet. Klaus wirft mir vor, alle meine Einkäufe zu Tode zu recherchieren, und wahrscheinlich hat er damit auch Recht. Die Einkaufsliste ist der eine Aspekt meiner Kili-Vorbereitungen, den ich bisher sehr ernst genommen habe.

Als ich mit der Liste fertig bin, fühle ich mich sofort besser und dem Uhuru-Gipfel einen großen Schritt näher. Nichts suggeriert einem so sehr das berauschende Gefühl, etwas Großartiges erreicht zu haben, wie das Abhaken einer guten Liste.

Eine Schaufel? Im Ernst?

April 2012, noch fünf Monate

»*(1) Hacke oder kleine Schaufel (Waschungen)*«.

Da wir unsere Reise von Südafrika aus antreten, studiere ich natürlich die einschlägige Literatur im Englischen. Und da traf ich auf den oben genannten Posten auf der Kili-Packliste, der auf Englisch mit »Garden trowel or small shovel (ablutions)« angeführt ist. *Garden trowel* und *shovel* ließ sich einfach übersetzen, aber mit *ablutions* und der direkten Übersetzung *Waschungen* tat ich mich schwer. Sicherlich hat das etwas mit der unterschiedlichen Zurückhaltung der Völker zu tun, die unfeinen Seiten des Lebens beim Namen zu nennen. Denn als ich nachschaute, was genau mit *ablutions* gemeint war, stellte sich heraus, dass die Schaufel schlicht und ergreifend für unsere Scheiße vorgesehen war.

Bisher habe ich mich mit diesem Posten (bedarfsweise) nicht weiter auseinandergesetzt, aber heute starrt er mir aus irgendeinem Grund vom Papier entgegen.

Manchmal kann man sich etwas nur vorstellen, wenn man davon ein klares Bild im Kopf hat, und das habe ich dank der Schaufel auf einmal. Ich gebe zu, dass ich über die Toilettensituation auf dem Kilimandscharo noch gar nicht nachgedacht hatte. Aber die Schaufel, im Verbund mit *(2) Rollen Toilettenpapier,* lässt mich nun an nichts anderes denken.

Es ist gar nicht mal so, dass ich mich leicht vor irgendetwas ekele. Ich bin eine Mutter von vier Kindern und habe mich im Laufe ihrer Erziehung schon mit genügend abstoßenden Situationen auseinandersetzen müssen. Wie schon erwähnt, bin ich auch keine gebürtige Amerikanerin. Das bedeutet nicht nur, dass ich eher gewillt bin, ekelerregende Substanzen beim Namen zu nennen, sondern dass ich ihnen gegenüber auch eine höhere Toleranz aufweise.

Ich werde nie vergessen, wie ich an meiner ersten Arbeitsstelle nach dem MBA-Studium eines Tages über dem Wasserbehälter der Toilette hing. Er füllte sich nicht wieder von selbst, und eine Kollegin hatte mich gebeten, ihn zu reparieren. Sie war noch neuer in der Firma und unerfahrener als ich, und es gab in unserem kleinen Unternehmen niemand anderen, den man bei so etwas rufen konnte. Also tat ich das, was man in solch einer Situation nur tun kann: Ich tauchte meinen Arm in den Tank und entwirrte das dünne Kettchen, welches bei amerikanischen Toiletten an der Klappe zum Zufluss angebracht ist.

Meine Kollegin wich voller Entsetzen zurück. »Hast du gerade mit deiner Hand ins Klo gefasst?«, fragte sie ungläubig.

»Nein, nicht ins Klo. In den Tank. Und das Wasser da drin ist das gleiche wie das, was aus der Leitung kommt.«

Aber ganz egal was ich sagte, ich konnte sie nicht von der Überzeugung abbringen, dass ich auf irgendeine grässliche Art meine Hände vergiftet hätte. Noch wochenlang später hatte ich das Gefühl, dass sie bei jeder Begegnung ein klein wenig vor mir zurückschreckte.

Außerdem bin ich nicht gerade verklemmt. Auch in dieser Beziehung hilft es, nicht in Amerika aufgewachsen zu sein. Nicht nur ist es den Deutschen im Allgemeinen relativ egal, ob jemand im Freibad beim Umkleiden ihren nackten Hintern erblickt, sie scheinen auch manchmal geradezu bestrebt zu sein, ihre Unterleiber öffentlich vorzuführen. Ich erinnere mich an die alten Männer an der Ostsee (zumindest erschienen sie mir als Kind alle alt), wie sie in ihren Wollpullovern (und zwar *nur* in ihren Wollpullovern), am Strand entlangjoggten. Allerdings ging es selbst mir einmal zu weit, und zwar als ich zu einer Vorsorgeuntersuchung bei einem deutschen Arzt musste, nachdem ich schon viele Jahre in Amerika gelebt hatte. Er wies mich an, mich auszuziehen, und da man in Deutschland beim Arzt nicht so einen Keuschheitsumhang bekommt wie in den USA, stand ich alsbald völlig entkleidet im Behandlungszimmer und wartete auf weitere Anweisungen. Aber anstatt mich wie erwartet zu untersuchen, ließ er mich erst mal den Augentest machen. Was konnte ich schon tun? Am schnellsten brachte ich es hinter mich - so entschied ich damals - indem ich splitternackt die Zahlen von der Wand ablas, während der Herr Doktor betont langsam alles in seinen Akten notierte. Nein, es ist keine meiner schönsten Erinnerungen, aber übermäßig prüde bin ich trotzdem nicht.

Warum hat sich dann das Bild der Schaufel unwiderruflich in meinem Hirn festgesetzt? Ich glaube, das ist so: Ich *kann* einfach nicht, wenn jemand zuschaut. Oder wenn ich *denke,* dass jemand zuschauen könnte. Als wir vor nicht allzu langer Zeit mit dem Auto durch Namibia reisten, mussten wir öfter mal am Straßenrand eine Pinkelpause einlegen. Namibia ist nicht gerade dicht besiedelt, und so hatten wir die weite Steppe meistens für uns ganz alleine. Aber im Gegensatz zu den männlichen Familienmitgliedern konnte ich daran nie teilnehmen. Sogar an jenem Tag, an dem wir innerhalb weniger Stunden drei statistisch fast unmögliche Reifenpannen hatten, ohne dass eine Menschenseele vorbeigekommen wäre, um uns zu helfen, selbst dann konnte ich mich nicht dazu durchringen, mich in der öden Landschaft mit freiem Blick nach allen Richtungen hinzuhocken und meinen Hintern zu offenbaren.

Deswegen wird es nicht gerade einfach sein, auf dem Kilimandscharo den perfekten Ort für meine »Waschungen« zu finden. Mit oder ohne Schaufel.

Ich kann nicht umhin, die Schaufel Max gegenüber zu erwähnen, der sich bisher auch noch keine Gedanken über die Toilettensituation gemacht hat. Ganz klar ist das ein Fehler.

»Hör sofort auf!«, sagt er. »Kein Wort mehr davon!« Es gibt in unserer Familie keinen, der pedantischer seine Hände wäscht als Max. Allein der Gedanke daran, kein eigenes Bad mehr zu haben, geschweige denn überhaupt keine Toilette weit und breit, könnte ihn von unserem Unternehmen noch vor der Abreise abspringen lassen.

So beunruhigend die Schaufel auch klingt (wohin packt man sie zum Beispiel nach der vollendeten Tat?), die Alternative könnte noch schlimmer sein. Die meisten Zeltlager entlang der verschiedenen Kili-Routen sind mit sogenannten »long drop toilets« ausgestattet, die nichts anderes als Plumpsklos sind, bei denen die Grube sehr tief ist, und ich habe bisher noch nichts Positives darüber in der Reiseliteratur finden können. »Die Einrichtungen hier wurden als ›long drop toilets‹ bezeichnet, aber es war offensichtlich und unvergesslich, dass heutzutage der ›drop‹, also der Fall nach unten, lange nicht mehr so tief war wie einstmals«, ist die prägnanteste und doch anschaulichste Beschreibung dieser Toiletten, die ich bisher finden konnte. Sie stammt aus einem Artikel im *Guardian* mit dem etwas beunruhigenden Titel »Kilimandscharo? Der hat mich fast umgebracht« (*Kilimanjaro? Well it nearly killed me*).

Nicht, dass mir irgendjemand Plumpsklos erklären müsste. Ich kenne mich mit ihnen gut aus, und sie machen mir eine Scheißangst – entschuldigt bitte das Wortspiel.

Meine vielleicht etwas irrationale Angst vor Plumpsklos lässt sich auf das Jahr 1979 zurückdatieren, als ich etwa 12 Jahre alt war. Aus heiterem Himmel entschieden damals meine Eltern, ein altes Schloss zu kaufen. Das klingt vielleicht etwas merkwürdig, aber nicht ganz so merkwürdig, wenn man in Europa aufgewachsen ist. Dort gibt es ja Schlösser wie Sand am Meer. »Äh, was sollen wir denn Meike zu ihrem 40. Geburtstag schenken? Ein altes Schloss vielleicht?« Oder auch: »Willst du übers Wochenende mit uns nach Paris fahren?« »Nein, tut mir leid, ich kann nicht, bei mir steht Schlosskauf auf dem Kalender.«

Auf jeden Fall fand ich es nicht besonders cool, dass meine Eltern ein altes Schloss erwarben. Besonders als mir klar wurde, dass wir fortan unsere Sommerurlaube mit der Restaurierung unseres Schlosses in einem gottverlassenen Kuhdorf auf der Schwäbischen Alb verbringen würden, und nicht an der sonnigen Riviera oder Costa Brava wie bisher.

Trotzdem war ich gespannt wie ein Flitzebogen, als wir im ersten Sommer in den Schlosshof einfuhren. Ich war ein eher burschikoses Mädchen, das lieber mit den Nachbarjungen Indianer spielte als womöglich in einem Rock gesehen zu werden, und bei dem Gedanken an unser Schloss tanzten mir Bilder von Ivanhoe und Robin Hood im Kopf herum. Leider erschien dann in meinem Blickfeld ein großes und eher schlichtes Bauernhaus und nicht gerade das, was man unter »Schloss« versteht. Statt Burgzinnen und Prinzen gab es nur eine zerfallene und mit Unkraut überwucherte Mauer, und daneben einen Stall voller Kühe. Der Bauer, der in unserem Schloss lebte, hatte es über die Jahre sehr vernachlässigt (oder über die Jahrhunderte, wenn man nach seinem tief zerfurchten Gesicht ging), und verkaufte es nur, um den Neubau eines Hauses auf dem Nachbargrundstück zu finanzieren. Wahrscheinlich hatten die Frauen in seiner Familie mit Meuterei gedroht.

Kein Wunder, denn dieses Haus war fürchterlich alt. So ungefähr 600 Jahre alt. Und die Bäder, so schien es mir, waren seit dem späten 16. Jahrhundert nicht mehr renoviert worden. Nur ein einziges dunkles Badezimmer mit abgeblätterter Tapete konnte einige wenige Erneuerungen aus dem 20. Jahrhundert vorweisen, wie zum Beispiel eine rissige Badewanne und einen schimmeligen Duschvorhang, alles in Schattierungen von jägergrün, und in jenem ersten Sommer in unserem neu erworbenen Schloss mussten wir es mit dem Bauern und seiner Familie teilen. Meine zwei Alternativen des Toilettenbesuches waren die folgenden: entweder das nominal moderne Bad zu benutzen und das beunruhigende Risiko einzugehen, dort den verschrumpelten Bauern und seine gleichermaßen verschrumpelte Frau halbnackt anzutreffen, oder das antike Plumpsklo aufzusuchen, welches aus den Anfängen des 14. Jahrhunderts stammte und uns in unserem Teil des Hauses ganz exklusiv zur Verfügung stand.

Ich wählte das Plumpsklo und dessen Abgeschiedenheit. Um dorthin zu gelangen, musste man eine knarrende Holztreppe hinaufsteigen, die von einer einzigen Glühbirne erleuchtet wurde. Dann musste man die sperrige Türe aufstemmen und einen dieser großen eisernen Schlüssel – so einen, wie sie wichtige Leute als Schlüssel der Stadt übergeben bekommen – mit aller Macht drehen, um sie hinter sich zu verschließen. Man tastete sich im schummrigen Licht zu der hölzernen Plattform hin und lüftete den Deckel, wobei man sich sehr bemühte, nicht zu tief einzuatmen. Aber so sehr man auch versuchte, die Luft aus der Nase herauszuhalten, man konnte dem abscheulichen Gestank nicht entkommen. Denn alle Plumpsklos folgen dem unabänderlichen physikalischen Gesetz, dass einem gerade dann, wenn man sich daraufgesetzt hat, ein kalter und geruchvoller Luftzug auf den Arsch bläst.

Allerdings hatte dieses spezifische Plumpsklo den eindeutigen Vorteil, dass man nicht der Gefahr des Spritzens ausgesetzt war. Es war seinem Namen treu und die – äh - Materie plumpste tatsächlich tief hinunter – um genau zu sein, zwei Stockwerke tief – sodass der gedämpfte Aufprall beim Zusammentreffen von besagter Materie mit dem Boden meine Ohren erst nach einer beruhigenden

Verzögerung erreichte. Dennoch schauderte meine junge Teenagerseele bei dem Gedanken, dass unter mir möglicherweise Generationen von Exkrementen aufgehäuft waren, und ich wäre jedes Mal beinahe in Ohnmacht gefallen.

Irgendwie überlebte ich jenen Sommer und die Schrecken des Plumpsklos (wenn ich mir es recht überlege, könnte es gut das allerletzte Plumpsklo Deutschlands gewesen sein). Aber vielleicht versteht ihr jetzt, warum die Worte *Kili drop toilets* solche Angst in mir entfacht haben.

Die gute Nachricht ist, dass wir noch fünf Monate lang in aller Ruhe über die Benutzung einer Schaufel für unsere Scheiße nachdenken können. Überhaupt gibt es noch allerlei mehr, worüber man in diesen fünf Monaten nachdenken sollte, und obwohl ich mir normalerweise nicht zu sehr über die Zukunft den Kopf zerbreche, so geht mir doch langsam auf, welche Riesenaufgabe wir uns gestellt haben.

Damit meine ich nicht nur die Mühseligkeit, 5.895 Meter (oder 19.340 Fuß für diejenigen mit einer Vorliebe für unpraktische Maßeinheiten) innerhalb von sieben Tagen zu erklimmen. Jeden Tag sieben bis acht Stunden zu Fuß zu gehen, manchmal auch mehr. Auf einer dünnen Matte zu schlafen, weil eine dickere zu schwer wäre (maximal 15 Kilogramm erlaubt). Ohne eine Dusche auszukommen. Blasen an den Füßen zu haben. Gegen Höhenkrankheit anzukämpfen (50 Prozent aller Kilimandscharo-Wanderer erreichen nie den Gipfel). Heftig zu schwitzen, und noch heftiger zu frieren.

Nein, meine Bedenken sind noch ganz anderer Natur. Wie kann ich jemals eine Woche lang ohne einen Cappuccino überleben? Oder ohne meinen Kindle mit seiner täglichen Ration der *New York Times*? Ich nehme an, es wird dort oben kein Internet geben. Aber falls doch, auch wenn es unwahrscheinlich ist, sollte ich vielleicht vorsichtshalber meinen Kindle einpacken. Unlängst haben wir in einer der entlegensten Gegenden Südafrikas Urlaub gemacht, und unser Haus hatte keinen Internetempfang. Aber wenn ich jeden Morgen kurz nach Sonnenaufgang auf einen naheliegenden Hügel wanderte, konnte ich von dort meine tägliche Zeitung herunterladen. Ich stelle mir kurz vor, wie ich auf dem Dach Afrikas stehe und meinen Kindle in diese und jene Richtung schwenke, während alle anderen Fahnen hissen und Fotos knipsen.

Der Gedanke an eine Woche ohne E-Mails macht mich schon eher glücklich. Was mich allerdings nicht glücklich macht, ist der Gedanke an zirka 400 neue Nachrichten im Posteingang nach meiner Rückkehr. Das ist genau das gleiche Problem wie mit dem Muttertag. Da vermeidet man einen ganzen Tag lang die lästige Hausarbeit und lässt sich von der Familie verwöhnen. Man setzt sich hin und liest ein Buch; man bekommt die Nägel lackiert während jemand verbrannten Toast und lauwarmen Tee zubereitet; und dann wacht man am nächsten Morgen auf und wird von der doppelten Menge Wäsche und Geschirr und kaputten Glühbirnen begrüßt, weil alle so mit dem Verwöhnen der Mutter beschäftigt waren, dass sie weder Zeit noch Lust hatten für alles andere, was sich üblicherweise im Laufe eines Tages ansammelt.

Man fragt sich, ob verwöhnt zu werden sich überhaupt lohnt.

Ich kann mir auch noch nicht richtig vorstellen, eine Woche lang ohne mein Blog auszukommen, besonders wenn es so viel zu erzählen geben wird. Vielleicht brauche ich für meine Packliste ein superleichtes Netbook. Eines, was von Solarenergie und dünner Luft angetrieben wird.

Max – der nach dem letzten Stand immer noch mitkommen will – wird mit seinen eigenen Dämonen kämpfen müssen. Wie wird er zum Beispiel ohne Waschbecken und Seife überleben, wenn alle paar Minuten ein Molekül von wirklichem oder imaginärem Schmutz auf seinen Händen landet? Eine Woche ohne Xbox? Keine Spielresultate aus der Bundesliga? Überhaupt keine Zeit alleine?

Es gibt noch etwas, das mir Schwierigkeiten bereiten wird, und zwar Geschwindigkeit. Nein, ich habe nicht Angst davor, dass ich nicht schnell genug sein werde beim Bergsteigen, sondern genau vor dem Gegenteil: mich nicht genügend bremsen zu können, um die Höhenkrankheit zu bezwingen. Alles, was ich mache, mache ich schnell. Ich kann nicht anders.

Ich hetze mich ab beim Kochen.

Ich tippe wie eine Verrückte.

Ich spreche wie ein Wasserfall.

Es treibt mich oft zur Verzweiflung, wenn Leute vor mir her bummeln und den Weg versperren, etwas, was hier in Afrika besonders häufig passiert. Müssen die denn nirgendwo sein? Irgendwas erledigen? Kann man nicht immer etwas Besseres mit seiner Zeit anfangen, als durch die Gegend zu bummeln?

Außerdem liebe ich den Wettbewerb. Wenn jemand neben mir rennt, will ich ihn überholen. Diese Einstellung hat mir als Kind gute Dienste geleistet, als ich etwa als einziges Mädchen in einer Gruppe Jungs Fußball spielte. Aber mein Drang zum Sieg kann auch lächerliche oder manchmal geradezu kontraproduktive Nebenwirkungen hervorrufen. Muss ich denn wirklich den ersten Preis beim Spülmaschine-Einräumen gewinnen? Muss ich wirklich bei jedem Krocket-Spiel der Familie den Sieg davontragen? Und, nachdem ich vor einigen Jahren mein linkes Handgelenk gebrochen hatte, musste ich wirklich die Physiotherapie so weit treiben, dass meine linke Hand nun eindeutig beweglicher ist als die rechte?

Aber selbst wenn es nicht einfach sein wird, muss ich beim Wandern irgendwie meinen Drang zur Eile eindämmen, genauso wie meinen Drang, die Erste zu sein. Denn sonst mache ich meine Chance zunichte, den Gipfel überhaupt zu erreichen. Wie ich höre, ist der allerwichtigste Erfolgsfaktor der langsame Aufstieg. Je langsamer du gehst, desto höher die Wahrscheinlichkeit, dass du es bis zum Ende durchhältst. *Pole pole.* Von dem Moment an, wo du mit deinen Nachforschungen über den Kilimandscharo beginnst, werden dir diese zwei Wörtchen immer wieder über den Weg laufen. *Pole pole* ist Suaheli und bedeutet langsam, stetig, einen Schritt nach dem anderen gehen. Man sollte es nicht nur als die buchstäbliche Aufforderung verstehen, langsam zu gehen, sondern vielmehr als eine übergreifende Philosophie mit dem Ziel, weniger durch unser Leben zu hetzen, den Augenblick zu genießen, und uns Zeit für die schönen Dinge zu nehmen. Und das Vertrauen zu haben, dass man fast immer noch einen Schritt vorwärts machen kann, egal welche Hürde man vor sich hat.

Vielleicht brauchen wir genau das: eine Gelegenheit, unseren Komfortbereich hinter uns zu lassen, ohne die Gegenstände auszukommen, die wir so vergöttern, und das Tempo drastisch zu drosseln. Nur eine Woche lang. Die Packliste scheint das zu unterstützen. Sie enthält überhaupt keine elektronischen Geräte, was sicherlich gut ist. Man macht sich das Leben so viel einfacher, wenn man nicht dauernd an Ladegeräte, Batterien und anderen Firlefanz denken muss. Eine Kamera werde ich zwar mitnehmen, denn ich muss ja schon das Abenteuer meines Lebens in Bildern festhalten, und vielleicht bringe ich für den Fall der Fälle sogar eine zweite mit, aber das ist alles.

Kein Netbook für mich, weder solar- noch anderweitig betrieben.

Und es ist an der Zeit, dass ich aufhöre, mir wegen des Bergsteigens die Haare zu raufen, ob mit oder ohne Schaufel. Anstatt mich zu fragen, wie schwer es wohl sein wird, sollte ich mich für das kommende Abenteuer begeistern.

Ein Abenteuer, so dämmert es mir auf einmal, auf das ich mich gemeinsam mit meinem Sohn einlassen werde. Und gerade das wird das Beste daran sein!

Die Probewanderung

Mai 2012, noch vier Monate

Nur noch vier Monate bis September: Es ist höchste Zeit für eine Probewanderung! Wir müssen unsere Schuhe einlaufen, und wir müssen uns, in Mikes Worten, auch »hartmachen«.

Uns hartzumachen erreichen wir anscheinend am besten dadurch, dass wir während unserer Probewanderung 12 Kilogramm Gewicht auf unseren Rücken tragen. »Bringt eure Tagesrucksäcke mit 12 kg Last, benutzt notfalls in Zeitungspapier gewickelte Backsteine« war der Wortlaut seiner jüngsten E-Mail an uns. Ich werde das Gefühl nicht los, dass Mike (der als der Hauptorganisator kurzerhand zum Anführer unserer Gruppe erkoren wurde) die Probewanderung als eine Art Prüfung betrachtet, bei der wir uns bewähren müssen. Allerdings finden wir es grausam genug, noch vor der Morgendämmerung im *Groenkloof Nature Reserve* anzutanzen, sodass unsere Familie die Backsteinvariante höflich ablehnt.

Wie gesagt bin ich keine Freundin von Spaziergängen, aber wenn man einmal von den Backsteinen absieht, ist eine Probewanderung sicherlich keine schlechte Idee. Wir sollen ja zum Konditionieren regelmäßig zu Fuß gehen, und da ich sonst nie zu Fuß gehe, ist es höchste Zeit, das nachzuholen. Sogar ohne Pläne zur Besteigung des höchsten Berges Afrikas ist regelmäßiges Spazierengehen ein gesunder Zeitvertreib. Außerdem weiß ich, dass es auf jeden Fall spannend werden wird, mit Mike *irgendwo* hinzugehen. Anhand seiner bisherigen Reiseerzählungen wird bestimmt etwas schiefgehen. Die Probewanderung wird uns also garantiert ein gutes Unterhaltungsprogramm bieten.

Und dennoch bin ich noch nicht ganz davon überzeugt, dass wir wirklich eine Wanderung zur Vorbereitung auf den Kilimandscharo brauchen. Meine Philosophie - die mir bislang gute Dienste geleistet hat - lautet folgendermaßen: Vermeide unangenehme Dinge, die der Vorbereitung auf etwas Unangenehmes dienen. Würdest du zum Beispiel zum Zahnarzt gehen und ihn darum bitten, dir jede Woche ein bisschen mehr weh zu tun, nur um dich auf den großen Augenblick in zwei Monaten vorzubereiten, in dem die Weisheitszähne rausoperiert werden? »Nur noch ein kleines bisschen mehr Ziehen, meine Dame, und dann sind wir ungefähr bei 70 Prozent von dem, wie es sich anfühlen wird.« Oder würdest du schon vor der Kinderzeugung eine Art Gebärsimulator besuchen, nur um auszuprobieren, wie schmerzhaft die Geburt des Kindes sein wird? Nein? Das dachte ich mir. Manche Dinge lässt man besser im Ungewissen. Wenn ich auf dem Kilimandscharo eine Woche lang erschöpft und müde und halb erfroren sein muss, dann füge ich mich meinem Schicksal. Aber ich sehe keinen Anlass dazu, deswegen jetzt schon Erschöpfung und Müdigkeit aufs Programm zu setzen.

Aus diesem Grund habe ich bisher das Fitnessprogramm schlichtweg ignoriert, welches in einer von Mikes vielen E-Mails empfohlen wurde und von dem mir schon beim Lesen der Kopf schwirrte. Es wurde von Kilimandscharo-Experten zusammengestellt und beinhaltet Trainingstermine im Fitnessstudio mit Laufband, Fahrradergometer und anderen diversen Kraftsportgeräten, unzählige Bauchaufzüge und Kniestrecktübungen, sowie tägliche Spaziergänge und regelmäßige 20-Kilometer Wanderungen - alles in allem bestimmt ein Zeitaufwand von 25 Stunden pro Tag. Der beste Tipp lautet, dass wir uns hügeliges Terrain aussuchen sollten, um möglichst gut das zu simulieren, was uns auf dem Berg erwartet. Aber wir sollen bloß nicht die Knie überbeanspruchen und sollen deswegen vermeiden, bergab zu gehen. Ich habe zwar keine Ahnung, wie wir durch hügeliges Terrain bergauf gehen sollen, ohne nicht hinterher auch wieder bergab zu gehen, aber ich bin ja auch kein Experte.

Ich denke einfach, dass ein Wanderprogramm nicht unbedingt unsere Erfolgschancen verbessert, den Gipfel zu erreichen. Die Höhenkrankheit (auch AMS genannt für *Acute Mountain Sickness*) ist in den meisten Fällen dafür verantwortlich, dass Bergsteiger vorzeitig umdrehen müssen, nicht ihr Mangel an Fitness. Und, wie der Name es andeutet, zieht man sie sich zu, wenn man extremen Höhenlagen ausgesetzt ist.

Man kann sich nicht wirklich auf die Höhenkrankheit vorbereiten, außer sich darüber genauestens zu informieren und zu lernen, die Symptome richtig zu deuten. Es sei denn, man kauft den Bergluftgenerator (*Mountain Air Generator)*, den ich im Internet gefunden habe, »direkt online, alle Kreditkarten akzeptiert, 30-Tage Rückgabegarantie« für »nur« 2.500 US-Dollar. Du brauchst bloß, so lautet die etwas überschwängliche Produktbeschreibung im Internet, die Kuppel am Kopfende des Bettes aufbauen (»bietet Platz für zwei Personen«), sie in die Sauerstoffmaschine einstöpseln und ein paar Wochen oder sogar Monate lang die dünne »Bergluft« einatmen. Daraufhin kannst du ohne Sorgen den Berg hinaufhüpfen, denn du bist voll akklimatisiert. Ich sehe dabei nur ein einziges Problem: Aller Wahrscheinlichkeit nach wirst du gar keine Gelegenheit dazu haben, irgendwelche Berge hinaufzuhüpfen, denn nach drei Tagen im gleichen Bett mit einer keuchenden Maschine und einem Sauerstoffzelt hat dich dein Ehepartner ganz sicher umgebracht.

Vielleicht ist es doch ratsamer, das Ganze auf althergebrachte Art anzugehen. Denn im Grunde genommen ist die Höhenkrankheit gar keine Krankheit. Im Gegenteil, unser Körper ist erstaunlich gut fähig, sich an extreme Höhenlagen anzupassen. Man muss ihm nur genügend Zeit dafür geben. Denk zum Beispiel an die kleinen Dinger, die im Flugzeug bei Druckverlust von der Decke fallen und die man erst sich selbst überstülpen soll, bevor man den Kindern hilft. Zumindest ist es mir so in Erinnerung aus der Zeit um circa 1991, als ich der lästigen Sicherheitsdemonstration zum letzten Mal aktiv beigewohnt habe. In dem Buch *Höhenkrankheit: Vorbeugung und Behandlung (Altitude Illness: Prevention and Treatment)* habe ich gelesen, dass man in solch einer Situation ungefähr vier Minuten Zeit hat, bevor man das Bewusstsein verliert, und danach stirbt man. Aber viele Menschen, die auf vergleichbare Höhenlagen - wie zum Beispiel bei der Besteigung des Mount Everest - aufsteigen, schaffen das erfolgreich und ganz ohne zu sterben oder auch nur ohnmächtig zu werden (Reinhold Messner war der Erste, der den Everest ohne die Hilfe von Sauerstoffflaschen bezwungen hat). Wie ist das möglich?

Man nennt es Akklimatisierung. Irgendwie reagiert dein Körper auf den niedrigeren Sauerstoffgehalt der Luft, indem der Sauerstoff graduell immer schneller in die Blutbahn befördert wird und damit auch schneller dorthin gelangt, wo er gebraucht wird. Das erste Anzeichen hierfür ist, dass du bewusst oder auch unbewusst schneller zu atmen anfängst. Bei extremen Höhenlagen (alles, was über 5.500 m liegt) klingst du dann wie ein Marathonläufer, selbst wenn du in einem Sessel sitzt und nichts tust. Freunde und Bekannte, die vom höchsten Zeltplatz auf dem Kilimandscharo oder gar vom Gipfel zu Hause angerufen haben, haben mir erzählt, dass unweigerlich die erste Frage am anderen Ende war: »Was machst du denn gerade? Du hörst dich ja an, als ob du mitten in einem 100-Meter-Wettrennen bist!«

Nicht nur dein Atem beschleunigt sich, je höher du aufsteigst, sondern auch dein Puls (deswegen kann man weiter oben auf dem Berg öfter mal Leute sehen, die vor ihren Zelten sitzen mit einem Ding auf dem Finger, das den Puls misst). Noch eine weitere Reaktion des Körpers auf Höhenlagen ist die Diurese. Das ist nur eine feinere Art zu sagen, dass du viel pinkeln musst. Außerdem wird dein Blut dicker - vielleicht, weil du so viel pinkeln musst - und das ist auf keinen Fall gut, weil dies zu potenziell tödlichen Blutgerinnseln führen kann. Manche empfehlen Aspirin zur Blutverdünnung, aber die Meinungen über dessen Wirksamkeit sind geteilt.

Die deutlichste Veränderung, die von der zunehmenden Höhenlage in deinem Körper verursacht wird, ist Schlaflosigkeit. Wenn man überhaupt schlafen kann, dann nur schlecht. Jedes Mal, wenn dein Gehirn im Schlaf erkennt, dass es zu wenig Sauerstoff bekommt, schickt es ein Signal zum sofortigen Aufwachen los. Das ist sicherlich nicht verkehrt, aber trotzdem ärgerlich. Und bevor du jetzt über Schlaftabletten nachdenkst, solltest du wissen, dass diese deinen Atem verlangsamen - also eine katastrophale Idee beim Wandern auf Höhenwegen.

Höhenkrank wirst du dann, wenn dein Körper dir signalisiert, dass es ihm zu viel wird. Dass du zu schnell geklettert bist und dass er die Anpassung an diese Höhe nicht schnell genug vornehmen kann. Dass, wenn du nur umdrehst - und runter, runter, runter gehst - alles wieder ins Gleichgewicht geraten wird.

Übrigens ist der niedrige Sauerstoffgehalt in extremer Höhe nicht das einzige Problem. Es passiert noch mehr, und ich glaube keiner weiß ganz genau, warum. Der niedrige Luftdruck kann nämlich auch zur Folge haben, dass Flüssigkeit aus deinen Blutgefäßen austritt und sich in gefährlicher Konzentration in Gehirn und Lunge ansammelt. Wenn es so weit kommt und man nicht sofort etwas dagegen unternimmt, kann das tödlich sein.

Es gibt eine lange Liste von Methoden zur Vorbeugung gegen die Höhenkrankheit, oder zumindest zur Vorbeugung gegen die schlimmsten Symptome. Die einzige, an die ich mich erinnern kann, ist »hoch klettern und niedrig schlafen«. Und dass es keine gute Idee ist, direkt an einen Ort auf Höhenlage zu fliegen und gleich am nächsten Tag noch höher zu klettern. Diese Gefahr laufen wir, glaube ich, nicht, da wir ja, wie Mike so schön sagte, »eine verdammte Woche lang latschen« werden.

Wir haben mit unserer Familie ein klein wenig Erfahrung, was »hoch klettern und niedrig schlafen« anbelangt, auch wenn sie auf unserer völligen Missachtung dieses Mottos beruht. Vor der Geburt unserer Kinder sind Klaus und ich in Europa und später in den USA viel Ski gefahren, und die Höhenlage unserer Urlaubsziele war uns dabei völlig egal. Wichtig war uns immer nur, dass es tollen und verlässlichen Pulverschnee gab. Als unsere Familie dann Zuwachs bekam und wir nach und nach unsere Kinder in den Skiurlaub mitnahmen, schienen sie gerade immer dann an irgendeiner ärgerlichen Magen-Darm-Grippe zu erkranken, wenn wir uns gerade auf den Weg zum Skilift begaben. Die Schuld gaben wir dem Essen oder der jahresbedingten, »typischen« Grippezeit. Unsere Augen wurden uns letztendlich von einem gewissenhaften Skilehrer in Colorado geöffnet. Er legte uns nahe, zwei unserer Kinder doch bitte direkt zum Krankenhaus zu bringen, nachdem sie sich den ganzen Morgen auf die Piste erbrochen hatten. Uns ging ein großes Licht auf, als wir in der Klinik am Bettrand saßen und Anweisungen zum Gebrauch der Sauerstoffgeräte erhielten, an die man die Kinder angeschlossen hatte. Wir ließen alle unsere Skiurlaube nochmal Revue passieren und mussten feststellen, dass sie allesamt seit 1998 durch irgendeine Form des Kotzens gekennzeichnet waren, und dass das vielleicht auch der Grund dafür war, dass die Kinder schon immer die Skischule so gehasst haben. Für sie war es wohl eher eine Kotzschule.

So kommt es also, dass ich weiß, wie wichtig »hoch klettern und niedrig schlafen« ist, und dass ich auch weiß, dass die Stadt Breckenridge mit 2.900 Metern schon nicht mehr niedrig genug ist. Um auf den Gipfel des Kilimandscharo zu gelangen, müssen wir fast doppelt so hoch steigen. Wieviel wir davon jeden Tag bezwingen werden, überlasse ich gerne den Leuten, die uns den Berg hinaufführen werden. Sie sind die Experten.

Die Kunst dabei ist, dass man die Symptome der Höhenkrankheit korrekt identifiziert und sie nicht mit irgendeinem anderen Leiden verwechselt und weiterklettert. In dieser Hinsicht mag es helfen, wenn du dich vorher einer Probe unterziehst und herausfindest, wie dein Körper eventuell reagiert. Nur ist es nicht gerade einfach, gleich um die Ecke von deinem Wohnort einen Höhenwanderweg für den Sonntagsspaziergang zu finden.

Groenkloof Nature Reserve liegt direkt neben Pretoria und damit tatsächlich gleich um die Ecke von unserem Wohnort. Aber in Sachen Natur ist es so weit vom Kilimandscharo entfernt, wie es nur geht. Wir kommen uns vor, als ob wir mitten durch die Stadt wandern, weil die Verkehrsgeräusche so laut sind. Eine Unterhaltung ist fast unmöglich. Nicht, dass ich mich überhaupt viel unterhalten wollte, so wie ich den Berg hinaufkeuche. Was ist denn mit *pole pole* passiert?

Kaum sind wir jedoch um die erste Biegung gekommen, eröffnet sich uns ein ganz anderer Blick: Direkt vor uns steht eine Gruppe von Giraffen, die ganz gelassen am Wegrand weiden. Genau das liebe ich am Leben in Afrika. Man kann sich überall darauf verlassen, aufregende Tiere zu sehen, selbst wenn man kurz vorher fast vom Minibus-Taxi überfahren wurde.

Klaus schlendert voraus, und da dies eine gute Gelegenheit für die Gespräche unter vier Augen ist, die in einem Haus mit vier Kindern meistens unmöglich sind, beeile ich mich, um mit ihm Schritt zu halten. Ich bewundere seine Energie und frage mich nicht zum ersten Mal, warum gerade er nicht auf den Kilimandscharo mitkommen will.

Wir sind völlig in unsere Unterhaltung vertieft und achten nicht besonders auf den Weg, aber nach einer Weile erregt irgendetwas unsere Aufmerksamkeit. Wir halten abrupt an und drehen uns um. Da am Horizont steht unsere Wandergruppe, wild mit den Armen wedelnd, die Münder weit geöffnet mit fast unhörbaren Rufen von »Kommt zurück!«

Es sieht fast so aus, als ob wir uns nach nur 20 Minuten Probewanderung verlaufen haben. Ich mache mir eine gedankliche Notiz, mich bei der Kili-Besteigung nicht allzu weit von den Bergführern zu entfernen. Mein Orientierungssinn ist nicht der beste.

Mit einer Gruppe zusammen zu wandern macht Spaß, weil man sich immer wieder mit anderen Leuten zusammentun kann. So kann man gut das Gesprächsthema wechseln. Und man kann sehen, welche Süßigkeiten jeder mitgebracht hat. Ich bin in meiner Familie bei solchen Gelegenheiten für meine Knausrigkeit berüchtigt. Süßigkeiten? Niemals! Ich mache mir schon kaum die Mühe, Wasserflaschen zu füllen. Ich hasse einfach alles, was mit Packen zu tun hat, und das Packen von Lebensmitteln hasse ich am allermeisten. Ein Picknick unter meiner Planung ist eine kärgliche Angelegenheit. Vielleicht schaffe ich es ja gerade mal, ein paar Butterbrote zu schmieren und vielleicht an einem guten Tag sogar ein paar Äpfel dazu zu packen, aber ich vergesse mit Sicherheit irgendwelche unentbehrlichen Utensilien, wie zum Beispiel Pappteller für das Essen.

Das einzige, was mich in Hinsicht Essen-Packen motiviert, sind Kosten. Wo immer wir als Familie einkehren, bestellen wir für sechs Leute, und das läuft schnell auf hübsche Sümmchen hinaus. Ich packe zwar ungerne ein Mittagsessen ein, aber ganze Geldbündel für ein paar Pommes rüberzuschieben ist mir noch mehr zuwider. Das eine Mal, als wir mit den Kindern Disney World in Florida besuchten, verdonnerte ich alle jeden Morgen, sich ein paar Brötchen vom Frühstücksbuffet abzuzweigen und zu belegen, damit wir später nicht in irgendeinem Prinzessinnen-Restaurant ein überteuertes und noch nicht mal gutes Mittagessen bezahlen mussten. Am Ende der Woche gab es darüber fast eine Brötchen-Meuterei. Selbst Klaus, der sich normalerweise sehr über Ersparnisse beim Reisen freut, lechzte am dritten Tag nach einem guten Hamburger.

Manche in unserer Kili-Gruppe schmieden schon Pläne, wie sie möglichst viele Snacks mitnehmen können, ohne die 15-Kilogramm-Grenze zu überschreiten, aber mir ist das völlig wurscht. Ich werde all das gerne essen, was auch immer die Träger für uns den Berg hinaufschleppen werden. Oder auch nicht. Solange ich eben eine Woche lang keine Essenspläne machen muss.

Das ist ein weiterer Aspekt unserer Kili-Wanderung, der mich unglaublich begeistert.

Und wenn es nach dieser Probewanderung zu urteilen gilt, so wird es uns auf Afrikas höchstem Berg niemals an Snacks mangeln. Für nur vier Stunden Wanderung haben die anderen genügend Verpflegung für eine kleine Armee mitgebracht und essen ununterbrochen, und trotzdem suchen wir hinterher als erstes eine Raststätte für einen ausgedehnten Brunch mit Kaffee und Kuchen (und Bier) auf. Dort erzählen wir uns auch die ersten Wanderanekdoten, was niemand so gut kann wie ein echter Südafrikaner. Klaus und ich sind die Hauptdarsteller einer dieser Geschichten. Warum wir denn nicht Wegweiser lesen könnten? Fast hätten wir die ganze Gruppe in eine völlig falsche Richtung geführt, und hätte man uns nicht in die Schranken gewiesen, würden sich jetzt alle immer noch die Füße wundlaufen, anstatt hier ihr wohlverdientes Essen in der warmen Sonne zu genießen!

Ihr fragt euch jetzt vielleicht, was bei unserer Probewanderung herausgekommen ist? Nun ja. Zum ersten haben wir beschlossen, sowas regelmäßig zu unternehmen, so oft es unsere überfüllten Terminpläne zulassen. Wenn wir ehrlich sind, motiviert uns weniger die Aussicht auf einen fitten Körper als die Aussicht auf einen weiteren Brunch mit Bier und guten Witzen.

Zum zweiten bin ich mir jetzt relativ sicher, dass ich das wirkliche Ereignis genießen werde. Besonders ohne das hässliche Voortrekker-Monument, das bei unserer Wanderung durch Groenkloof immer im Hintergrund lungerte. Ich weiß, dass ich mich über die gute Gesellschaft, die Aussicht, und in der Tat sogar über die frische Luft freuen werde. Außerdem gefällt mir der Gedanke, schöne Fotos zu schießen, allerdings mit einer kleinen Kamera. Denn die große Canon den Berg hoch zu schleppen, auch wenn es ein vergleichsweise kleiner Berg war, war eine Tortur.

Zum dritten weiß ich jetzt auch, dass ich es schaffen kann. Ich werde zwar völlig erschöpft sein, wenn ich meine jetzt überstandenen vier Stunden - ganz ohne Backsteine - als Maßstab nehme, und ich fürchte auch, dass meine linke Achillessehne Probleme bereiten könnte, denn sie tut auf einmal höllisch weh. Hoffentlich liegt es nur an den steifen neuen Stiefeln. Es ist gut, dass ich darauf jetzt schon aufmerksam geworden bin, und bis zum Reisetermine bekomme ich das sicher in den Griff. Aber insgesamt weiß ich: Ich kann das schaffen!

Das Probewandern hat sich also gelohnt.

Obwohl - und das fällt mir leider zu spät auf - ich gar keine Gelegenheit hatte, die Toilettensituation auf die Probe zu stellen, die mir nach wie vor keine Ruhe lässt.

Dazu war die Wanderung zu kurz.

Chancengleichheit auf der Toilette

Mai 2012, noch dreieinhalb Monate

Gerade habe ich eine E-Mail von meiner Freundin Sharon bekommen, die auch in unserer Gruppe mitwandern wird. Sie hat eine Liste mit Tipps von einer Bekannten erhalten, die gerade vom Kilimandscharo zurückgekehrt ist. Ratschläge von jemandem, der diesen Treck gerade erst gemacht hat, sind immer sehr begehrt – je frischer die Informationen, desto besser.

Sobald die Kinder sich auf den Schulweg gemacht haben, brühe ich eine Tasse Tee auf und lese mir alles sorgfältig durch. Die Ratschläge bestehen hauptsächlich darin, möglichst warme Schlafsäcke mitzubringen, und wie man am besten packt. Das weiß ich ja alles schon. Aber dann steht da folgendes: »Für die Damen empfiehlt sich die Rastplatz-Uriniertüte als bessere Alternative zum ›Shewee‹.«

Ich habe noch nie im Leben von einem Shewee gehört, aber mit ein wenig Fantasie kann man sich schon vorstellen, was »she« (*sie*) zusammen mit »wee« (*Pipi*) bedeuten soll. Ich bin sofort fasziniert. Es muss sich um ein ähnliches Gerät handeln wie die »Urinelle«, auf die ich vor ein paar Monaten im Internet gestoßen bin. Ich habe schon etliche Male das brasilianische Werbe-Video dafür angeschaut und es an alle meine Freunde weitergeschickt. Ich war eine Weile richtig süchtig danach. Es ist ein hochinteressantes Konzept, und die Reklame dafür ist zum Totlachen: Eine Frau verrenkt sich in alle Richtungen, um eine Reihe von immer ekligeren Klobrillen zu vermeiden, während die Hintergrundmusik zu einem Crescendo ansteigt, bis die Urinelle sozusagen in glänzender Rüstung als Retter in der Not heranreitet und es der Frau (die sehr sexy aussieht) ermöglicht, neben einem Mann am Pissoir zu stehen und durch einen langen Schlauch zu pinkeln, dessen oberes Ende sie diskret unter ihren Rock gesteckt hat. Wenn ich mich recht erinnere, endet das Ganze damit, dass der Mann in Ohnmacht fällt. Geh nur, schau es dir auf YouTube an, ich weiß, es juckt dich in den Fingern!

Als ich den Link von einer brasilianischen Verwandten gemailt bekam, dachte ich erst, es sei irgendein Witzprodukt. Aber anscheinend ist die Urinelle nicht die einzige Erfindung solcher Art, im Gegenteil, sie scheint sogar eine rege Konkurrenz zu haben. Vielleicht haben diese Dinger ja tatsächlich einen Sinn. Ich kann an mehr als eine Gelegenheit denken, bei der mein Mann es amüsant fand, meinen nackten Hintern zu knipsen während ich im Wald mit heruntergelassener Hose hockte. Die Vorstellung, dieses geistige Bild im Nachhinein mit Stöckelschuhen und knappem Rock (und ohnmächtigem Mann) ersetzen zu können, ist sehr einladend.

Ich bin so fasziniert von diesem mir ganz unbekannten Marktsegment, dass ich alle meine Pläne für den restlichen Tag über den Haufen werfe, um weitere Nachforschungen vorzunehmen. Die »Rastsplatz-Uriniertüten« kann ich nicht finden (fragt mich jetzt nicht, *was* ich finde – es scheint eine ganze Themenwelt um »Raststätte« und »urinieren« zu geben, über die ich ehrlich gesagt nichts weiteres herausfinden möchte), und deswegen klicke ich auf das Shewee, auch wenn Sharons Freundin das gerade *nicht* empfiehlt.

Ich kann nur hoffen, dass die Leute in der Produktion des Shewee mehr von ihrem Handwerk verstehen als ihre

Kollegen im Übersetzungsbüro. Laut dem Listing auf Amazon.de ist ein Shewee »ein tragbares Gerät, das Urinieren im Stehen Frauen und, ohne ihre Kleider wee ermöglicht«. Ich beschließe, mich lieber auf der englischsprachigen Website kundig zu machen. Dort gibt es allerlei Abbildungen der verschiedenen Ausführungen des Shewee. Es sieht wie ein verkümmerter Trichter aus und für nur €14 bekommt man es im Kombi-Pack mit einem Verlängerungsschlauch, der sich »besonders gut eignet für eine größere Reichweite, um in das Peebol zu zielen«.

Mir kommt der Gedanke, dass man natürlich nur eine Frau überzeugen kann, Geld für ein Gerät zur Verbesserung ihrer Treffsicherheit in die Schüssel auszugeben, weil ihre ursprüngliche Anatomie etwas zu wünschen übrig lässt. Wenn nur auch Männer überzeugt werden könnten, Verlängerungsschläuche mit sich herumzutragen, dann wären alle Herrentoiletten der Welt sicherlich einladender.

Auf der Shewee-Website findet man eine ganze Menge anderer Weisheiten. »Steh auf und übernimm die Führung«, ist das Firmenmotto. Das ist ein recht guter Werbe-Slogan, finde ich. Das Gerät ist in drei verschiedenen Farben erhältlich: eine »für das Outdoor-Mädchen, das mit den Jungs bei gemeinsamen Abenteuern und Herausforderungen gut auskommen will (grün); eine für »die Damen, die einfach gerne stolz ihr Shewee vorzeigen wollen« (pink); und eine für »die diskretere Dame, die in ihrem täglichen Leben sauber bleiben und ihren Körper vor dem Austrocknen bewahren möchte, sei es auf dem Weg zur Arbeit oder beim Einkaufen« (weiß).

Wie soll ich mich da entscheiden? Das sind viel zu viele Optionen für mich. Ich brauche im Supermarkt schon länger als zehn Minuten, um zwischen zwei Spülmittel-Düften zu wählen. Aber das Weiß scheidet, glaube ich, schon mal gleich aus. Also diese Frau, die es nicht hinbekommt, *vor* der Fahrt ins Büro auf die Toilette zu gehen, damit sie es nicht *während* der Fahrt tun muss – wo um Himmels willen arbeitet sie denn? In der Antarktis??? Oder vielleicht ist ja ihre Blase extrem klein… Solch eine Frau will ich natürlich nicht sein. Aber will ich meinen Stolz fürs Shewee laut mit dem Pink unterstreichen? Wem gegenüber würde ich das denn bitte tun wollen? Ich würde mir doch nicht vor aller Augen an den Schritt fassen und irgendein Plastikding anschnallen. Es bleibt also nichts anderes übrig, als in »Nato-Grün« mit den Jungs gut auszukommen, und tatsächlich gehen wir ja auf ein Abenteuer. Ich merke mir schon mal vor, Mike und die drei anderen Männer in unserer Gruppe zu fragen, ob das Mitbringen eines grünen Shewee für das gemeinschaftliche Pinkeln mit ihnen in die Kategorie »gut auskommen« fallen würde. Ich habe das Gefühl, mit den jüngeren Männern - damit meine ich die drei Teenager - sollte ich das Thema lieber ganz vermeiden, sonst kann es sein, dass Max nie mehr mit mir spricht.

Wenn ich einen Verbesserungsvorschlag anbringen könnte, würde ich für die Aufnahme einer fluoreszierenden Ausführung ins Shewee-Sortiment plädieren. »Für Situationen, in denen man nachts ohne umständliches Montieren einer Stirnlampe aus dem Zelt treten und im Stehen gegen die Zeltwand pinkeln kann, um sicherzugehen, dass nicht aus Versehen der Ausguss ins Hosenbein zeigt«.

Jetzt bin ich so richtig in Fahrt. Was gibt es denn sonst noch, möchte ich wissen?

Das, was es sonst noch gibt, ist eine überraschend große Auswahl für jede nur denkbare Konsumentenzielgruppe. Es gibt Angebote für jedermann. Oder ich sollte sagen, für jedermann, solange man eine Frau ist. Der einzige Mangel an dieser Produktlinie ist nämlich, dass sie nur die Hälfte der Bevölkerung bedient. Ein guter Vertriebsleiter würde die Zielgruppe ausweiten.

Hier kommt der »pStyle« ins Spiel. »Der pStyle ist ein Instrument, welches Frauen und transsexuellen Männern das Pinkeln im Stehen und ohne sich auszuziehen ermöglicht« wird auf der pStyle-Website verkündet. Ganz ohne

Stellung zu nehmen (verzeiht mir das Wortspiel) wage ich es doch, mich zu fragen, ob das wirklich viele transsexuelle Kunden anlockt. Wenn du dich bereits im Besitz eines perfekten und einfach zu handhabenden Instrumentes an deinem Körper befindest, mit dem du im Stehen pinkeln kannst, und wenn du dir dann operativ dieses Instrument entfernen lässt und danach auf die Suche nach Produkten gehst, mit denen du im Stehen pinkeln kannst, dann muss man davon ausgehen, dass du dich etwas voreilig für eine Geschlechtsumwandlung entschieden haben könntest…

Nach einigen weiteren Recherchen finde ich heraus, dass der gesuchte Überbegriff »Urinierhilfe für Frauen« (*Female Urination Device* oder *FUD*) lautet. Dieses Marktsegment scheint vor allem ein guter Nährboden für geistreiche Slogans zu sein. »Nimm das Leben nicht im Sitzen«, verkündet die Website für GoGirl, ein FUD, das allem Anschein nach hauptsächlich den amerikanischen Markt erobert hat. Es sieht wie eines der besseren Angebote aus in Sachen nahtloser Abdichtung zur Haut. Es rühmt sich eines »Spritzschutzes« und ist außerdem ein Einwegprodukt (eine amerikanische Spezialität). Obwohl das auf dem Kilimandscharo ein kleines Problem darstellen könnte, wenn ich mir jetzt Abhänge voller lilafarbener Hütchen vorstelle. Übrigens betonen die Erfinder von GoGirl auch, dass zwar FUDs einer Durchschnittsamerikanerin fremd sein mögen, diese aber unter europäischen Frauen schon jahrelang im Alltagsgebrauch sind. Jahrelang! Das ist mir ganz neu. Ich bin zwar selbst eine europäische Frau, aber dieser Trend scheint an mir gänzlich vorbeigegangen zu sein. Hut ab fürs GoGirl Marketing-Team: Sie lassen das Urinieren geradezu modisch erscheinen, so wie alles mit dem Anhang »europäisch«.

Die Website für »Magic Cone« (30 Kegel für 25 kanadische Dollar), welche hauptsächlich Verfasserinnen grammatikalisch bedenklicher Kundenreferenzen anzusprechen scheint, bietet eine weitere Art raffiniertes FUD an: Es lässt sich flach falten und in der Handtasche verstauen und ist außerdem aus biologisch abbaubarem Material. Bei Magic Cone kannst du zudem herausfinden, ob du dich in der Zielgruppe für ein FUD befindest, falls du dir vorher nicht ganz sicher warst. Hast du zum Beispiel einen Hund, mit dem du gerne Gassi gehst? Dann bist du die ideale Kandidatin, zusammen mit Festival- und Konzertbesucherinnen. Denn sicherlich ist es deinem Hund weniger peinlich, sein Geschäft auf der Straße zu erledigen, wenn du deines direkt neben ihm erledigst. Desgleichen gilt für deinen Nebenmann - Entschuldigung, deine Nebenfrau - beim Open-Air-Konzert. Die Festival-Ausgabe gibt es als Sonderausführung mit einem eingebauten Feuerzeug, damit du den Schlauch bei deinem Lieblingslied hochheben und in der Luft schwenken kannst. Okay, also den letzten Teil habe ich erfunden. Aber auch Golfspielerinnen sind aufgeführt (denn während es zwar gesellschaftlich nicht akzeptabel ist, sich auf das Putting-Grün zu hocken und dort seine Blase zu entleeren, erregt es überhaupt kein Aufsehen, wenn du zur Seite trittst und durch deinen Magic Cone diskret den Sandbunker bewässerst - du musst nur darauf achten, dass du hinterher mit dem kleinen Rechen den Sand wieder zurechtschiebst). Selbst Taucherinnen werden erwähnt. (Wie das allerdings rein physisch funktionieren soll?) Den einzigen wirklich praktischen Hinweis, den ich auf dieser Website finden kann, ist der über »Frauen, die Urinproben geben«. Ein Magic Cone hätte mir im Laufe von vier Schwangerschaften und den unzähligen zugehörigen Arztbesuchen ohne Zweifel sehr gute Dienste leisten können, wenn ich damals schon was davon gehört hätte.

Was auch ganz besonders unter Festivalbesucherinnen angepriesen wird, ist das »P EZ Female Urinal«. Ich weiß zwar nicht, was es mit dieser Besessenheit hinsichtlich Festivals auf sich hat, aber es reicht dazu aus, dass ich nie wieder zu einem gehen möchte. Wenn ich all dieser Werbung Glauben schenken soll, dann ist es ja praktisch garantiert, dass man dort von allen Seiten von Frauen attackiert wird, die ihre neugefundene Freiheit in flüssiger Form ausüben. Dem Listing auf Amazon zufolge erlaubt der P EZ »Frauen jeden Alters das Pinkeln in stehender, sitzender, und liegender Position, ohne sich auszuziehen«. Das wird ja immer besser! Anscheinend wollen wir nicht nur die Freiheit haben, uns im Stehen zu erleichtern, nein, wir wollen es auch im Liegen tun. Obwohl ich mir ziemlich sicher bin, dass das nicht funktioniert. Es ist einfache Physik. Kundenrezensionsschreiberin Nummer drei scheint mit mir übereinzustimmen. »Der einzige Nachteil dieses Produktes ist, dass man damit den Strahl nicht vom Körper wegleiten kann«, schreibt sie. Ja, das ist doch tatsächlich ein Problem, nicht wahr?

Zuletzt gibt es auch noch den »P-Mate«, eine weitere Einwegvariante, die außerdem verspricht, den Frauen ihre Würde wiederzugeben. Man gewinnt damit zwar sicher nicht einen Preis für den besten Stil - das Teil sieht aus wie eine Kreuzung zwischen einer Tüte gebrannter Mandeln und einem Clog - aber das allerbeste am P-Mate ist, dass Frauen mit seiner Hilfe endlich - *endlich* - mit ihrem Pipi ihren Namen in den Schnee schreiben können. Voller Würde! Das weiß ich, weil ich auf der Website das Video mit eigenen Augen gesehen habe. Wenn man nur bedenkt, dass Frauen jetzt diesen Gipfel der Chancengleichheit nach jahrhundertelangem - nein, jahrtausendelangem - Kampf um die Gleichberechtigung erreicht haben, so ist das genug, sich vor Freude in die Hose zu machen.

Ich gebe zu, dieses letzte Produkt verleitet mich fast - aber nur fast - dazu, eine Packung in meinen Online-Warenkorb zu stellen, natürlich nur zu Forschungszwecken, versteht sich. Irgendwie würde ich schon gern mit der versprochenen Schneekritzelei experimentieren. Und stellt euch nur die starke Symbolik vor, wenn ich diese P-Mates zum Kilimandscharo mitbrächte und den anderen Frauen austeilte, damit wir in einer langen Reihe unseren gemeinsamen Urin im Furtwängler-Gletscher verewigen könnten. Vielleicht sollte ich ja die Firma kontaktieren und meine Dienste als Kilimandscharo-Sprecherin anbieten. Wer braucht schon einen wohltätigen Zweck, wenn man mit dem Verscherbeln von FUDs Kohle machen kann?

Letztendlich geht es mir bei dem Thema »FUD – Ja oder Nein?« ähnlich wie bei der Schaufel für die »Waschungen«. Es bleibt nämlich die etwas beunruhigende Frage, »Wie säubere ich das Ding, bevor ich es wegpacke?«, dicht gefolgt von der noch unangenehmeren Frage »Oder kann ich es einfach ohne Säubern wegpacken?«, und ich will weder die eine noch die andere Alternative unbedingt näher überdenken. Obwohl meine Neugierde von all dem geweckt worden ist, tendiere ich im Moment doch eher zum althergebrachten Ansatz in Sachen Bergtoilette: die Hose herunterziehen und sich hinter einen Felsen hocken.

Ich war noch nie eine Pionierin, wenn es um die Erforschung neuester Technologien geht.

Genug geplant, der Berg ruft!

Juni 2012, noch drei Monate

Gestern habe ich mit Schrecken festgestellt, dass unsere Kili-Reise immer näher rückt. Ich stand mit ein paar anderen Müttern neben Sharons Pferdestall - Sharon leitet ein Pferdetherapiezentrum für unterprivilegierte und behinderte Kinder und gibt, um dies zu finanzieren, Reitstunden für Kinder aus wohlhabenderen Familien - und wartete darauf, dass die Mädchen von der Koppel zurückkamen. Eine der anderen Mütter hatte gehört, dass ich eine Kilimandscharo-Besteigung plante, und begann, mich zu allen Einzelheiten auszufragen. Sie hatte früher in Tansania gelebt und sich dadurch eine gewisse Fachkenntnis zum Thema angeeignet.

»Wann geht es denn los?«

Schluck. »Äh - erste Septemberwoche«, stieß ich hervor.

»Oh, super, das ist ja schon bald!«, flötete sie.

Was, bald? Ich rechnete mir das im Kopf schnell nach und stellte fest, dass es noch drei Monate waren. Das klingt theoretisch nach genügend Zeit, aber ich muss auch allerlei hineinpacken.

Zum Beispiel ist da mein Tagebuch. Im Februar hatte ich große Ambitionen, das Thema Kilimandscharo von vorne bis hinten zu durchforsten und jede Menge interessanter Fakten zu sammeln, aber bisher beschränkt sich meine Faktensammlung hauptsächlich auf diverse Methoden der Toilettenverrichtung in der Wildnis. Wenn mein Kilimandscharo-Bericht mehr sein soll als ein Werbezettel für weibliche Urinierhilfen, dann gibt es für mich noch einiges zu tun.

Außerdem muss ich noch einen Arzttermin wegen Höhenkrankheit und Malaria-Prophylaxe machen, unsere Visa für Tansania beantragen, zwei Reisetaschen kaufen und meine Liste nach noch fehlenden Posten durchforsten. Ich will gar nicht an all die Spaziergänge in meinen Wanderstiefeln denken, die ich eigentlich noch machen sollte. Und ich muss das alles eher früher als später angehen, denn im August werde ich mit meiner Familie zwei ganze Wochen unterwegs sein in unserem letzten gemeinsamen Afrikaurlaub – zwei Wochen, die mir für die Kili-Planung fehlen werden.

Das alles ging mir in Sekundenschnelle durch den Kopf, als ich da in der Nachmittagssonne mit den Reitstundenmüttern plauderte und das Wort »bald« in mir eine kleine Panikattacke auslöste. Auf einmal sahen die nächsten drei Monate sehr stressig aus, und ich nahm mir vor, zu Hause gleich eine neue Kili-Liste zu schreiben. Ich fühle mich immer gleich besser, wenn ich eine lange Liste geschrieben habe.

Aber das Verhör war noch nicht zu Ende.

»Zu welchem Flughafen fliegt ihr denn?«

Ich öffnete meinen Mund und schloss ihn wieder. Ich hatte keine Ahnung, zu welchem Flughafen wir flogen. Ich wusste gerade mal, dass das Kilimandscharo-Massiv in Tansania ist und nicht anderswo, und marterte nun mein Gehirn auf der Suche nach Städtenamen in Tansania.

Ich kannte keine.

»Ach, weißt du, wo eben die Leute hinfliegen, die den Kilimandscharo besteigen«, verkündete ich mit aller Zuversicht, die ich aufbringen konnte. Ich wusste nur, dass jemand unsere Flugtickets gebucht hatte. Ich wusste nicht einmal, wer genau das war.

»Wie aufregend! Ich freue mich für dich!«, fuhr sie fort. »Auf welcher Route klettert ihr denn?«

Moment… das wusste ich mal, denn eine Route wurde auf jeden Fall erwähnt. Wir würden die längere davon nehmen, daran erinnerte ich mich. Um uns besser zu akklimatisieren. Sie haben allesamt komplizierte Namen, die ich mir nicht merken kann, aber manche haben auch Spitznamen, und die kann ich besser behalten. Wie zum Beispiel die Coca-Cola-Route und die Whiskey-Route.

Ich habe immer gehofft, es würde vielleicht eine Chardonnay-Route eröffnet.

Die Ausfragerei hatte immer noch kein Ende. Als nächstes wollte sie wissen, ob wir bei Vollmond klettern würden. Die Frage kam so überraschend, dass ich sprachlos war. Vollmond? Was interessiert mich denn der Mond? Ich habe noch nie in meinem Leben den Urlaub nach den Mondphasen geplant. Nach den Phasen des Monsuns vielleicht, aber nicht des Mondes. Es ist schon kompliziert genug, darauf zu achten, wann die Kinder Schulferien haben oder wann ich einen Babysitter bekommen kann. Erwägungen astronomischer Art spielen daher bei meiner Urlaubsplanung normalerweise keine Rolle. Diesmal war meine einzige Sorge, das beste Wetter für das Erklimmen eines Sechstausenders zu erwischen, denn ganz offen gesagt möchte ich nicht das Risiko eingehen, in einem Schneesturm zu erfrieren.

Aber der Mond? Der ist auf meiner Prioritätenliste genauso weit unten wie das Fernsehprogramm in der ersten Septemberwoche.

Anscheinend ist jedoch heller Mondschein während der Gipfelnacht bei Kili-Kennern sehr groß geschrieben, was ich aber nicht wissen konnte, weil ich eben solche Dinge nicht im Voraus recherchiere. Zum Glück wurde ich gerettet, bevor meine Ignoranz bezüglich der Mondphasen des Septembers offensichtlich wurde. Sharon, die sich zu uns gesellt und den letzten Teil der Unterhaltung überhört hatte, schnitt mit autoritärem Ton alle weitere Diskussion ab: »Frag uns nicht so viel technischen Kram. Wir gehen einfach dahin, wo man es uns sagt, und marschieren los. Rauf auf den Berg!«

Und da hatte sie Recht. Genau das denke ich auch. Ich freue mich sogar heimlich auf die Kili-Reise, wenngleich ich vorgebe, ein wenig Angst davor zu haben. Denn in Wirklichkeit weist sie alle Merkmale einer Traumreise auf: Außer jeden Morgen zu entscheiden, ob ich erst den linken oder den rechten Stiefel schnüren soll, werde ich an absolut nichts denken müssen.

Ich werde nicht einkaufen müssen.

Ich werde kein Essen kochen müssen.

Ich werde noch nicht mal das Essen planen müssen.

Ich werde niemanden antreiben müssen, außer mich selbst.

Ich werde keine Fragen beantworten müssen, außer vielleicht »Möchten Sie Tee oder Kaffee?« wenn ich nachmittags ins Lager stolpere.

Ich werde mir überhaupt keine Gedanken machen müssen, höchstens vielleicht darüber, ob es wirklich nötig war, die Schaufel den ganzen Berg hinauf zu schleppen. Ich werde einzig und allein über diese eine Frage stundenlang nachdenken können, und seltsamerweise macht mich diese Vorstellung überaus glücklich.

Es ist ja nicht so, dass ich gar nichts im Voraus plane. Aber ich habe einfach nicht das Bedürfnis, den genauen Ablauf Schritt für Schritt zu kennen. Bei Einzelheiten verlasse ich mich gerne auf andere, besonders auf diejenigen, die auf dem jeweiligen Gebiet die Profis sind. Allerdings weiß ich jetzt schon, dass es Leute geben wird, die den Kilimandscharo-Reiseführer von vorne bis hinten durchgelesen haben, die die Vor- und Nachteile einer jeden Route in- und auswendig kennen, und die sich eingehend mit der Wahl des optimalen Hotels und Reiseveranstalters beschäftigt haben. Normalerweise werde ich zu meinem Glück dann gleich am ersten Tag mit solch einem Superplaner zusammengruppiert, damit er oder sie mir haarklein beschreiben kann, was alles schiefgehen wird.

Das ist aber immer noch besser als die andere Sorte von Touristen: die Harmlosen, von denen man sich wünscht, sie hätten sich vorher besser informiert. Denn gerade dann, wenn man anfängt zu laufen, haben sie auf einmal eine Million Fragen, und man muss tatenlos herumstehen, bis alles zur Genüge beantwortet ist.

Als Klaus und ich die Viktoriafälle besichtigten, war ein amerikanisches Ehepaar genau dieser Sorte in unserer Paddel-Gruppe. Wir hatten schon den ganzen Morgen damit zugebracht, Anmeldeformulare auszufüllen und Haftungsausschlüsse zu unterschreiben, waren in Bussen auf holprigen Straßen zum Startplatz gebracht worden und hatten dort allerlei Anweisungen über uns ergehen lassen müssen. Alles, was wir uns wünschten, war endlich lospaddeln zu dürfen. Aber gerade als wir unsere Boote in den mächtigen Sambesi schieben wollten, fingen die Fragen an. »Moment, habe ich das richtig verstanden – wenn ich nach rechts drehen will, muss ich links paddeln, also so?«, und die Frau führte stolz vor, wie sie links durch die Luft paddelte. Aber damit war es natürlich nicht getan. »Und dann so, wenn ich nach links drehen will?«, und diesmal paddelte sie rechts durch die Luft.

Über 20 Minuten lang löcherten die beiden unseren Safaribegleiter mit weiteren Fragen: *Was, wenn uns ein Nilpferd angreift, was, wenn uns ein Krokodil angreift, gibt es irgendetwas anderes, was uns angreifen könnte, wann werden wir wieder abgeholt, wo genau werden wir wieder abgeholt, wo werden wir von dort aus hingebracht, wie lange dauert es, bevor wir die erste Pause machen, wo können wir unsere Kamera hintun, haben Sie eine wasserdichte Tasche, bekommen wir JEDER eine wasserdichte Tasche…?* Die Tatsache, dass sie beide in farbenkoordinierter Safarikleidung für Sie und Ihn angereist waren (oder in dem, was man beim Einkauf bei Bloomingdale in New York als Safarikleidung aufgeschwätzt bekommt) machte es auch nicht gerade besser.

Als wir endlich vom Ufer losstießen, hofften Klaus und ich tatsächlich inbrünstig auf einen Angriff von Seiten eines Tieres mit großem Appetit auf geschwätzige New Yorker.

Überhaupt finde ich »Was, wenn…?« die lästigste Frage, die es gibt. Eine unserer Töchter kann Stunden damit zubringen, mich mit Was-wäre-wenn-Szenarien zu bombardieren. Einmal waren wir mit Freunden im Urlaub, und sie zerbrach sich tagelang den Kopf darüber, ob sie die letzte Nacht mit den anderen Kindern am Lagerfeuer unter freiem Himmel verbringen wollte oder lieber im Haus bei den Erwachsenen blieb. Sie beleuchtete das Dilemma von allen möglichen Seiten und machte mich mit ihrer Unentschiedenheit, wo sie nun schlafen sollte, völlig verrückt. Am Ende entfachten wir aus Versehen mit dem Lagerfeuer ein Buschfeuer (wir sind nicht stolz darauf), und an Schlaf war danach nicht mehr zu denken, weder am Feuer noch im Haus.

Das ganze Kopfzerbrechen wegen nichts.

Wenn immer sie heute mit ähnlichen Sorgen zu mir kommt, muss ich nur »Erinnere dich ans Feuer!« sagen, und sie verkneift sich ihre hypothetischen Fragen.

Meine Philosophie ist eher »Lasst uns erst mal anfangen und später die Fragen beantworten«. Es ist ähnlich wie bei einem Gesellschaftsspiel, das man erst beim Spielen richtig kapiert, egal wie gründlich man vorher die Anleitung durchgelesen hat. Es erklärt sich meistens von selbst.

Nichts ist ermüdender, als mit einer größeren Gruppe einen neuen Ort zu erforschen und endlos debattieren zu müssen, in welcher Kneipe man zum Beispiel einkehren sollte. Viel lieber gehe ich bei sowas einfach drauflos. Oder vielleicht ist ja mein eigentliches Problem, dass ich keine Entscheidungen treffen kann. Solcherlei Entscheidungen wie: *Nehme ich das blaue oder das weiße T-Shirt mit?* Ich *hasse* packen. Klaus kann das bestätigen, denn ich erwähne es bei jeder Gelegenheit. Ich übernehme auch nicht gerne die Führung und begnüge mich lieber damit, anderen wie ein

Schaf zu folgen, wenn es nur vorwärts geht. Deswegen war es ja so ein brillanter Plan, für diese Kili-Wanderung eine Gruppe zu finden, der ich mich anschließen konnte, speziell eine Gruppe mit einem Mitglied wie Mike, der so voller Energie steckt, dass er zur Vorbereitung mit Backsteinen in seinem Rucksack herumläuft.

Ich bin nicht mit Backsteinen in meinem Rucksack herumgelaufen. Ich bin sogar ohne Backsteine noch nicht viel herumgelaufen, wenn ich ehrlich bin. Und ich habe auch nicht die Mondphasen studiert.

Aber eines ist mir klar: Wenn wir einmal dort sind, werde ich wissen, was zu tun ist.

Der Berg ruft!

In welches Land fliegen wir denn überhaupt?

Juli 2012, noch zwei Monate

Es sind nicht nur die Mondphasen. Überhaupt habe ich bezüglich unserer Reise weder viel geplant noch mich eingehend informiert. Ich weiß über das Kilimandscharo-Massiv ungefähr gleich viel wie über den Lebenszyklus von Regenwürmern. Das liegt nicht so sehr an meinem Mangel an Interesse, sondern an meinem Mangel an Zeit. Mit vier Kindern im Haus habe ich genug zu tun, und wenn ich mal einige ruhige Momente am Computer oder mit einem Buch finde, werden sie garantiert durch irgendeinen Notfall frühzeitig beendet.

So heute Morgen. Es fing an mit einem markerschütternden Schrei von oben: »Mamiiii, ich kann meine Jogginghose nicht finden!« Ich ließ meinen Frühstückstee stehen und eilte nach oben, wurde aber gleich darauf mit »Mein Sweatshirt ist verschwunden!« in eine andere Richtung umgeleitet. Eine meiner Freuden hier in Südafrika besteht aus den Schuluniformen der Kinder, die das Leben in vieler Hinsicht vereinfachen aber dafür den Nachteil haben, dass ich ständig hinter verlorenen oder verlegten Kleidungsstücken herjagen muss. Sie sehen ja alle gleich aus und werden deswegen häufig mit denen von Freunden oder Geschwistern verwechselt. Ich verbrachte also die nächsten zehn Minuten damit, sämtliche Kleiderschränke und Wäschekörbe zu durchwühlen und gleichzeitig die bis dahin noch abwesende Haushaltshilfe zu verteidigen, die unweigerlich beschuldigt wird, wenn etwas nicht an seinem Platz ist. Die bloße Vermutung meinerseits, die Jogginghose könne ja vielleicht letzte Woche in der Schule vergessen worden sein, hatte solch eine Flut von Beschimpfungen zur Folge, dass ich schnell den Mund wieder schloss, auch wenn mein Verdacht aufgrund vergangener Erfahrungen in dieser Hinsicht völlig gerechtfertigt war. Allein mit all den Einkäufen unserer Familie, um verlorene Uniformteile zu ersetzen, haben wir den hiesigen Uniform-Laden in den letzten zwei Jahren über Wasser gehalten, da bin ich mir sicher. Ich verbiss mir ein »Deswegen sage ich euch immer, ihr sollt am Vorabend alles rauslegen«, denn aus Erfahrung weiß ich, dass das weder gut aufgenommen wird noch den gewünschten Erfolg erzielt, der darin bestünde, die Kinder aus dem Haus zu kriegen. Ich hatte also zwei Möglichkeiten: entweder ein Mädchen mit Sweatshirt und kurzer Hose in die winterliche Kälte zu schicken und das andere mit langer Hose und kurzärmelig gehen zu lassen – oder aber eine Tochter in voller Montur und die andere dafür nackt vor die Tür zu schicken. Vielleicht wäre ja die Anwendung von solch natürlichen Konsequenzen die beste Erziehungsmethode gewesen. Auch wenn sich später herausgestellt hat, dass tatsächlich die Haushaltshilfe die Schränke falsch eingeräumt hatte. Kurz darauf sah ich nämlich Max in eben dieser fehlenden Jogginghose aus dem Haus gehen, völlig selbstvergessen und ohne sich daran zu stören, dass sie ihm nur bis knapp unter die Knie reichte.

Wenn es nicht verlegte Kleidung ist, dann ist es was anderes. Unsere Schultage sind morgens, vor Schulbeginn, immer spannend, um es milde auszudrücken. Ein Zettel mit Eselsohren, der schon wochenlang in irgendeinem Rucksack herumgetragen wurde und gerade an diesem Tag (»unbedingt heute, Mami, oder ich kriege Ärger«) mit allen möglichen Daten ausgefüllt werden muss; oder eines der Mädchen – heulend inmitten eines Haufens von Socken, die sich alle »komisch anfühlen«; oder mein Lieblingsärgernis: 35 Fotos, die absolut noch vor der Schule für irgendein Geschichtsprojekt ausgedruckt werden müssen, und genau in dem Augenblick ist die Druckfarben-Kartusche leer, der Papiereinzug verstopft oder der Speicher voll.

So sehen normalerweise meine Tage aus. Aber weil ich jetzt mehr über den Kilimandscharo herausfinden möchte, und sei es auch nur, um zukünftige Fragen neugieriger Freundinnen kompetenter beantworten zu können, setze ich mich an meinen Schreibtisch und widme den restlichen Tag der Informationssuche.

Das Kilimandscharo-Massiv befindet sich in Tansania. Genauer gesagt sitzt es auf der Grenze zwischen Kenia und Tansania. Nairobi, Kenias Hauptstadt, ist der nächstliegende größere Flughafen, aber der Hauptteil des Berges einschließlich des Gipfels liegt in Tansania. Das bedeutet, dass Tansania drei Dinge hat, die es besonders attraktiv machen (was nur gerecht ist, wenn man bedenkt, dass es eines der ärmsten Länder der Welt ist): den Kilimandscharo, die alljährliche Tierwanderung durch die Serengeti, und die Insel Sansibar. Viele Afrika-Urlauber kombinieren zwei oder auch alle drei Attraktionen zu einem Superurlaub.

Ich fürchte, die Serengeti wird für unsere Familie immer außer Reichweite bleiben, denn eine Safari im Luxuszelt mit Abstecher in den Ngorongoro-Krater kostet ungefähr so viel wie ein mittelgroßes Reihenhaus. Aber auf Sansibar sind wir in der Tat schon gewesen, angelockt von dem exotischen Namen. Und von der Tatsache, dass Freddy Mercury dort geboren ist. Das wusste ich zugegebenermaßen zwar nicht, bevor wir unseren Urlaub dort buchten, aber seither habe ich viele Leute mit diesem Körnchen von Allgemeinwissen beeindrucken können.

Immer, wenn ich an Sansibar denke, werde ich mich an den zauberhaften Anblick der hölzernen arabischen Frachtensegler bei Sonnenuntergang erinnern, und an *Hakuna Matata*. Diese zwei Worte beschreiben nicht nur die Leute in Tansania perfekt, sondern insgesamt die suahelische Kultur. Sie bedeuten so etwas Ähnliches wie »keine Sorgen« und wurden in dem Film *König der Löwen* verewigt, nur, dass ich vor unserem Urlaub auf Sansibar nicht wusste, dass richtige Menschen außer Elton John sie tatsächlich aussprechen.

Um eine Unterhaltung auf Sansibar zu führen, muss man nicht besonders viel Suaheli verstehen. Sie verläuft immer ungefähr so:

»Jambo« (*Wie geht es dir?*)

»Sijambo« (*Mir geht es gut*)

»Hakuna Matata.«

Jede Begegnung endet mit *Hakuna Matata,* und in Verbindung mit dem strahlenden Lächeln der meisten Sansibarer wirkt sich das auf wunderbar heilende Weise auf die eigene Seele aus. Es gibt keinen Grund zur Sorge! Das Leben ist schön! Es wird alles gut werden! Es hilft natürlich, wenn man in einem Fünfsterne-Hotel abgestiegen ist, in dem es rund um die Uhr kostenfreie Cocktails aller Art gibt, aber dennoch hat *Hakuna Matata* einen besonderen Zauber. Montaigne sagte einmal: »Die erfreulichsten Dingen auf der Welt sind erfreuliche Gedanken. Und die große Kunst im Leben ist, möglichst viele davon zu haben.« Wenn irgendjemand diesen Rat beim Wort genommen hat, dann sind es die Menschen von Sansibar. *Hakuna Matata* tut erstaunlich viel dafür, dass man erfreuliche Gedanken im Kopf hat.

Tansania hat eine sehr interessante Geschichte. Oder vielleicht ist sie hauptsächlich interessant für jemanden mit deutschem Hintergrund wie mich. Ich erfahre immer gerne mehr über Länder, die die Deutschen einst erobert haben oder die sie zumindest versucht haben, zu erobern.

Ich bin mir im Klaren, dass das nicht ganz rational ist, denn ich bin eigentlich völlig gegen das Erobern von Ländern und das Einmischen in deren Angelegenheiten.

Aber es ist ein bisschen wie bei der Olympiade.

Man muss einfach den Medaillenspiegel gewinnen.

Die Deutschen kommen ja meist erst dann, wenn die fetten Brocken schon verteilt sind. Deshalb haben sie sich im geopolitischen Medaillenspiegel nicht besonders hervorgetan. Und wo sie auftauchten, taten sie sich hauptsächlich dadurch hervor, dass sie nicht die besten Entscheidungen trafen.

Wie zum Beispiel bei Swakopmund. Wirklich, gab es nichts Besseres?

Wenn du jemals bis nach Swakopmund an der windgepeitschten Atlantikküste Namibias vorgedrungen bist, dann wirst du zugeben, dass es einer der gottverlassensten Orte der Welt ist. Auf einem ganzen Kontinent voller üppigem Buschland, atemberaubender Landschaften und fast überall sonnigem Wetter mussten die Deutschen sich den einen Ort aussuchen, der fast zehn Monate im Jahr in dichten Nebel gehüllt ist. Der Nebel lichtet sich höchstens dann etwas, wenn es einen Sandsturm gibt - dafür ist dann aber die Stadt unter einer zentimeterdicken Sandschicht begraben. Und es gibt zwar einen Fluss, aber der ist fast immer ausgetrocknet.

Jetzt ist mein Interesse geweckt, als ich herausfinde, dass die Deutschen auch in Tansania auf der anderen Seite des afrikanischen Kontinents waren. Hierbei kommt nämlich der Kilimandscharo ins Spiel. Anscheinend war ein deutscher Missionar namens Johannes Rebmann der erste Europäer, der mit eigenen Augen den Kilimandscharo zum ersten Mal sah. Andere hatten ihn schon früher erblickt und auch erwähnt, hauptsächlich arabische Händler auf ihren Seereisen um Sansibar herum. Der allererste Hinweis auf einen mächtigen schneebedeckten Berg an der Quelle des Nil könnte sogar schon aus dem zweiten Jahrhundert vom Geographen und Astronom Ptolemäus aus Alexandrien stammen, der aber selbst den Berg sicherlich nie gesehen hat. Danach wurde der Kilimandscharo über tausend Jahre lang mit keinem Wort mehr erwähnt. Wie dem auch sei, Rebmann ist derjenige mit dem Wikipedia-Eintrag, und wie wir wissen, ist Wikipedia das Evangelium, auch wenn die Lehrer unserer Kinder uns einreden wollen, dass man Wikipedia nicht trauen darf.

Im Jahr 1848 entdeckte Rebmann den Kilimandscharo und berichtete über ihn. Daraufhin folgten mehrere berühmte Forscher Rebmanns Spuren ins Innere von Tanganjika, wie dieses Gebiet später genannt wurde, darunter Richard Burton und Stanley Livingstone. Aber es war ein weiterer Deutscher, der den Anspruch erhob, als erster den Kilimandscharo erklommen zu haben. Erinnert ihr euch an Dr. Hans Meyer, der für mich eine so große Hilfe beim Einkaufen der Ausrüstung darstellte? Er stand im Jahre 1889 als erster Europäer (und wahrscheinlich als erster Mensch) auf Afrikas höchstem Gipfel, auch wenn er sich dessen damals gar nicht ganz sicher sein konnte.

Einfach hatte er es nicht gerade. Sein erster Versuch scheiterte daran, dass es ihm an der richtigen Ausrüstung für Schnee und Eis mangelte - was heutzutage kein Problem ist, es sei denn, man macht sich die Mühe und wandert am Gipfel vorbei und ein ganzes Stück weiter zu den noch übrig gebliebenen Gletschern. Aber zu Meyers Zeiten reichte die Eisdecke bis weit unter den Kraterrand, die Gletscher erstreckten sich wie lange Finger die Abhänge hinunter, und fast die gesamte Caldera - die große Vertiefung auf dem Berggipfel - war schneebedeckt. Man hatte keine Chance, ohne Pickel und Steigeisen über 5.000 Meter aufzusteigen.

Als Meyer ein Jahr später mit der passenden Ausrüstung zurückkehrte, wurde sein Vorhaben abermals zunichte gemacht, weil er mitten in einer Revolte landete und als Geisel genommen wurde. Er hatte Glück, mit dem Leben davonzukommen. Dem englischen Missionar Charles New war es schlechter ergangen. Er hatte einige

Jahre vor Meyer während seiner eigenen Erkundung des Kilimandscharo als erster Europäer Schnee in Äquatorial-Afrika vorgefunden, war dann aber mit einem der örtlichen Moji-Stämme (heute Moshi oder Moschi) in ein Scharmützel geraten und zurück zur Küste getrieben worden, wo er alsbald seinen Verletzungen erlag.

In Meyers Fall wechselte eine hübsche Summe Rupien die Hände, damit er seine Freiheit erlangte.

Ich finde das alles faszinierend. Wer hätte gedacht, dass die frühen Erkundungen des Kilimandscharo sich als ein derart mitreißendes Melodrama entpuppen würden? Unsere geplante Kili-Expedition kommt mir im Gegensatz dazu banal vor, wenn nicht geradezu langweilig. Dennoch bin ich froh, dass wir wahrscheinlich nicht mit Tiefschnee, mörderischen Häuptlingen oder rupienfordernden Entführern rechnen müssen.

Aller guten Dinge sind drei, und so brachte Meyers nächster Vorstoß endlich den gewünschten Erfolg. Er ist wahrscheinlich sogar der Einzige, der behaupten kann, alle 5.895 Meter zu Fuß bezwungen zu haben, denn zu seiner dritten Kili-Expedition brach er in Mombasa an der kenianischen Küste auf Meereshöhe auf. Wenn ich darüber nachdenke, waren es vielleicht sogar etwas mehr als 5.895 Meter, denn irgendwo habe ich gelesen, dass der Kilimandscharo über die Jahre geschrumpft ist. Sehr wahrscheinlich war er zu Zeiten Meyers noch höher.

Ich bin so sehr in den Bann der Geschichte des Kilimandscharo geraten, dass ich mir Dr. Hans Meyers eigenen Reisebericht aus dem 19. Jahrhundert, *Ostafrikanische Gletscherfahrten: Die Ersteigung des Kilimandscharo und Forschungsreisen im Kilimandscharo-Gebiet* auf meinen Kindle heruntergeladen habe. Er liest sich ein wenig wie die Geschichte der Lewis & Clark Expedition. Oder vielleicht eher wie ein Drehbuch für *Indiana Jones*, denn zu Hause in Deutschland war Meyer ein Professor für Erdkunde in Leipzig. Ob er wohl genauso anziehend auf Frauen wirkte wie Harrison Ford? Im Gegensatz zu Lewis und Clark wurde Meyer nicht von seiner Regierung ausgesandt, und dennoch stellte er seine »Person und Mittel in den Dienst der Erforschung von Deutsch-Ostafrika«. Er war ein Abenteurer ersten Ranges, aber voll Pflichtbewusstsein gegenüber seinem Heimatland. »Daneben erschien es mir fast als eine nationale Pflicht, daß der Gipfel des Kilimandscharo, wahrscheinlich des höchsten afrikanischen und zweifellos des höchsten deutschen Berges, der von einem Deutschen (Rebmann) entdeckt und von einem Deutschen (von der Decken) zuerst näher untersucht worden ist, nach allen Bemühungen englischer Reisender doch zuerst von einem deutschen Fuß betreten werde.« So begründete er seine Entscheidung zur Erforschung des Kilimandscharo im Vorwort seines Reiseberichtes.

Wenn ich an Hans Meyer denke, muss ich mich ein wenig schämen. Ich war bisher so begeistert von meinem überaus schwierigen und ungewöhnlichen Vorhaben, oder zumindest stellte ich es mir schwierig und ungewöhnlich vor, aber meine schwierigste Aufgabe bisher war, eine Buchung per Mausklick vorzunehmen und ein paar Ausrüstungsgegenstände in einem Geschäft zu kaufen, in dem es alles gibt, was ich brauche. Mir wird eine ganze Mannschaft von Leuten zur Verfügung stehen, die sich um meine Sicherheit sowie mein Wohlbefinden auf dem Berg kümmern werden und mir außerdem den richtigen Weg zeigen, und vor der Reise kann ich stundenlang an meinem Schreibtisch sitzen und über die Millionen von Menschen lesen, die vor mir das gleiche getan haben. Auf dem Berg werde ich mir nicht die Mühe machen müssen, dessen Höhe und Breite und topografische Begebenheiten zu vermessen und zu katalogisieren, noch werde ich irgendwelche einheimischen Pflanzen in mein Notizbuch pressen und zur botanischen Analyse nach Hause transportieren müssen. Egal, welche Informationen über die bevorstehende Expedition mein Herz begehrt, sie stehen mir auf Knopfdruck jederzeit online zur Verfügung. Dieser einfache Zugriff auf Daten kann mich allerdings manchmal ganz schön viel Zeit kosten. Wie das eine Mal, als ich mich Stunden später bei der Lektüre über König Wenzel den Dritten von Böhmen und seinen vorzeitigen Tod in einem Klohäuschen ertappte... Aber insgesamt kann ich dennoch in kurzer Zeit riesige Mengen an einschlägigen Informationen sammeln.

Unser Freund Hans Meyer dagegen wusste noch nicht einmal genau, ob er tatsächlich den höchsten Berg Afrikas bestieg oder nicht, geschweige denn welche Route er nehmen sollte. Er konnte sich einzig und allein danach richten, was Rebmann und von der Decken in ihren früheren Berichten über einen schneebedeckten Berg am Äquator zu sagen hatten. Damals wurden diese Berichte als fast skandalös betrachtet, und einige geachtete Geologen reagierten mit Hohn und Spott auf jegliche »wunderliche Behauptung, daß auf dem Kilimandscharo ewiger Schnee in 12,500 Fuß Höhe und tiefer liege«, oder dass es am Äquator gar schneien könnte. Ganz zu schweigen von der Tatsache, dass in der Region gerade ein Krieg ausgebrochen war, als Meyer seine Reise unternahm. Außerdem musste er von Grund auf ein Team aus ihm unbekannten und unerprobten Trägern zusammenstellen und dabei besonders aufpassen, dass er nicht aus Versehen einen Sklaven ohne die Zustimmung seines Herren anheuerte. (In Sansibar wurde die Sklaverei erst im Jahr 1897 abgeschafft.)

Da kann ich ja schon wieder etwas von meiner Liste streichen. Ich bin mir sicher, dass ich nicht aus Versehen einen Sklaven einstellen werde, und ich rechne auch nicht damit, dass ich irgendwelche rebellierenden Träger mit Peitschenhieben züchtigen muss.

Trotz vieler Schwierigkeiten gelang es Meyer, für seinen dritten Vorstoß ein gutes Team aus Soldaten, einheimischen Bergführern und Trägern zusammenzustellen, als er auf Sansibar seine Reisevorbereitungen traf. Bei seinem vorherigen Versuch hatte er gerade in dieser Hinsicht Pech gehabt. Unzählige Träger hatten die Mannschaft in Scharen verlassen, und das hatte zu dem Zwischenfall mit der Geiselnahme geführt. »Eine Tagesreise vor der Küste fielen die Banden über uns her, schlugen uns nieder, legten uns in Ketten, mißhandelten uns und warfen uns in eine dunkle Hütte, wo wir mehrere Tage, gefoltert von der Ungewißheit unseres Schicksals, lagen...«, schreibt er ganz gelassen, als ob er über einen Sonntagsspaziergang berichtete.

Obwohl in diesen frühen Jahren der Erforschung sicher einige solcher nicht gerade ermutigenden Berichte nach Europa gelangten, entstand in den 1870ern und 80ern eine Art wilder Ansturm auf den Gipfel. Eine Reihe von Pionieren behauptete, sie hätten eine Gipfelbesteigung geschafft, während andere deren Glaubwürdigkeit sogleich in Frage stellten. In der Tat klingt es ein bisschen wie unsere heutigen Streitereien darüber, welche iPhone-App von wem zuerst patentiert wurde, oder ob der Tennisball wirklich auf der Linie gelandet sei. Irgendwie macht mir das nun wieder Mut. Vielleicht war Hans Meyer doch nicht so sehr von unserer modernen Welt entfernt. Er musste sich mit den gleichen Egomanen herumschlagen, den gleichen Meckereien, und dem gleichen Einkaufsüberdruss. Und allem Anschein nach hatte er genau die gleiche Vorliebe für bequeme Socken wie ich.

Im Wesentlichen infolge von Meyers Bemühungen, aber auch aufgrund des politischen Kuhhandels unter den Großmächten der damaligen Zeit (so wie ich es verstehe, waren das England und Deutschland) wurde das Kilimandscharo-Gebirge in den 1880ern ein Teil Deutschostafrikas. Zumindest klingt das glaubwürdiger als die andere Geschichte, die ich hierüber gelesen habe, in der die englische Königin Viktoria den Kilimandscharo ihrem Enkelsohn Kaiser Wilhelm II zum Geburtstag geschenkt haben soll.

So oder so haben die Deutschen ihn am Ende wieder verloren – den Kilimandscharo, zusammen mit dem Rest ihrer afrikanischen Besitztümer. Obwohl sie im Ersten

Weltkrieg tapfer um ihn kämpften (gegen britische oder vielmehr indische Truppen, die von keinem anderen als Jan Christiaan Smuts befehligt wurden, der später Premierminister der neugegründeten Südafrikanischen Union wurde und dem es gelang, die Deutschen auch auf der anderen Seite des Kontinents in Deutsch-Südwestafrika, später Namibia, zu besiegen - genau dem Ort, wo das oben genannte Swakopmund liegt), mussten sie letztendlich im Versailler Vertrag ganz Tanganjika abtreten. Tanganjika vereinigte sich später mit der Insel Sansibar, und daraus entstand Tansania.

Die jüngere Geschichte des Kilimandscharo ist nicht weniger faszinierend. Im Jahr 1989, so habe ich gelesen, hat man im Rahmen der Hundertjahrfeier zur Gipfelbesteigung einen Afrikaner namens Yohani Lauwo entdeckt, von dem man annahm, dass er als junger Mann an der ersten Gipfelbesteigung teilgenommen hatte. Er wäre damit 118 Jahre alt gewesen. (Er starb erst 1996 oder, nach der gleichen Rechnung, im reifen Alter von 127 Jahren.)

Ehrlich gesagt habe ich da meine Zweifel. Nicht an der Tatsache, dass ein Afrikaner möglicherweise unter den ersten war, die den Kili bezwangen. Es kann sogar sehr gut sein, dass es so war, denn schließlich ist der Berg ja in Afrika. Aber genau *dieser* Afrikaner? Das ganze beruht hauptsächlich auf Mutmaßungen und seinen eigenen Angaben, den Kilimandscharo schon vor dem 1. Weltkrieg dreimal bestiegen zu haben. Ich muss sagen, ich habe genügend afrikanische Geschichten gehört, um zu wissen, dass es ihnen selten an Ausschmückungen und maßlosen Übertreibungen mangelt. Außerdem wird Lauwo nirgendwo von Hans Meyer erwähnt, dessen Aufzeichnungen zur Gipfelbesteigung doch so überaus detailliert sind. Er schreibt nur von Ludwig Purtscheller, dem österreichischen Alpinisten, den er für seine dritte Expedition angeheuert hatte und der gemeinsam mit ihm den Gipfel erreichte. Ich kann mir nicht vorstellen, dass Meyer einen so wichtigen Bestandteil der Geschichte einfach unterschlagen hätte.

Dennoch ist es sicherlich richtig, nachträglich einen gebürtigen Afrikaner zusammen mit den Europäern zu ehren, egal wie er hieß. Denn ohne die Bergführer vor Ort hätten die meisten von uns keine Chance, wie wir bald herausfinden werden.

Kili, wir kommen!

August 2012, noch zwei Tage

Es ist fast so weit: nur noch zwei Tage bis zu unserer Kili-Wanderung.

Wir müssen nur noch fertig packen und in ein paar Tagen ins Flugzeug steigen. Zu einer unchristlichen Zeit, weil wir den Billigflug gebucht haben. Das erschien uns damals sinnvoll. Zuerst fliegen wir nach Nairobi und dann zum Fuß des Kilimandscharo. Von dort fahren wir mit dem Bus zu einem unscheinbaren Hotel, das auch von der billigen und einfachen Sorte ist.

Aber dann geschieht etwas mit diesem Hotel, was mit allen Hotels am Fuß des Kilimandscharo geschieht. Solange du auf deiner Wanderung bist, verwandelt es sich innerhalb von sieben Tagen wie durch Zauberei in ein Luxushotel. Es wird dort solche Wunder wie fließendes Warmwasser geben! Noch erstaunlicher, eine Toilette! Elektrizität, Glühbirnen, ein eigenes Badezimmer! Und als absolute Krönung wird es dort an der Bar ein eiskaltes Getränk geben. Was kann man sich denn sonst noch im Leben wünschen?

Erst dachte ich, ich würde es nie schaffen. Schuld an meinem Stress war Südafrika. Unsere letzten Monate hier mit allerlei Ausflügen und Reisen vollzustopfen machte zwar Sinn, denn wir wollten noch möglichst viel von diesem herrlichen Land sehen, aber dadurch habe ich empfindlich viel Zeit für die Planung und Vorbereitung unserer Kili-Expedition verloren. Außerdem sind südafrikanische Geschäfte, das hätte ich wissen müssen, berüchtigt dafür, dass ständig alles vergriffen ist. Keiner kann einem sagen, ob etwas in dieser Saison – oder überhaupt irgendwann – noch geliefert wird.

Mehrere Tage lang rannte ich deshalb wie verrückt umher und suchte mir die letzten Ausrüstungsgegenstände zusammen. Hauptsächlich warme Kleidung, denn frieren zu müssen ist eine meiner größten Ängste im Leben. Außerdem musste ich noch das eine oder andere Medikament für unseren Erste-Hilfe-Kasten besorgen. Wie zum Beispiel Diamox, von dem ich immer noch nicht weiß, ob man es denn nun braucht oder nicht – jeder sagt etwas anderes. Ich hätte es früher kaufen und vorher ausprobieren sollen, wegen der Nebenwirkungen, aber das habe ich versäumt. Ich habe mich zur Sicherheit auch mit jeder Menge Imodium eingedeckt. Obwohl ich davon vielleicht gleich jetzt eine Handvoll nehmen sollte, anstatt es mit mir herumzutragen, denn sicherlich ist sieben Tage Verstopfung der Alternative vorzuziehen.

Ich habe solche absonderlichen Dinge wie Notdecken aus Folie und biologisch-abbaubare Seife in dünnen Streifen besorgt. Ich habe eine Stirnlampe erworben, denn ich bin nicht wie der Durchschnittssüdafrikaner mit ihr bereits am Kopf installiert auf die Welt gekommen. Ich habe selbstaufblasende Schlafmatten und – anscheinend ein Luxus, denn sie waren nicht auf der Packliste erwähnt – selbstaufblasende Kissen gekauft. Ich habe Regenponchos, isolierte Wasserflaschen und Sonnencreme beschafft, und auch eine Sonnenbrille mit raffinierter Mechanik, bei der man den Rahmen verstellen kann. Irgendwie bereitet mir gerade diese Sonnenbrille ein überdimensionales Vergnügen, das nur von den links- und rechtsmarkierten Socken übertroffen wird.

Ich habe auch eine einfache althergebrachte Zahnbürste gekauft, eine, wie ich sie schon seit Jahrzehnten nicht mehr benutzt habe. Nicht, weil ich Angst habe, dass meine vertrauenswürdige Oral-B Elektrozahnbürste auf dem Kili nicht funktionieren wird - sie bleibt nämlich ewig geladen - sondern weil ich eine Riesenangst davor habe, dass jemand mich auslacht, falls ich damit zur gemeinsamen Morgentoilette auftauchen sollte.

Und ich habe dem überwältigenden Drang widerstanden, mir eine Zip-off-Hose zu kaufen, auch wenn die Idee, dass man mit einem einzigen Zug am Reißverschluss seine lange Hose in eine kurze verwandeln kann, sehr sinnvoll erscheint, besonders wegen der Gewichtsgrenze für unser Gepäck. Aber Zip-off-Hosen sind ein sicheres Zeichen des ahnungslosen Touristen, so viel habe ich bisher bei all meinen Nachforschungen gelernt. Ich weiß vielleicht nicht, in welches Land wir fliegen, auf welcher Route wir wandern oder ob während unseres Aufstiegs Vollmond sein wird, aber wenigstens habe ich mich sorgfältig über die aktuelle Mode informiert.

Und Zip-off-Hosen sind *sowas* von gestern.

Während ich all diese Einkäufe in letzter Minute erledigte, musste ich mich um eine weitere Kleinigkeit kümmern: Ich brauchte dringend US-Dollar für Trinkgelder für die Träger, kitschige Andenken, Bier an der Hotelbar und dergleichen. In Afrika weiß man nie, wann irgendein verrückter Diktator endlich merkt, dass das Drucken von Fünfzig-Trillionen-Dollarscheinen nicht viel Sinn macht und der gute alte US-Dollar sich viel besser dazu eignet, Regierungsangestellte zu bezahlen und Touristen anzulocken. Aus diesem Grund sollte man, wenn man Amerika zugunsten eines neuen Lebens in Afrika verlässt, ein großes Bündel US-Dollar mitnehmen. Oder entsprechend Euro, wenn man aus Europa kommt. Wer keine mitgebracht hat, muss sie sich vor Ort besorgen, und genau das ist in Südafrika - wegen Devisenkontrollen, aber oft auch einfach wegen entsetzlich schlechtem Kundenservice - immer eine größere Aktion, begleitet von viel Schulterzucken und dem immer wiederkehrenden Refrain »Willkommen in

Afrika«. Sowas haben wir in den vergangenen zwei Jahren zur Genüge erlebt.

Als ich letztes Jahr mit 500 Euro Bargeld aus Deutschland zurückkehrte, wollte ich am nächsten Tag in Johannesburg schnell bei der Bank vorbeifahren, um sie auf unser südafrikanisches Konto einzuzahlen. Natürlich hätte ich gleich wissen müssen, dass eine Besorgung in Afrika nie »schnell« erledigt werden kann. Hinterher war ich nicht sicher, ob ich nicht vielleicht ein ganzes Haus erstanden hatte. Die Dokumente für diese in meiner Vorstellung simple Transaktion umfassten ein zweiseitiges Formular mit allen meinen persönlichen Daten, eine Kopie meines Passes mit der Visa-Seite und eine eidesstattliche Erklärung, dass ich nicht im Besitz von ausländischen Vermögenswerten war, die ich in Südafrika verkaufen wollte. Bis alles fertig war, verging über eine Stunde, in der ich dem Bankangestellten dabei zuschaute, wie er mühselig alle Formulare einzeln abtippte, einen Stapel Quittungen ausdruckte, meinen Pass kopierte und die Kopie sorgfältig ablegte (ich nehme mal an, zusammen mit all den anderen Kopien meines Passes, die von der gleichen Bank schon ein dutzendmal vorher gemacht worden waren) und dann energisch alles stempelte und zusammenheftete und mir meine zehnseitige Kopie überreichte.

Ich hätte die Euro lieber unter meine Matratze legen sollen. Denn als ich Anfang dieser Woche zur Bank ging, um südafrikanische Rand von unserem Konto abzuheben und sie in US-Dollar umzutauschen, war die Prozedur genauso umständlich, nur in umgekehrter Richtung. Es gab die zusätzliche Komplikation, dass ich nach meinem Flugticket gefragt wurde, welches ich natürlich beim ersten Mal nicht dabei hatte. In Südafrika kann man nicht einfach nach Lust und Laune Devisen einkaufen, außer wenn man eine richtige Auslandsreise geplant hat - daher das Flugticket. Und die Gebühren für das, was man dann zum Umtausch genehmigt bekommt, sind saftig.

Andererseits könnte es ja noch schlimmer sein. Zumindest muss ich nicht den gesamten Vorrat eines Kurzwarengeschäftes mit mir herumschleppen, um feines Tuch und Perlen und farbigen Kitsch bei den Eingeborenen gegen Ausrüstung und Verpflegung eintauschen zu können, oder um eventuell auch kriegerisch gesinnte Häuptlinge mit kostbaren Geschenken zu besänftigen. Genau das mussten nämlich Hans Meyer und die anderen Erforscher Ostafrikas im 19. Jahrhundert tun.

Es hilf meistens, wenn man seine harten Umstände in der richtigen Perspektive betrachtet.

Es gelang mir tatsächlich, all diese Besorgungen im Lauf dieser Woche vollends zu erledigen. Nichts fördert sosehr meine Produktivität wie ein fester Termin im Kalender. Und jetzt, zwei Tage vor dem Abflug, lässt es sich nicht mehr vermeiden: Ich muss packen.

Zuerst lege ich die zwei brandneuen leichten Reisetaschen zurecht, die ich speziell aus Rücksicht für die Köpfe der Träger gekauft habe und über deren ideale Größe ich mir wochenlang den Kopf zerbrach. Taschen werden normalerweise nach Volumen klassifiziert (hier in Südafrika in Litern), aber die Richtlinien unseres Reiseveranstalters nennen die Obergrenze nicht als Volumen sondern als Gewicht (15 Kilogramm). Wie zum Teufel soll ich denn wissen, wieviel Raum man für 15 kg Kleidung und anderen Kram braucht? Erst angesichts der Gefahr, dass ich den Trägern meine Unterwäsche und Feuchttücher einzeln überreichen müsste, weil mir die korrekte Tasche fehlte, überwand ich meine Unentschiedenheit und kaufte einfach die nächstbesten Taschen für mich und Max. Oder vielmehr ließ ich Julie bei Trappers die Taschen für mich aussuchen, eine in grün und die andere in blau. Jetzt, wo sie vor mir stehen, sehen sie richtig perfekt aus.

Als nächstes trage ich unsere Ausrüstungsgegenstände zusammen, die auf alle Ecken des Hauses verteilt zu sein scheinen, und kippe sie in einem Haufen auf unseren

Schlafzimmerboden. Das ist kein schöner Anblick, und natürlich kann es Klaus nicht unterlassen, einen Kommentar dazu abzugeben.

»Wie bitte, das ganze Zeug hast du gekauft? Das muss ja ein Vermögen gekostet haben!«

Ich beschwichtige ihn, indem ich alle Gegenstände aufzähle, die ich ausgeliehen habe: eine Jacke für Max, Gamaschen für uns beide, ein paar Handschuhe und mehrere Mützen.

»Und schau mal, endlich verbrauche ich die 20 Milliarden Handwärmer, die du gekauft hast«, werfe ich flugs ein, um die Aufmerksamkeit von meinen Einkaufsüberschreitungen auf die seinen zu lenken.

Aber das scheint ihm nicht zu imponieren. »Wenn wir zusammen reisen, strengst du dich *nie* beim Packen so an«, meckert er, und dann entflieht er dem Chaos.

Da hat er Recht. Noch nie zuvor habe ich so gewissenhaft geprüft, ob wir auch absolut alles Nötige haben, bevor wir das Flugzeug besteigen. Man sollte aber auch erwähnen, dass ich noch nie zuvor versucht habe, einen fast 6.000 Meter hohen Berg zu besteigen.

Es bereitet mir besondere Genugtuung, eine Lawine von Hand- und Fußwärmern oben auf den Haufen zu kippen, direkt aus der schon erwähnten Costco-Kiste, die durch glücklichen Zufall in unserer Garage in Südafrika gelandet war. Falls diese Wärmepacken die Waage über 15 kg bringen sollten, bin ich gern bereit, alles andere aus meinem Vorrat dafür zu opfern – Haarbürste, Zahnpasta oder gar frische Socken – denn »warm« übertrumpft immer »sauber«. Das habe ich bei den wenigen Campingtrips in meinem bisherigen Leben gelernt.

Nun kommt die Aufgabe, alles zu sortieren, wobei mir eines der Wunder der modernen Zivilisation zu Hilfe kommt: der durchsichtige Zipper-Beutel. Er ist eine der besten amerikanischen Erfindungen (ich nehme einfach mal an, dass er eine amerikanische Erfindung ist) aber leider in Südafrika schwierig zu finden. Zumindest die qualitativ hochwertige Ausführung, denn nicht alle Zipper-Beutel der Welt sind so gut, wie es sich die in dieser Hinsicht verwöhnte Durchschnittsamerikanerin wünschen mag. Zum Glück habe ich vor nicht allzu langer Zeit einen Posten Originalgefrierbeutel der Marke Ziploc mit 4-Liter-Kapazität auftreiben können, und die sind jetzt gerade richtig für mein Packvorhaben.

Trotzdem verzweifle ich fast an dieser Aufgabe, die aus einer Unmenge weitreichender Entscheidungen zu bestehen scheint, wie zum Beispiel, ob man zwei oder drei langärmelige T-Shirts braucht, oder wo genau in der Tasche man jedes Kleidungsstück verstaut. Und dann haben auf einmal Hinz und Kunz spezifische Ratschläge zum Packen, wie »Toilettenpapier nicht auf der Rolle sondern als einzelne Tücher in einem Zipper-Beutel« und »Ausrüstung für den Gipfel nicht im aufgegebenen Gepäck, falls es beim Flug verloren geht«.

Wie bitte? Jetzt habe ich fast einen ganzen Monat damit zugebracht, lange Listen zu durchforsten, allen möglichen Kram einzukaufen oder von Freunden auszuleihen und dann in eine erschreckend kleine Tasche zu quetschen, eine Tasche, die alles Lebensnotwendige für eine Woche enthält und auf die ich gerade noch so stolz war, und jetzt soll mir gerade dieses wertvolle Stück vielleicht schon vorzeitig abhandenkommen?

Aber es hilft alles nichts, denn das Argument ist berechtigt. Also räume ich die schon fertiggepackte und zugezurrte Tasche wieder aus und packe alles nochmal neu, um das Handgepäck vom Rest zu trennen. Ich will ja nicht meine Wanderung ohne Wanderstiefel beginnen. Oder ohne Toilettenpapier. Oder ohne den Daunenschlafsack. Oder ohne mehr oder weniger alle anderen auf meiner Packliste. Mist. Nachdem ich all das aus der Tasche rausgeholt habe, was ich unbedingt auf dem Kilimandscharo brauche, ist praktisch nichts mehr darin, außer meinem Notizbuch, einer Tüte getrockneter Mangos und einem extra T-Shirt. Da werden nun diese drei Posten sehr stilvoll und überhaupt nicht zusammengequetscht die Reise antreten, während alles andere in eine Tasche gestopft ist, von der ich nur hoffen kann, dass sie beim Einstieg ins Flugzeug als Handgepäck durchgehen wird.

Als ich eine Verschnaufpause einlege und mich entmutigt mit *Ostafrikanische Gletscherfahrten* aufs Sofa fallen lasse, gelingt es wieder einmal Hans Meyer, dem ersten Mann auf dem Gipfel, mir etwas Perspektive zu vermitteln: »Die Beschaffung dieses Reiseapparates, der durch hunderte von Kleinigkeiten noch zu vervollständigen war, dauerte drei volle Monate.« Ja! Genauso geht es mir! Auch 120 Jahre später gab es mindestens Hunderte von Kleinigkeiten, und ihre Beschaffung hat auch mich gute drei Monate meines Lebens gekostet.

Aber hier enden die Gemeinsamkeiten. Schließlich muss ich kein Quecksilber-Barometer mit mir herumtragen, um die Höhe zu bestimmen, ich muss keinen Taschenchronometer aus Dresden bestellen, und ich habe auch nicht mühselig Patronen mit Schießpulver aufgefüllt, um meine Gewehre schussfertig zu machen. Allein Meyers Schusswaffensammlung ist Grund genug dafür, die Vorzüge der modernen Zeit zu schätzen, denn ich benötige auch nicht eine stattliche Auswahl an Handfeuerwaffen und Artilleriegeschützen, um für alles - von Hühnern über Elefanten bis hin zu gelegentlich rebellischen Eingeborenen - gewappnet zu sein. Und ich spreche ein stilles Dankgebet für Geschäfte wie Trappers, die mir die Mühe ersparen, meinen Tropenhelm von Mssrs. Silver & Co. In London zu bestellen und galvanisierte eiserne Ölkannen bei F.A. Schulze auf der Fehrbelliner Straße in Berlin einzukaufen. Wieder einmal kann ich mich über all mein Jammern beim Packen nur schämen, wo doch eindeutig andere vor mir viel größere Schwierigkeiten dabei überwinden mussten.

Ich habe allerdings *einen* Härtefall auf meinem Konto, an den Herr Meyer nicht heranreichen kann: Ich bringe einen Teenager mit! Und natürlich hat Max beim Packen keinen Finger gerührt, denn er war stattdessen schwer damit beschäftigt, jede Sekunde Online-Zeit aus seinem Computer zu wringen und Bösewichter mit russischem Akzent auf der Xbox zu bekämpfen. Der Stiefeleinkauf mit ihm artete genau in den Konflikt aus, den ich vorhergesehen hatte, und danach habe ich weitere Einkäufe mit meinem Sohn im Schlepptau vermieden. Stattdessen brachte ich passende Hosen und Jacken von meinen Streifzügen zum Anprobieren nach Hause und tauschte sie, wenn nötig, danach wieder um. Wenn ich dann ordnungsgemäß ein Kästchen auf meiner Liste abgehakt und schon die überproportionale Befriedigung verspürt hatte, die Hausfrauen wie ich eben beim Abhaken von Kästchen verspüren, dann war es umso frustrierender, wenn etwas nicht passte und das Kästchen von neuem auf der Liste erschien. Es gibt fast nichts Schlimmeres im Leben! Ich habe unzählige Mahnungen und Ultimaten ausgesprochen, aber wie immer hielt Max stur an seinem Plan fest, alle Kleider ungefähr zehn Minuten vor der Abreise zusammenzuwerfen. Wie schön muss es doch sein, sich auf seine Mutter verlassen zu können, die für einen die Handschuhe einpackt, damit einem die Finger nicht abfrieren, obwohl man ihr gesagt hat, sie solle einen mit ihren blöden Ermahnungen in Ruhe lassen. Mal wieder habe ich alle guten Ratschläge der pädagogischen Literatur bezüglich »natürlicher Konsequenzen« über Bord geworfen und die Tasche meines Kronprinzen selbst gepackt.

Als endlich alles fertig ist, gönne ich mir als Belohnung für diese Heldentat ein Glas Wein und betrachte voller Zufriedenheit mein Werk. Ich habe es tatsächlich geschafft, alles Notwendige für die nächsten sieben Tage in ein paar mittelgroßen Taschen unterzubringen. Und das zwei volle Tage vor der Abreise! Klaus kann bestätigen, dass das bisher noch nie geschehen ist.

Ich glaube, wir sind bereit.

Die Wandergruppe

August 2012, noch ein Tag

Sicher könnt ihr nicht abwarten, einige dringende Fragen beantwortet zu bekommen. Wird sie denn nun die Schaufel benutzen, oder nicht? Und wird sie in der Gipfelnacht den ersten Preis im inoffiziellen Wettbewerb: »Die meisten Kleidungsschichten übereinander anziehen« erhalten? In gewisser Weise geht es mir genauso. Nach all diesen Monaten der Vorbereitungen kann ich es nicht abwarten, endlich loszuwandern. Aber erlaubt mir, dass ich zunächst die Hauptdarsteller unserer Kili-Expedition vorstelle.

Wir sind zu zehnt in unserer Gruppe: vier Männer und drei Frauen, alle im Alter von 40 bis Mitte 50, und die drei 16-jährigen Jungen. Die Jungs haben drei eindeutige Vorteile: a) sich im Besitz junger Beine und im Besonderen junger Knie zu befinden, b) bisher kein Fünkchen Energie für das Packen oder auch nur für das *Nachdenken* über das Packen verschwendet zu haben, und c) vor ein paar Monaten eine zehntägigen Wander- und Campingtour in den Drakensbergen mit ihrer Schulklasse unternommen zu haben, wo sie bereits extremen Höhenlagen ausgesetzt waren. Sie trugen sogar ihre eigenen Zelte und kochten ihr eigenes Essen (beziehungsweise trugen die Jungen die Zelte und die Mädchen kochten, wie Max erzählt hat), und sind nun der Meinung, dass sie den Kilimandscharo mit links in den Griff bekommen.

Sind wir erst einmal am Kilimandscharo angelangt, wird unsere Gruppe allerdings um ein vielfaches größer. Dreißig Träger werden unsere Ausrüstung und Verpflegung tragen, während ein Bergführer und mehrere Assistenten uns den Weg weisen und überhaupt in allen Angelegenheiten die Führung übernehmen. Ich finde es fast dekadent, dass wir so wenige sind und so viele brauchen, die sich rund um die Uhr um uns kümmern. Aber Kili-Expeditionen werden schon seit Urzeiten genauso durchgeführt, also will ich mich nicht beklagen.

Wie wir bald herausfinden, gibt es auch Wanderer, die ihre Reise ohne Gruppe antreten. Sie fliegen alleine aus aller Welt zum Kilimandscharo und lernen erst im Hotel ihre Wanderkameraden kennen, mit denen der Reiseveranstalter sie zusammengruppiert hat. Sicherlich lädt das zu einer ganzen Litanei lästiger Was-wäre-wenn-Fragen ein: *Klebt dann etwa einer an mir, der zehn Tage lang nicht den Mund zumacht? Werden alle anderen super durchtrainiert sein und mich sitzen lassen? Wird einer ein Pessimist sein, der die Moral der ganzen Gruppe nach unten zieht?* Ich bin froh, dass ich mir solche Gedanken nicht machen muss, da ich die meisten Mitglieder unserer Gruppe schon kenne.

Zunächst ist da Mike, den ihr ja schon kennengelernt habt, und der so umtriebig und umsichtig an der Planung unseres Unterfangens mitgewirkt hat. Irgendwann nächste Woche werden wir ihn den »Dicken Kontrolleur« (aus der Serie *Thomas, die kleine Lokomotive*) taufen. Um fair zu sein, er ist weder dick, noch trägt er einen Zylinder, aber er liebt es, alle herumzukommandieren. Andererseits ist Mike auch der abenteuerlustigste Mensch, den ich kenne. Er ist immer am glücklichsten, wenn etwas schiefgeht. Sein Gesicht erhellt sich geradezu, wenn der Bootsanhänger im Schlamm feststeckt und er die Umgebung nach einem alten Draht absuchen muss, den er daraufhin mit der größten Freude in eine verlängerte Zugleine umfunktioniert. Oder er versucht, trotz aller Warnungen den Okavango bei Hochwasser zu überqueren, nur um zu sehen, ob es sein Toyota ohne Achsenbruch schafft (und um später die Geschichte in üppig ausgeschmückter Form wiedergeben zu können). Er hat schon zwei Kilimandscharo-Touren hinter sich – eine erfolgreich, die andere wegen Höhenkrankheit frühzeitig abgebrochen aber daraufhin kurzerhand in eine Expedition auf den Nachbarberg Mount Meru umfunktioniert, der auf seine Weise auch verlockend und kaum weniger schwierig ist.

In der Tat klingt der Mount Meru fast so, als sei er in mancher Hinsicht der bessere Berg. Er ist viel weniger überlaufen – geradezu einsam – und deswegen viel sauberer als der Kilimandscharo; man sieht dort mehr von Natur und Wildnis; es ist weniger aufwendig und deswegen billiger, ihn zu besteigen; er bietet größere technische Schwierigkeiten wie Kletterwände und dergleichen; er bereitet auch eine Art Nervenkitzel, denn ein neuer Vulkanausbruch wäre durchaus möglich (der letzte Ausbruch des Mount Meru fand 1910 statt, während der letzte größere Ausbruch des Kilimandscharo über 200.000 Jahre zurückliegt); man hat vom Mount Meru einen spektakulären Ausblick auf den schneebedeckten Kilimandscharo; und man läuft fast kein Risiko, die Besteigung wegen Höhenkrankheit abbrechen zu müssen. Oh, und wenn man auf dem Gipfel steht, kann man sich neben dem Schild »Sozialistenspitze« *(Socialist Peak)* fotografieren lassen. Nein, ich mache keine Witze. Und dennoch hat all dies keine Chance gegen die Worte »Ich habe den Kilimandscharo bestiegen«, und so wird der Mount Meru wegen zirka 1.300 m Höhenunterschied für immer der vergessene Berg bleiben.

Mit in unserer Gruppe ist Martin, der jüngste der Erwachsenen, und auch der größte. Er ist der einzige, den die meisten von uns noch nicht kennengelernt haben. Er ist ein Cousin von Mike und fliegt von Australien herüber, wo er im Moment wohnt, mit Zwischenstopp in den Vereinigten Staaten, wo er gerade hinzieht. Oder umgekehrt – genau erinnere ich mich nicht. Dank seiner britischen Herkunft kann man immer mit Martins trockenem Humor rechnen, wenn gerade dringend ein Witz gebraucht wird, und außerdem ist er der einzige unter uns, der eine echte Spiegelreflexkamera den Berg hinaufschleppen wird. Ich werde ihn auf jeden Fall hinterher für ein paar Fotos anhauen müssen.

Die nächsten zwei Gruppenmitglieder kamen als Paar dazu - Dudley und Sharon. Dudley ist genauso schlagfertig wie Martin, und ich meine mich zu erinnern, dass auch er ursprünglich englischer Abstammung ist. Die Engländer haben wirklich den besten Humor, er liegt ihnen, glaube ich, im Blut. Mit Martin und Dudley mit von der Partie werden unsere Unterhaltungen in den nächsten zehn Tagen bestimmt nie langweilig sein.

Dudleys Freundin Sharon habe ich ja schon erwähnt, die Leiterin des Pferdetherapiezentrums. Sie hat die besondere Gabe, aus ganz alltäglichen Sachverhalten den tieferen Sinn des Lebens herauszulesen. Oder manchmal auch ein autoritäres Wort zu sprechen, wie mit ihrem »Rauf auf den Berg« als es neulich um die Mondphasen ging und wir uns wie beim Verhör mit der spanischen Inquisition wähnten. Ich bin auf Sharon ein wenig neidisch, weil sie die einzige Teilnehmerin mit Partner ist und - so stelle ich mir es vor - ihre Nächte mollig warm und ganz ohne Angst vor Kälte in einen Doppelschlafsack gekuschelt verbringen wird. Einzig im Hinblick auf den Spitznamen, mit dem wir Dudley später versehen werden, ist mein Neid vielleicht gar nicht angebracht.

Der letzte der Männer in unserer Gruppe ist Adrian. Er behauptet, er sei nicht ganz sicher, warum er eigentlich mitmacht. Aber er ist kein Spielverderber und konnte keinen guten Grund finden, *nicht* mitzumachen, als Mike ihn zum ersten Mal darauf ansprach, und so hat er sich uns angeschlossen. Klaus und ich spielen regelmäßig mit Adrian und seiner Frau Andy Tennis. Wir pfeffern vielleicht nicht die allerbesten Schüsse übers Netz, wenn wir uns sonntagnachmittags am Tennisplatz treffen, aber dafür umso würzigere Beleidigungen. Den größten Spaß haben wir immer hinterher bei Käsehäppchen und Wein - dem wahren Beweggrund für unsere Tennistermine. Ich glaube, eine Tour durch die Weingebiete Kapstadts und Umgebung mit Abendessen in preisgekrönten Restaurants stünde höher auf Adrians Liste von Wunschferienzielen als eine Bergbesteigung. Ich muss sogar sagen, ich sehe das ähnlich und fühle deswegen eine gewisse Verbundenheit zu ihm. Oder vielleicht auch deswegen, weil er wie ich einen Teenager dabei hat, der nicht gerne umsonst einen Finger rührt.

Dieser Teenager ist David, ein Klassenkamerad und Freund von Max. Ich habe den Verdacht, Adrian hat ihn zum Mitkommen überredet, indem er ihm erzählt hat, dass Max mitkommt, und natürlich habe ich die gleiche Taktik umgekehrt angewandt. Überraschenderweise haben die beiden das nicht durchschaut und nicht statt der Wanderung einen gemeinsamen Xbox-Marathon zu Hause auf dem Sofa geplant. Dieser kleine Erziehungstriumph fühlt sich schon siegreich an, bevor ich überhaupt einen einzigen Schritt gewandert bin.

Zur Abrundung des weiblichen Kontingents ist da noch meine gute Freundin Monia aufzuzählen, die, wie schon erwähnt, mit mir im Bootcamp trainiert und - ebenso wie ich - als Expat in Südafrika lebt. Sie kommt ursprünglich aus Belgien und ist sehr gesellig und gesprächig, und immer gut gelaunt. Außerdem hat sie eine Mähne leuchtenden roten Haares. Ich kenne keine begeisterungsfähigere Person - was diese Reise und was das Leben im Allgemeinen anbelangt. Ohne Zweifel ist sie auch die zwanghafteste Planerin in unserer Gruppe. Sie hat ihre Tasche bis zum Rand vollgepackt, und ständig sprudeln aus ihrem Mund tausend Fragen in ihrem melodiösen Dialekt. Man könnte fast glauben, sie sei noch nie auf dem Kili gewesen, aber sie war schon dort - und sogar erfolgreich. Dennoch scheint sie alle Fragen zur Sicherheit noch einmal beantwortet haben zu wollen. Der durch den Klimawandel erschreckend schnell verschwindende Schnee lockt sie zum zweiten Mal auf den Kilimandscharo, und – wer weiß? – vielleicht auch die Tatsache, dass ihr Mann diesmal nicht mitkommt. Anscheinend hat er nach ihrem ersten (und seinem letzten) Aufstieg geschworen, die Gipfelnacht nie wieder zu durchleben. Das ist etwas, worüber ich jetzt nicht nachdenken möchte.

Übrigens bin ich ein wenig eingeschüchtert von all der Fitness in unserer Gruppe. Von Adrian und David weiß ich, dass sie jedes Wochenende Hunderte von Kilometern auf ihren Fahrrädern bewältigen und schon jahrelang erfolgreich in den zwei größten Radrennen Südafrikas mitgefahren sind. Mike, auch wenn er nicht so aussieht, würde uns wahrscheinlich allesamt mit purer Energie und Willenskraft übertrumpfen, wenn es jemals dazu käme. Wie Jacky immer sagt, kennt Mike nur zwei Geschwindigkeiten: volle Kraft voraus, oder aber er schläft. Mit Monia kann ich fast nie Schritt halten, wenn wir im Bootcamp um den Fußballplatz joggen und sie mich an die Grenzen meiner Ausdauer treibt, und Sharon ist eine begnadete Reiterin, die in ihrer Freizeit regelmäßig internationale Trabrennen bestreitet. Über Dudley und seine etwaigen Erfolge beim Sport weiß ich zwar nichts, aber ich ahne, dass er auf alle erdenklichen Schwierigkeiten beim Bergsteigen gut vorbereitet ist, denn er hat auf unseren Probewanderungen zwar nicht 12 Kilogramm Backsteine, dafür aber zirka 15 Kilogramm Kleinkind geschleppt. Hannah – Sharon und Dudleys süße Adoptivtochter – liebte jede Sekunde unserer Sonntagsspaziergänge hoch thronend im Tragegestell auf dem Rücken ihres Vaters, und ich wäre nicht gänzlich überrascht, wenn sie in ein paar Tagen am Fuß des Kilimandscharo auf einmal strahlend daher wackelte und ihre Arme bittend in die Luft reckte, um auch diesmal in den Rucksack gehoben zu werden.

Ich weiß nicht, wie gut ich mit ihnen allen Schritt halten kann. Ich werde oft gefragt, ob ich viel laufe, aber mit Ausnahme der letzten paar Monate Bootcamp kann ich ehrlich sagen, dass ich eigentlich überhaupt nie laufen gehe. Zumindest nicht offiziell. Vielleicht ist das eine Sache, für die ich meinen Kindern dankbar sein sollte: Als sie klein waren, bin ich ihnen ihr halbes Leben lang hinterhergerannt, und das muss mich einigermaßen fit gehalten haben.

Der andere Teenager der Gruppe ist Dylan, dessen Initiative wir ja hauptsächlich den baldigen Aufbruch zum Abenteuer unseres Lebens verdanken. Er wünscht sich am sehnlichsten von allen die Herausforderung herbei, und zwischen ihm und Mike besteht ein ständiger Wettbewerb, wer mehr Backsteine schultern kann und wer weniger verweichlicht ist. Anscheinend haben sie gemeinsam auch nur einen einzigen Fleece-Pullover eingepackt und werden viele Tage damit zubringen, sich um ihn zu streiten.

Und zum Schluss ist da natürlich noch Max, der dritte und letzte der Teenager. Er ist für seine Sturheit bekannt, sogar so bekannt, dass er sich den Spitznamen Zax zugezogen hat, nach der englischsprachigen Geschichte *The Prairie of Prax* von Dr. Seuss. Wir haben vor Jahren einmal mehrere Stunden während einem unserer Willensduelle auf einem eisbedeckten Parkplatz in Indiana verbracht, und wie bei dem nord- und südgehenden Zax in der Geschichte waren wir nicht weit davon entfernt, dass das Straßenbauamt um uns herum eine Brücke für den Verkehr hätte errichten müssen. Max sagt, er mag seinen Spitznamen nicht, aber jedes Mal, wenn ich denke, es ist vielleicht Zeit für einen anderen, passiert ein weiterer »Zax-Moment« und wir fangen wieder von vorne an. Allerdings – dickköpfig sein bedeutet bei ihm auch, einen starken Willen zu haben und den eigenen Weg gehen zu können, selten dem Gruppendruck zum Opfer zu fallen und beim Debattieren begnadeter zu sein als die meisten Politiker unserer Zeit. Und Max ist in unserer Familie auch bei weitem der Mutigste, wenn es darum geht, aus großen Höhen herunterzuspringen.

Ich hoffe nur, er ist auch gut darauf vorbereitet, auf große Höhen zu klettern.

Wie man hinkommt

31. August 2012, Abreise nach Moschi

Wir sind alle am O.R. Tambo International Airport in Johannesburg versammelt und der Augenblick des Abschieds von unseren Familien ist gekommen. In meinem Fall wird es ein Abschied auf längere Zeit, denn in ein paar Tagen geht Klaus zurück in die USA und übernimmt dort seinen neuen Job, während ich mit den Kindern zurückbleibe, um das Schuljahr in Südafrika zu beenden.

Es ist kein Abschied wie sonst, denn einfach zu sagen »Ich rufe dich an wenn wir dort sind« und daraufhin noch lediglich einmal kurz zu winken, würde der Angelegenheit nicht ganz gerecht. Die nächsten zehn Tage lang werde ich fast nicht erreichbar sein. Ich glaube, das klingt für mich spannender als für meinen Mann. Irgendwie mag ich die Vorstellung, dass niemand so genau weiß, wo ich sein werde.

Fast wäre mein Kili-Abenteuer an Klaus' neuem Job gescheitert. Vor nicht allzu langer Zeit plätscherte unser Expat-Dasein noch friedlich dahin, und wir waren voller Eifer am Aussuchen neuer Reiseziele in Südafrika und Umgebung, als Klaus aus heiterem Himmel ein Anruf aus den USA ereilte: Er sollte wieder in die Staaten zurückversetzt werden. Wir zerbrachen uns den Kopf darüber, wann ein erneuter Schulwechsel für die Kinder wohl am einfachsten zu verkraften wäre, und ob es nicht vielleicht besser sei, den Absprung gleich zu Beginn des amerikanischen Schuljahrs zu machen. Aber am Ende entschieden wir uns dagegen. Das bedeutete, dass die Kili-Wanderung für mich zwar immer noch auf dem Programm stand, aber nun mit der zusätzlichen Komplikation zusammentraf, dass ich für die drei nicht bergsteigenden Kinder eine Aufsicht organisieren musste, da Klaus ja nicht bei ihnen sein würde. Glücklicherweise hatte die Tochter von Freunden aus Deutschland gerade zu dieser Zeit Lust, uns zwischen Abitur und Studium zu besuchen. Wir schlugen ihr daraufhin vor, ihren Südafrika-Aufenthalt im September zu buchen und überdies nicht nur als Besucherin sondern als Babysitterin zu kommen, und damit war es geregelt. Mir fiel ein großer Stein vom Herzen, und ich werde Julia - so heißt sie - für die perfekte Zeitplanung ewig dankbar sein, denn unsere drei jüngeren Kinder könnten während meiner Abwesenheit nicht in besseren Händen sein.

Als wir uns ausführlich verabschiedet haben und in Richtung Flugsteig schlendern, spüre ich die erste Vorfreude auf den Flug. Nicht so sehr im Hinblick darauf, wohin wir fliegen, sondern wer mit uns fliegt. Oder vielmehr wer *nicht* mit uns fliegt - ich reise ja diesmal nur mit 33 Prozent des üblichen Aufgebots.

Versteht mich nicht falsch. Ich liebe meine Familie! Aber mit ihr in einer Gruppe zu reisen, kann ein bisschen, naja, ermüdend sein.

Das fängt schon an, bevor wir überhaupt das Haus verlassen können. Wer jemals versucht hat, auch nur irgendwohin mit sechs Leuten zu gehen, der weiß, was ich meine. Es ist unmöglich, rechtzeitig loszukommen. Wir könnten genauso gut eine Busreise nach Florida mit einer Gruppe Rentnern antreten. Es gibt immer irgendein Kind, das ins Haus zurückrennen muss, wenn schon alle im Auto sitzen, um erst einen iPod und dann ein Plüschtier und dann ein Sweatshirt zu holen, und um dann gleich noch ein letztes Mal die Toilette zu benutzen (was ja von uns

Eltern durchaus ermutigt wird). An was es sich bei all diesem Hin- und Herrennen aber nicht erinnern wird, ist, auf der Toilette auch *herunterzuspülen*, was bei der Rückkehr zwei Wochen später für einen gar lieblichen Geruch im Haus sorgt.

Wenn wir bei unseren Familienreisen endlich am Flughafen angekommen sind, wartet dort das Ritual der Gepäckaufgabe. Mein Ehemann ist angespannt, weil er beim Reisen immer angespannt ist, und garantiert wählen die Kinder genau diesen Augenblick, um mir alle vier auf einmal ihre Lebensgeschichten zu erzählen, und das lenkt mich von der wichtigen Aufgabe des Wuchtens der Koffer aufs Gepäckband ab. Was wiederum meinen Mann noch angespannter macht.

Zum Glück kommt genau dann zur Ablenkung die Sicherheitskontrolle.

»Wann kommen wir an?«

»Fliegen wir Business Class?«

»Müssen wir durch die Sicherheitskontrolle?«

Nach all den Jahren des Fliegens und dem immer gleichen Sicherheitskontrollritual stellt eines der Kinder garantiert jedes Mal die Frage nach eben jener Sicherheitskontrolle. Und tausend andere Fragen werden auch gestellt, nur über die eine wirklich *wichtige* Frage denkt keiner nach, und zwar über jene, was man in seinen Rucksack packen sollte. Oder vielmehr, was man aus seinem Rucksack hätte herausnehmen und zu Hause lassen sollen. Wir mussten an der Flugsicherheitskontrolle schon so viele Scheren abgeben, dass man damit eine ganze Schulklasse ausstatten könnte. Sogar merkwürdigere Gegenstände haben schon Aufsehen erregt, wie zum Beispiel der Gummiball mit Beleuchtungsfunktion, den eines der Mädchen nach einer Geburtstagsparty in ihren Rucksack gestopft hatte. Die Elektronik darin war anscheinend extrem verdächtig und das Ding – und damit wir alle – mussten einem Sprengstofftest unterzogen werden. Danach wurde der harmlose Gummiball von allen Sicherheitsangestellten herumgereicht – genauso, wie ein Patient mit einer ausgefallenen Krankheit allen Assistenzärzten im Krankenhaus vorgeführt wird – bevor wir endlich weitergehen durften.

Nach der Sicherheitskontrolle kommen wir dann irgendwann zum Gate und steigen ins Flugzeug. Oder nein, noch nicht ganz. Auf einer unserer Reisen hatten wir schon länger als eine Stunde am Gate auf den Aufruf zum Einstieg gewartet, und als der Aufruf endlich kam, zählte Klaus noch einmal kurz unser Handgepäck und stellte fest, dass ein Stück fehlte. Er öffnete seinen Mund für eine längere Tirade über die kollektive Unverantwortlichkeit unserer Familie, aber ich rannte mit einem der Jungs schon laut keuchend zurück in Richtung Sicherheitskontrolle, wo wir hofften, das fehlende Gepäckstück intakt und nicht schon vom Bombeneinsatzkommando zerstört vorzufinden. Wir bereuten sofort, dass wir nicht die Geistesgegenwart besessen hatten, vor unserem ungeplanten Spurt unsere Rucksäcke mit den Laptops darin abzusetzen, aber daran war nun nichts mehr zu ändern, und wir rannten, bis unsere Beine wabbelig waren und unsere Lungen brannten. Die Tasche wurde letztendlich gefunden, der Dame am Gate wurde genügend gut zugeredet, dass sie mit dem Schließen ein wenig länger wartete, und ein größerer Ehekrach konnte um ein Haar gerade noch einmal vermieden werden.

Wenn wir nicht gerade ein Gepäckstück verlieren, dann versäumen wir es garantiert, das unvermeidbare Gestreite um die Sitzplätze vorherzusehen. Unsere sechsköpfige Familie benötigt sehr spezifische Sitz-Bedingungen: Einer muss absolut am Gang sitzen, eine muss neben der Mama sitzen, eine dritte darf *nicht* neben ihrem Bruder sitzen, und ein vierter hat seit der französischen Revolution keinen Fensterplatz gehabt und besteht deshalb jetzt darauf. Es ist eine logistische Meisterleistung, die Wünsche eines jeden Kindes unter einen Hut zu bringen, und weil wir das als nur durchschnittlich talentierte

Eltern natürlich nicht schaffen, sprechen wir stattdessen denjenigen unter den Kindern zukünftige Rechte zu, die diesmal nachgeben. Das lässt natürlich die ganze Debatte beim nächsten Mal wieder aufleben, weil ich mir nie länger als fünf Minuten merken kann, was ich vier Kindern irgendwann einmal versprochen habe.

Wenn wir dann endlich in unsere Sitze fallen, entscheide ich mich selbstverständlich sofort für den Wein, und wenn ich beim zweiten Glas angelangt bin, ist bis dahin der klebrige Apfelsaft schon nicht mehr ganz so störend, den mir das jüngste Kind in all der Aufregung über den Schoß gekippt hat. Auch können mich die Würgegeräusche aus der Sitzreihe vor mir nicht mehr aus der Ruhe bringen, die peinlich daran erinnern, dass wir wieder einmal die Reisetabletten für Sohn Nummer zwei vergessen haben.

Ich habe all unseren Papierkram geprüft, und dann wieder und wieder geprüft, um sicherzustellen, dass ich Geld, die Pässe mit Visum und die Gelbfieberzertifikate dabei habe. Normalerweise ist Klaus für alle Reisedokumente verantwortlich. Wenn die Verantwortung dafür mir alleine in den Schoß fällt, werde ich nervös. Um nicht zu sagen angespannt.

Ich glaube nicht, dass die Gelbfieberbescheinigungen wirklich nötig sind, vor allem für Besucher, die direkt aus dem Ausland einfliegen. Aber da wir sie seit unserem Aufenthalt auf Sansibar sowieso schon haben, habe ich sie mitgebracht. Denn das einzige Mal, da man hier in Afrika *nicht* nach irgendeinem Dokument gefragt wird, ist dann, wenn man es dabei hat. Als ich jetzt allerdings über Gelbfieber nachdenke, muss ich an Impfungen im Allgemeinen denken. Gibt es vielleicht welche, die Max und ich hätten bekommen sollen? Ich war so beschäftigt mit dem Abzählen einzelner Blättchen Toilettenpapier und dem Vollstopfen meiner Tasche mit Handwärmern, dass ich es völlig versäumt habe, mich näher über vorgeschriebene oder zumindest ratsame Impfungen zu informieren.

Allerdings habe ich es nicht versäumt, die medizinische Checkliste genauestens zu durchforsten und alles Fehlende zu besorgen. Wir haben Diamox, Malariatabletten und eine Schachtel Antibiotika zur Vorsorge dabei. Wir haben Blasenpflaster, Ibuprofen, Kältekompressionsbandagen, Brandverbände und Paracetamol eingepackt. Außerdem haben wir Antihistaminika, Hydrocortisoncreme, und Imodium für unsere Därme. Wir können sogar mit Reisetabletten gegen Übelkeit aufwarten, obwohl ich noch nie davon gehört habe, dass jemand beim Gehen reisekrank geworden ist. Das einzige, was unser Erste-Hilfe-Kasten nicht enthält, sind die »Lymphen« einer Kuh, wie sie Hans Meyer 1889 mit sich trug im Fall eines Pockenausbruchs.

Aber gibt es irgendwelche anderen Krankheitserreger in Ostafrika, auf die ich hätte achten sollen?

Natürlich denke ich erst an solche Dinge, als es schon zu spät ist. Vor ein paar Tagen hatte ich einen ähnlichen Anflug von Panik, als jemand das Wort »Versicherung« erwähnte. »Wir haben darauf geachtet, dass unser Versicherungsvertrag Evakuierungen vom Berg abdeckt.« Ich hätte schreien können. Weder eine Evakuierung noch eine Versicherung dafür war mir jemals durch den Kopf gegangen. Meine Panik entstand gar nicht wegen der Möglichkeit, dass Max oder ich unter Umständen evakuiert werden müssten. Das könnte ich verkraften. Vielmehr entstand sie aufgrund meiner Erkenntnis, dass *falls* Max oder ich evakuiert werden sollten, und falls Klaus daraufhin die Rechnung dafür zu sehen bekäme, er mich wahrscheinlich wegen meines Mangels an Voraussicht umbrächte. »Wie konntest du nur die Reiseversicherung vergessen!«, wären seine ersten Worte, während ich im Krankenhaus im Koma und an eine Infusionspumpe angeschlossen läge und um mein Leben kämpfte. Bei meinem Mann ist es grundsätzlich nicht besonders ratsam, krank zu werden – »Reiß dich doch mal zusammen!« waren seine unvergesslichen Worte, als ich einmal mit einer schlimmen Grippe im Bett lag und zu schwach zum Aufstehen war. Unfälle können Klaus ganz besonderes aus der Fassung bringen: »Musste das gerade am Tag mit dem besten Wetter sein?«, hieß es einige Jahre später, als ich mir beim Snowboarden das Handgelenk brach. Aber falls mir zu all meinem Pech dann auch noch die entsprechende Versicherung fehlt, wenn ich mir auf dem Kilimandscharo beide Beine breche, dann will ich vielleicht lieber gar nicht erst evakuiert werden.

Also verbrachte ich einen halben Tag damit, die Broschüre der Versicherungsfirma TIC von vorne bis hinten zu studieren, die ich aus dem Wirrwarr meines E-Mail-Posteingangs ausgegraben hatte. Ich war nicht sicher, ob ich »Freizeit und Reisen umfassend« oder »Freizeit und Reisen standardmäßig« wählen sollte, und ob wir uns lieber gegen »Krieg und Terrorismus« oder gegen »Entführung, Geiselnahme, und unrechtmäßige Freiheitsbeschränkung« versichern sollten. Letztendlich war meine Panik aber ganz unnötig, denn es stellte sich heraus, dass unsere reguläre Auslandskrankenversicherung schon jegliche Evakuierungen abdeckte, ganz egal, wo auf der Welt wir krank werden sollten. Selbst 6.000 Meter hohe Berggipfel waren nicht ausgenommen.

Eine kurze Anmerkung für zukünftige Kilimandscharo-Reisende: Es ist ratsam, das Visum für Tansania schon vorher bei einem Konsulat anstatt erst bei der Einreise zu beantragen. Ich weiß das so genau, weil ich über den Antrag bei der Einreise schon ausführliche Erfahrungen sammeln konnte.

Als wir vor einem Jahr nach Sansibar reisten, erschien es uns viel einfacher, die Visa bei unserer Ankunft genehmigen zu lassen, als vor der Reise von Johannesburg bis nach Pretoria zur Botschaft zu fahren. Alles, was wir für die Einreise brauchten, so wurde uns gesagt, seien 50 US-

Dollar pro Person. Die hatten wir dabei, blöd nur, dass bei unserer Ankunft auf Sansibar der Preis pro Einreise für Inhaber eines amerikanischen Passes auf einmal 100 Dollar betrug, gegenüber nur 50 Dollar für die Inhaber deutscher Pässe. Niemand hatte eine Diskriminierungspolitik nach Nationalität erwähnt, aber genau die gab es. Amerikanern wurde doppelt so viel in Rechnung gestellt wie anderen Reisenden. Unsere Familie besteht aus Doppelstaatsbürgern - drei sind Amerikaner durch Geburt aber gleichzeitig auch Deutsche durch Abstammung, und die anderen drei sind Deutsche durch Geburt aber eben auch wiederum Amerikaner durch Naturalisierung - und da wir ungern zusätzliche Pässe mit uns herumtragen, die man aus Versehen verlieren könnte, hatten wir damals jeder nur den Pass unseres Geburtslandes dabei. Da standen wir also in der nach Schweiß miefenden Ankunftshalle mit jeweils drei Pässen von jeder Sorte und ohne die insgesamt ungefähr 50 Dollar, die uns die Einreise ermöglicht hätten (wir hatten vorsichtshalber ein wenig mehr Geld dabei als nur 50 Dollar pro Person, aber eben nicht genug).

Was tun? Wir waren schon eine Stunde lang in der drückenden Hitze vom einen auf den anderen Fuß getreten, während sich eine grölende Gruppe von Hyundai-Mitarbeitern vorgedrängelt hatte, deren Mitglieder nach dem vierstündigen Flug von Johannesburg allesamt besoffen waren - wahrscheinlich deswegen, weil unser Flugzeug eine dieser afrikanischen Schrottmaschinen war, in die uns vor unserem Umzug nach Afrika keine zehn Pferde bekommen hätten. Die zerschlissenen Sitze erweckten keinerlei Vertrauen dahingehend, dass die Düsen sich in einem besseren Zustand befinden würden, aber wir waren ohne Zwischenfall auf Sansibar gelandet, und nun bestand unser einziges Problem darin, dass die Devisen fehlten. Klaus zog los, um einen Geldautomaten zu finden, während ich mit den Kindern am Visaschalter blieb und meine Augen fest auf unsere Pässe gerichtet hielt, die hinter dem Glasfenster säuberlich aufgestapelt warteten. Gelegentlich fragte mich einer der Grenzbeamten, wo die fehlenden 50 Dollar blieben - ich hatte die 400, die wir dabei hatten, schon rübergeschoben - und daraufhin konnte ich nur den Kopf schütteln und »tut mir Leid« durch das Glas gestikulieren. Also bearbeitete er ein paar weitere Einreisende, nur um dann irgendwann wieder mit der gleichen Frage zu mir zu kommen, woraufhin ich nur nochmals bedauerlich den Kopf schütteln konnte.

Nach langem Warten wurden wir auf einmal ohne viel Aufhebens durchgewinkt, nicht mit dem eigentlichen Visum, sondern mit irgendeinem Stempel und handgekritzeltem Vermerk am Rand. Das ist das Schöne an Afrika. Jemand musste entschieden haben, dass 400 Dollar keine schlechte Ausbeute darstellten und die zusätzlichen 50 Dollar nicht der Extramühe wert waren. Oder vielleicht waren auch die Grenzbeamten einfach am Ende ihrer Weisheit mit uns. Denn »weiße Leute, die anscheinend alle Zeit der Welt haben« sind für schwarze Afrikaner ein Rätsel, um die Worte meines afrikanischen Lieblingsschriftstellers, Peter Godwin, zu zitieren.

Du wirst in Afrika fast immer mehr Erfolg haben, wenn du viel Zeit hast.

Man sollte denken, unsere Einreiseerfahrung auf Sansibar hätte uns gut auf die Kili-Reise vorbereitet. Und das tat sie auch insofern, als dass ich diesmal ganz meiner Natur entgegen vorausgedacht und darauf geachtet habe, für Max und mich die *deutschen* Pässe beim Visa-Antrag zu verwenden. Wer spart nicht gerne 100 Dollar?

Der Fehler hinsichtlich dieser Denkweise geht mir erst auf, als wir schon in der Luft sind und es zu spät ist, etwas daran zu ändern. Während mein deutscher Pass den Visumstempel für Südafrika aufweist, welchen wir bei unserer Wiedereinreise brauchen werden, hat Max jenen Stempel in seinem amerikanischen Pass - den ich zu Hause gelassen habe. Ich habe jetzt zehn Tage Zeit, um einen Plan dafür zu schmieden, wie ich am besten einen südafrikanischen Grenzbeamten umschmeicheln kann, damit er Max ohne Visum wieder ins Land lässt.

Zumindest wird mir dieser Gedanke die Zeit vertreiben, während ich mich den Berg hochschleppe.

Unser Flug mit Kenya Airways führt uns über Nairobi, was einerseits ärgerlich ist – es gab früher einen Direktflug zwischen Johannesburg und dem Kilimandscharo, aber er wurde schon vor einiger Zeit gestrichen – und andererseits spannend, denn ich war noch nie in Kenia. Wir vertreiben uns den Zwischenaufenthalt, indem wir sehnsüchtig riesige Stapel von Milka-Schokolade in einem der Schaufenster beäugen und versuchen, ihren Preis von kenianischen Schilling in südafrikanische Rand umzurechnen. Milka ist nämlich eine der Marken, die man in Südafrika nicht finden kann. Bevor wir aber einen entsprechenden Einkauf tätigen können, wird unser Weiterflug auf Precision Air aufgerufen. Wahrscheinlich ist das auch besser so, denn ich glaube, in unseren prallen Gepäckstücken wäre noch nicht mal genügend Platz für eine einzige Tafel Schokolade.

Der Flug von Nairobi zum Kilimandscharo-Flughafen ist nur kurz, und der Höhepunkt kommt, als wir den schneebedeckten Kibo – den höchsten Gipfel des Kilimandscharo-Massivs – direkt vor unserem Fenster vorbeiziehen sehen. Der gewaltige Kegel sieht großartig aus, wie er im rosigen Morgenlicht leuchtet, und auch der Blick auf den Mount Meru auf der anderen Seite ist nicht weniger eindrucksvoll. Ich will gar nicht weiter darüber nachdenken, dass unser kleines Flugzeug vom Start an stetig aufwärts gestiegen ist, und dass trotzdem der Kilimandscharo immer noch *oberhalb* unseres Blickfeldes endet, anstatt sich *unter* uns zu erheben. Es ist wirklich ein Riesenberg, das lässt sich nicht verleugnen.

Und wir werden in einem Tag auf ihm losmarschieren. So langsam wird mir bewusst, welch großes Unterfangen ich mir da zumute.

Nichts ist so wichtig wie *pole pole,* um den Gipfel zu erreichen. Das wissen wir bereits. Aber ebenso ist nichts so ärgerlich wie *pole pole,* wenn man als ungeduldiger Neuling den Abmarsch kaum abwarten kann. Ab dem Moment der Ankunft im Hotel in Moschi – in unserem Fall das Springlands Hotel, aber es gibt Dutzende, wenn nicht Hunderte davon – geht alles nur noch *pole pole* vorwärts, und es ist die reine Folter.

Da unser Johannesburg-Nairobi-Kilimandscharo-Flug so unsäglich früh losging, betreten wir den Innenhof unseres Hotels schon am Samstagmorgen und haben nun den ganzen Tag zur freien Verfügung. Wir beziehen unsere Zimmer – einfach, aber mit allem Nötigen ausgestattet, vor allem mit Moskitonetzen – und recken die Hälse aus den Fenstern, um einen Blick auf den Berg zu erhaschen, aber wir sehen nur eine dichte Wolkenbank. Dann kramen wir in unseren Habseligkeiten – registrieren erfreut, dass sie alle angekommen sind – und sortieren sie nach einem Schema, wie es uns für die kommende Woche vorteilhaft erscheint. Wir packen unsere Taschen um – und wieder um und noch einmal um. Wir mieten Wanderstöcke (auf jeden Fall nützlich!) und kaufen noch ein paar Wasserflaschen zusätzlich zu denen, die wir schon dabei haben. Und dann steigen wir ein letztes Mal in die Dusche, hauptsächlich deswegen, weil es hier noch eine gibt.

Als es absolut nichts mehr zu tun gibt, beginnt das Warten. Wir sitzen eine ganze Weile herum, bis irgendwann jemand kommt, der uns eine Einführung geben soll. Leider erfahren wir dabei überhaupt nichts Neues. Es ist die langweiligste Informationsveranstaltung aller Zeiten, und wir sind heilfroh, zu erfahren, dass der Redner nicht unser Bergführer sein wird. Es wäre eine Qual, ihn und seine monotone Stimme eine Woche lang als Reisebegleiter ertragen zu müssen.

Von wem wir allerdings doch etwas Neues erfahren sind mehrere gutgelaunte Südafrikaner, deren Gruppe gerade erst heute Morgen von ihrer Tour zurückgekehrt ist. Sie haben erfahren, dass uns genau der Bergführer zugewiesen wurde, der auch sie in den letzten sieben Tagen begleitet hat, und sie überschlagen sich fast dabei, ihn und seine Mannschaft zu loben.

Das muss man sich erst mal klarmachen: Unser Führungsteam ist gerade vom Gipfel des Kili zurückgekehrt, und morgen früh, nach nur einer Nacht Ruhe, werden sie wieder dorthin aufbrechen. Sehr bemerkenswert.

Genauso bemerkenswert sind ihre Namen. Einmal ist da Godlisten, der leitende Bergführer. Auf Suaheli heißt er Mungu Sikiliza, was keiner von uns aussprechen kann, und so nennen wir ihn Goddy. Der zweite im Führungsteam heißt Hillary. Wir taufen ihn auf der Stelle Sir Edmund und erlauben uns ein gewisses Gefühl der Zuversicht ob solch verheißungsvoller Namen.

An unserer Vorgängergruppe fällt uns noch etwas auf: Sie sehen allesamt beflügelt aus, geradezu energiegeladen. Haben sie nicht gerade die zermürbendste Anstrengung ihres Lebens hinter sich gebracht? Wollen sie nicht erschöpft in ihre Betten fallen? Stattdessen schlendern sie hier draußen über die Terrasse und sprudeln förmlich über vor Begeisterung, als ob sie gerade eine Woche Wellnessprogramm absolviert hätten, oder etwas ähnlich Erholsames. Ich kann nur hoffen, dass es uns in genau einer Woche auch so geht.

Im Moment gibt es jedoch wichtigere Überlegungen. Die Frage, die auf einmal wieder aufkommt, ist die der Toilettensituation. Bisher habe ich erfolgreich alle Gedanken daran unterdrückt und mich damit abgefunden, dass man eben nichts machen kann.

Aber man *kann*, wie sich jetzt herausstellt. Und das ganz ohne Hacke und Schaufel.

»Ihr müsst *unbedingt* das WC-Zelt mieten«, sagt die sonnengebräunte Frau im luftigen Sommerkleid.

Ein privates tragbares WC? Ich hatte keine Ahnung, dass es sowas gibt. »Können wir nicht einfach die Plumpsklos benutzen?«

Ich werfe das nur so ein, um ein wenig Konversation zu machen, denn wir haben ja alle Zeit der Welt, und unsere Einweisung zieht sich immer noch im Hintergrund in die Länge.

Sie blickt mich entsetzt an.

»Mietet den Träger mit dem Zelt. Wirklich!«

Wenn dir übrigens das Klogespräch nicht gefällt, dann überspringst du lieber die nächsten paar Kapitel. Eine Wanderung den Kilimandscharo hinauf – und überhaupt jeden Berg hinauf, denke ich – reduziert dein Interesse auf genau drei Dinge: Wann gibt es etwas zu essen? Wo wirst du schlafen? Und wohin scheißt du? – wenn ich das mal so profan sagen darf. Und nicht nur du selbst bist von diesen Themen besessen. Auch alle anderen in deiner Gruppe werden mehr über deine Körperfunktionen wissen, als du dir jemals vorgestellt hast und vorstellen wolltest. Zum einen liegt das an der Langeweile, die dazu führt, dass du ein größeres Interesse an deinen Mitmenschen entwickelst, als es normalerweise der Fall wäre, und zum anderen steckt dahinter eine kaltblütige Strategie: »Ich habe mein Möglichstes versucht, es vor dem Einzug der anderen aus meiner Gruppe aufzusuchen«, gab ein Kilimandscharo-Veteran im Zusammenhang mit dem Toilettenzelt zu.

Du wirst hier also mehr über Klobesuche und dergleichen lesen müssen, als dir vielleicht lieb ist. Aber es könnte noch schlimmer sein. Ich hätte ja auch eine ganze Abhandlung zum Thema »Was macht man in der Natur, wenn die Natur ruft« schreiben können. Und darüber, was man mit dem, äh, Resultat macht, das der Ruf der Natur so mit sich bringt. Ich habe einen Blick in ein Buch mit dem rühmlichen Titel *Wie man im Wald sch…* geworfen (die englische Originalausgabe ist in diesem Fall mit *How to Shit in the Woods* weniger prüde) und war besonders fasziniert von den Kapiteln »Die Wissenschaft des Scheißens« und »Wie frau sich nicht in die Stiefel pinkelt«. Aber ich zögerte bei »Gruppenscheißerei« - was um Himmels Willen ist das denn? - und kam bei »Die missliche Lage des einsamen Kackpackers« abrupt zum Stillstand. Ich will wirklich nicht wissen, nicht jetzt und überhaupt niemals, was die Worte »Kack« und »packen« im gleichen Satz zu suchen haben. Bei dem Gedanken daran erscheinen Hacke und Schaufel geradezu einladend.

Auf jeden Fall ist ein privates WC-Zelt genau das, was man sich darunter vorstellt - ein kleines Zelt mit gerade genügend Platz darin für einen Eimer mit Klobrille darauf, in dem man vor neugierigen Blicken geschützt ist. Leider nicht so sehr vor neugierigen Ohren, aber dennoch ist so ein Zelt immer noch tausendmal besser als die berüchtigten Plumpsklos an den Lagerplätzen aller Kilimandscharo-Routen. Wenn du mit dem Gedanken spielst, *jene* Klos zu benutzen, brauchst du dir über die Höhenkrankheit gar keine Sorgen mehr zu machen, denn zweifellos wirst du dann vom Gestank schon ohnmächtig, bevor du überhaupt 3.000 Meter erreicht hast.

Hier ist eine Frage: Wieviel würdest du bereit sein, für den Luxus eines Trägers zu bezahlen, der dieses Privatzelt für dich nicht nur den Berg hinaufschleppt sondern dieses auch auf jedem Zeltplatz aufbaut und den Eimer regelmäßig entleert und saubermacht, damit du es mit nur neun anderen Leuten teilen musst, anstatt mit dreihundert?

Weit mehr als nur 10 US-Dollar, schätze ich mal. Ja, das ist möglicherweise das beste Schnäppchen, dem ich jemals begegnet bin.

Ich erwähne dreihundert Leute. Wer sich einbildet, dass eine Kilimandscharo-Besteigung ideal für Naturliebhaber oder für Leute auf der Suche nach Einsamkeit ist, der sollte seine eigene Bergbesteigung lieber nochmal überdenken. Zwischen 25.000 und 35.000 Menschen versuchen jedes Jahr, den Gipfel zu erreichen, wie ich nach ausführlichen Recherchen herausgefunden habe.

Nun gut, ich habe es gegoogelt und den ersten Link geklickt.

Diese Zahl muss man sich erst mal klarmachen. Sie ist noch nicht mal so hoch, wenn man sie mit anderen Touristenattraktionen der Welt vergleicht. Der Louvre hat ungefähr jeden *Tag* so viele Besucher, und die Niagarafälle noch mehr. Wenn man es sich allerdings ausrechnet, kommt man auf zirka 500 bis 700 Besucher pro Woche, und sicherlich auf eine noch viel höhere Zahl während der Hauptsaison (in der wir natürlich unterwegs sind). Also ist meine Schätzung von 300 Leuten in einem beliebigen Kili-Lager an einem beliebigen Septembertag gar nicht so verkehrt. Das bedeutet, dass man jeden Abend seinen Lagerplatz inmitten einer belebten Zeltstadt aufschlägt und nur wenige Meter vom Nebenmann haust. Und dass sich die Nacht deswegen relativ geräuschvoll abspielen wird, wenn man genauer darüber nachdenkt. Egal, welche der sechs offiziellen Routen man für den Aufstieg wählt, sie wird eher einer Hauptstraße ähneln als einem Wanderpfad, besonders gegen Ende, wenn alle Wege am Gipfel zusammenlaufen. Du trittst wahrscheinlich eher jemandem auf die Zehen - wenn es nicht gerade etwas anderes ist, in das du reintrittst - als dass du irgendein wildes Tier zu Gesicht bekämst oder einen Augenblick der Stille genießen könntest.

Es geht zu wie in einem Bienenstock.

Aber es ist egal. Jeder ist zum gleichen Zweck gekommen, und alle haben das gleiche Ziel: am sechsten Tag des Aufstiegs auf dem Uhuru Peak auf 5.895 Meter Höhe lange genug stehenzubleiben, um ein Gruppenfoto zu schießen, und dann - so schnell einen die Beine tragen können - wieder den Abhang hinunterzurennen, bevor man erfroren ist.

Godlisten und Hillary

TEIL II – DIE BERGBESTEIGUNG

»Haba na haba, hujaza kibaba« (Nach und nach füllt sich der Topf).

– Suahelisches Sprichwort

Erster Tag: Pole Pole

Vom Machame Gate zur Machame-Hütte, Sonntag, 2. September 2012
Entfernung 9-10 km, 5-7 Stunden
Höhenunterschied 1.200 m, Anstieg von 1.800 m auf 3.000 m

Endlich ist der große Tag gekommen. Er fängt pünktlich an, aber *pole pole*. Es geht schon *pole pole* los, bevor wir überhaupt an der Parkgrenze angelangt sind, denn nach nur wenigen Minuten Busfahrt halten wir auf einer Seitenstraße in Moschi wieder an, um »ein paar Sachen zu besorgen«. Ich lasse meinen Blick über die Läden am Straßenrand schweifen, und ein ekelerregender Kuhkadaver starrt mir, an einem Strick baumelnd, aus einem der Fenster entgegen. Ich frage mich, ob die Kuh eine der »Sachen« ist, die wir besorgen müssen, aber dann werde ich von diesem Gedankengang abgelenkt, denn auf der anderen Seite des Busses ist eine lebhafte Debatte aufgekommen. Ein paar Straßenhändler erkennen sofort die Gunst der Stunde, die unser Zwischenstopp für ihre Geschäfte bedeutet, und bieten uns ihre Kilimandscharo-Armbänder und anderen Kitsch durch die offenen Busfenster zum Verkauf an.

»Du kaufen, nur zehntausend Schilling!«, drängt der eine, wird aber gleich vom nächsten fliegenden Händler, der seine eigene Ware an den Mann bringen will, zur Seite geschoben. Die Preise klingen nicht gerade billig, obwohl wir keinen blassen Schimmer vom Wechselkurs haben. Ein gnadenloses Feilschen beginnt.

Dazu kann ich nur sagen: Feilschen ist nicht meine Stärke. Ich kann noch nicht einmal nein sagen, und beides zusammen - nicht gut verhandeln können, aber auch nicht einfach davongehen können - kann oft teuer werden. Meine letzte Erfahrung in dieser Hinsicht machte mich zur stolzen Besitzerin zweier schlecht passender Cowboyhüte, für die ich keine Verwendung fand. Kurzzeitig spielte ich vor unserer Abreise sogar mit dem Gedanken, sie auf den Kili mitzunehmen, denn da hätten sie mir eventuell gute Dienste erwiesen, aber dann verwarf ich die Idee. Ich hatte nämlich das Gefühl, dass sie hinsichtlich ihres modischen Charakters vielleicht eher in die Kategorie der Zip-off-Hosen gehörten, und dass sie den ersten Regenguss nicht überleben würden. Und außerdem wollte ich nicht unnötigerweise den Peinlichkeitsradar meines Sohnes auslösen, der bei ihm wie bei allen Teenagern überaus empfindlich kalibriert ist.

Ich halte mich vorsichtshalber ganz aus den Verhandlungen mit den Straßenverkäufern heraus, aber Dylan hat keine solchen Hemmungen. Er lässt sich all den Ramsch vorführen, verhandelt kunstvoll, und alsbald wechseln ein paar Armbänder für einen beiderseits akzeptablen Preis die Besitzer. Ich bin froh, dass ich der Aufmerksamkeit der Verkäufer entgangen bin, sonst wäre ich vielleicht wie ein Weihnachtsbaum geschmückt den Berg hinaufgewandert.

Inzwischen sind Godlisten und Hillary mit ihren Einkäufen fertig. Sie klettern zufrieden zurück in den Bus, und die holprige Fahrt geht weiter.

Am Eingang des Nationalparks steigen wir aus dem Bus aus, tragen uns in einer kleinen Hütte mit Namen, Alter und - merkwürdigerweise - Beruf in das Parkregister ein, suchen zum letzten Mal eine richtige Toilette auf, und dann passiert gar nichts mehr. Wir warten und warten. Das Tempo scheint sich auf noch langsamer als *pole pole* verringert zu haben, wenn das überhaupt möglich ist.

Manche aus unserer Gruppe vertreiben sich die Wartezeit, indem sie schon mal ihr Lunchpaket verschlingen, obwohl es noch lange nicht Mittag ist. Vielleicht ist das gar keine schlechte Idee, denn das Essen ist gleich eine Sache weniger, die man den Berg hochtragen muss. Oder vielleicht hoffen sie auch, damit ihre Verdauung genügend anzuregen, damit sie voller Nostalgie noch einmal die sauberen Toiletteneinrichtungen besuchen können.

Andere nutzen die Pause, um erste Reparaturen vorzunehmen. Obwohl wir bisher noch keinen Schritt gewandert sind, hat David bereits die untere Hälfte seines Wanderstockes verloren, und jetzt ist der Stock zum Wandern zu kurz. Zum Glück findet Adrian, der Ingenieur, eine Lösung: Er holt aus dem Wald ein schönes Stück Holz - wobei er irgendwo auf dem Weg noch über einen alten vergessenen Gummipfropfen stolpert - und ehe man sich's versieht, stellt er mit ein paar gekonnten Handgriffen und seinem Taschenmesser einen stilvollen Wanderstock her. Tja, dem Inscheniör ist eben nichts zu schwör…

Mittlerweile haben wir schon zweimal die beiden Schilder durchgelesen, die uns darüber informieren, dass es auf der vor uns liegenden Machame-Route gewisse Regeln zu beachten gilt: Wir sollen ausreichend fit für die Wanderung sein, wir dürfen unter keiner Erkältung und noch nicht einmal unter Halsschmerzen leiden, und wir müssen mindestens zehn Jahre alt sein. Auch die Affen, die auf diesen Hinweistafeln herumklettern, haben wir inzwischen ausgiebig fotografiert, und mir ist, als ob ich in ihrem Blick einen Anflug von Spott erkennen könnte. »Wie dumm ihr Menschen doch seid, den Komfort dieses Ortes mit all seinen Annehmlichkeiten freiwillig zu verlassen«, scheinen sie zu sagen. Den gleichen Affen haben wir auch schon mit der Faust gedroht, als sie sich mit den Erdnüssen aus unseren Lunchpaketen davongemacht haben.

Ich vertreibe mir die Zeit, indem ich hinüber zu den Bergführern schlendere, die sich gerade mit unseren künftigen Trägern besprechen. Godlisten, mit dem wir bisher nur ein paar Worte gewechselt haben, scheint in seinem Element zu sein, umringt von einer bunt zusammengewürfelten Schar junger Männer in zerschlissener Kleidung. Sie blicken ihn gebannt an, während er gestikulierend Anweisungen gibt und Entscheidungen trifft. Nach und nach lösen sich einzelne Träger von der Gruppe und machen sich an die ihnen zugewiesene Aufgabe, und keiner hinterfragt Goddys Autorität. Ich habe den Eindruck, auch ohne dass ich Suaheli verstehe, dass er ein Meister seines Fachs ist. Darüber bin ich froh. Als er uns vorgestellt wurde, war ich erst etwas erstaunt. Er erschien mir nicht als ein Musterbeispiel an Fitness, nicht wie einer, der den Großteil seines Lebens zu Fuß unterwegs ist und dabei meistens steile Hänge hinauf und hinunter zu bewältigen hat. Hillary dagegen, jung und stramm in seinem enganliegenden T-Shirt, passt besser zu meinem Idealbild eines Bergführers. Aber Goddy mit seinem runden Gesicht sieht älter als der Durchschnitt aus und trägt eindeutig einen Bierbauch über seiner Gürtellinie. Das zeigt mal wieder, dass man Menschen nicht nach ihrem Aussehen beurteilen sollte.

Überall wimmelt es nur so von Menschen. Ich nehme an, dass der heutige Tag keine Ausnahme ist und dass hier an jedem beliebigen Tag ein ähnliches Getümmel herrscht. Man kommt sich vor wie auf einem geschäftigen Marktplatz, und in gewisser Weise trifft das ja auch zu. Hier wird verhandelt, es werden Arbeitskräfte angeheuert, und es werden alle Vorräte aufgeteilt und gewogen, damit jeder ungefähr die gleiche Last zu tragen bekommt.

Eine überwältigende Last!

Die Gewichtsgrenze für unser Gepäck liegt bei 15 kg pro Person, und ich bin mehr als ein wenig stolz darauf, dass sowohl Max als auch ich um jeweils 5 kg darunterge-blieben sind. Allerdings ist das auch nötig, um Monias Lasten auszugleichen, deren aus allen Nähten platzende

Reisetasche so aussieht, als ob sie mindestens zwei Träger benötigen wird.

Aber unser persönliches Gepäck ist bei weitem nicht alles. Außerdem müssen noch Zelte, Teller, Tassen, Stühle, Kocher, Tische, Eimer, und natürlich die Verpflegung für sieben Tage den Berg hinauftransportiert werden. Es ist unglaublich viel, was da zusammenkommt, und es ist alles hier am Startplatz unserer Wanderung zu einem riesigen Haufen aufgebaut, bis hin zu einem fein säuberlich gebundenen Büschel Petersilie. Mir kommt plötzlich ein Gedanke, und ich trete näher an unseren Vorratshaufen. Ich möchte einen Blick auf die berüchtigte Toilette erhaschen, von der wir gestern so viel gehört haben. Es gab nämlich am Vorabend tatsächlich eine längere Debatte darüber, ob wir uns den Luxus einer transportablen Toilette für 100 Dollar Aufpreis ($10 pro Person) überhaupt erlauben sollten. Besonders Mike, dem es immer besonders wichtig zu sein scheint, ja nicht den Ruf eines verweichlichten Muttersöhnchens zu erwerben, war dagegen. Er fand, wir Frauen - Monia, Sharon, und ich - benähmen uns mal wieder wie »Jammerlappen«. Das ist eines seiner Lieblingswörter. Und er fand es unpraktisch. In seiner Vorstellung - so hat er mir anlässlich der Toilettendebatte anvertraut - sah er sofort einen Träger vor sich, wie dieser eine Felswand hochklettert und dabei eine weiße Porzellankloschüssel auf dem Kopf balanciert. Ich muss jedes Mal lachen, wenn ich mir dieses Bild vor Augen rufe, und deswegen lasse ich jetzt meinen Blick über unsere Ausrüstungsgegenstände schweifen auf der Suche nach einer solitären Kloschüssel. Natürlich finde ich nichts dergleichen. Unser WC-Zelt scheint unauffälligerer Natur zu sein.

Für jeden aus unserer Gruppe sind drei Träger berechnet, sodass uns insgesamt ein Gefolge von 30 Trägern zur Verfügung steht. Ein Gefolge von 31, um genau zu sein - ich habe den WC-Mann vergessen, der übrigens hochbeglückt darüber ist, eine Anstellung gefunden zu haben, wie Goddy uns erzählt. Ohne unsere Toilette hätte er in dieser Woche zu Hause bleiben müssen und kein Einkommen gehabt.

Jeder der Träger transportiert mindestens 22 kg auf Schultern und Kopf, und er schleppt das alles den Berg in halb so viel Zeit hinauf wie wir, die wir doch nur unsere mickrigen Tagesrucksäcke tragen müssen. Wenn er zum Lager kommt, schnappt er sich sogleich einen Eimer und geht wieder eine halbe Stunde lang bergab zum nächstgelegenen Flussbett, um dort Wasser zu holen und dieses den Berg hochzuschleppen. Dann hilft er beim Aufbau der Zelte, schält Gemüse und deckt den Tisch. Und nach all diesen Strapazen verspürt er immer noch genügend Hingabe für seinen Job, um die Worte *Hakuna Matata* in eine Wassermelonenhälfte für den Obstsalat zu schnitzen, damit wir beim Nachtisch eine freudige Überraschung erleben können.

Das sind wirklich wunderbare Menschen.

Endlich, schon fast um die Mittagszeit, geht es los. Zu unserer Enttäuschung ist der breite Weg in den Regenwald hinein eher eine Straße als ein Wanderweg. Diese Straße ist zwar recht steil, aber dennoch so gut begehbar, dass man sie ohne Probleme hurtig hinaufeilen könnte, um zu interessanterem Terrain zu gelangen. Aber Goddy schlägt ein unglaublich langsames Tempo ein. Jeder versucht, bei diesem lähmenden Gruppentrott in seinen eigenen Rhythmus zu finden, und das Ganze erinnert an eine unbeholfene Ballettvorführung: Du hebst deinen Fuß an, um den nächsten Schritt zu machen, aber dein Vordermann bewegt sich so langsam, dass du deinen Fuß nicht gleich wieder aufsetzen kannst, und so wankst du bei jedem Schritt sekundenlang einbeinig auf der Stelle, bemüht darum, nicht umzufallen. Zumindest kommt es mir so vor, so qualvoll langsam ist das Tempo. Das also ist *pole pole*!

Alle zehn Minuten halten wir an, um ein paar Träger durchzulassen, die uns mit einem freundlichen *Jambo* grüßen und gar nicht *pole pole* sondern rasch und geschäftig an uns vorbeieilen. Warum dürfen sie das, frage ich mich? Müssen sie nicht auch darauf achten, dass sie sich langsam akklimatisieren?

Vielleicht liegt es ja am Marihuana. Die Südafrikaner nennen es *Dagga* oder auch *Ganja*. Wir treffen auf einige Träger, die rauchend am Wegrand eine Pause machen, und der Cannabis-Geruch ist überwältigend. Natürlich möchte ich hier erwähnen, dass ich diesen Geruch aus eigener Erfahrung gar nicht kenne, aber die 16-jährigen in unserer Gruppe informieren uns Ältere sogleich mit wissenden Mienen, dass es sich bei diesem süßlichen Duft um Marihuana handele. Woher sie das wissen, frage ich lieber nicht. Vielmehr überlege ich fieberhaft, wie man wohl an das Zeug kommt, denn anscheinend kann man damit den Berg so leichtfüßig erklimmen wie eine Gämse und braucht sich nicht um das lästige *pole pole* zu kümmern.

Aber da es hier leider keine Straßenhändler gibt, bei denen man irgendwelche Rauschmittel einkaufen könnte, müssen wir unseren langsamen Marsch ohne sie fortsetzen. Dabei habe ich alle Zeit der Welt und lasse meine Gedanken schweifen. Sie führen mich zu unserer letzten Familienwanderung, die auch hier in Afrika stattfand, an einem verlängerten Wochenende voriges Jahr. Es war um einen der vielen südafrikanischen Feiertage herum, deren Anlass ich mir nie merken kann, und wir reisten mit der ganzen Familie und zwei jugendlichen Besuchern aus Deutschland in die kleine Stadt Wilderness an der malerischen Garden Route. Dort verbrachten wir ein paar Tage mit Unternehmungen, die Jungs in einem gewissen Alter aufregend finden: Klettertouren, Bungee-Jumping und abenteuerliche Bootsfahren auf der Suche nach Walen. Leider haben solcherlei Unternehmungen aber auch die negative Begleiterscheinung, dass sie den Geldbeutel erheblich schmälern, und deswegen entschlossen wir uns am vierten Tag für eine einfachere und preiswertere Form der Unterhaltung: eine Wanderung den Berg hinauf.

Ein Berg war es eigentlich nicht, eher ein Hügel. Genau oberhalb von Wilderness und neben einer großen Wiese, die eine Gruppe Gleitschirmflieger zu ihrem Spielplatz gemacht hat, gibt es einen Ort mit dem Namen »Landkarte Afrikas«. Ich hatte keine Ahnung, was es mit der »Landkarte Afrikas« für eine Bewandtnis haben sollte, aber es klang vielversprechend. Und bestimmt hatte man von dort oben eine herrliche Aussicht.

Den ganzen Weg bergauf wurde ich mit Beschwerden überhäuft.

»Warum müssen wir das machen?«

»Das war die dümmste Idee der Welt!«

»Maaaami, ich bin müüüüüde!«

Und mein persönlicher Favorit: »Warum können wir nicht normal sein wie andere Familien? Niemand anders muss auf der Straße laufen und fast von Autos überfahren werden!«

Ich finde es interessant, dass »normale Familien« nie zum Vergleich herangezogen werden, wenn wir etwas Aufregendes unternehmen, wie zum Beispiel mit Quadbikes auf Sanddünen in Namibia herumzufahren. Ich glaube nicht, dass solcherlei Vergnügungen auf der Liste der meisten »normalen« Familien stehen.

Ich musste allerdings zugeben, dass die Kinder mit den Autos Recht hatten. Mir war nicht klar gewesen, wie steil es bergauf gehen würde, und dass die Straße eher einer Rennbahn glich, auf der die Autos mit Spitzengeschwindigkeiten hinunterbretterten. Es war mehr Nürburgring als Bergidylle.

Ungefähr auf halbem Weg gelangten wir zu einer Pferdeweide. Gott sei Dank, denn ohne die zeitweise Ablenkung, die sich den Kindern beim Füttern und Streicheln der Pferde bot, hätte ich eine offene Meuterei an der Backe gehabt. Leider hielt die dadurch gewonnene Besänftigung der Teilnehmer nicht allzu lange an, denn danach führte uns der Weg durch ein heruntergekommenes Township – man könnte auch sagen: durch einen Slum – und nun war es Klaus, der auf einmal mit meiner angeblich mangelhaften Planung nicht mehr zufrieden war. Ich verkniff mir den Hinweis darauf, dass wir nur aufgrund seines Drängens überhaupt wanderten, anstatt – wie ich es tagelang tun könnte – mit einem Buch am Strand zu sitzen.

In jenem Township ernteten wir neugierige oder – wie wir uns einbildeten – vielleicht auch feindselige Blicke von Seiten der Frauen, die Wassereimer auf ihren Köpfen balancierten, während barfüßige Jungs auf dem Feldweg einen zusammengeflickten Fußball herumkickten.

Weiße spazieren normalerweise nicht durch einen Slum.

Oder vielmehr gehen Weiße normalerweise überhaupt niemals zu Fuß, worauf unsere Kinder mich schon mehrmals hingewiesen hatten.

Wenn ich eine Lektion als Mutter und Ehefrau gelernt habe, dann ist es die, unter solchen Umständen äußerlich fröhlich zu bleiben. Man stelle sich also eine Frau vor, die zielstrebig einen Berg hinaufmarschiert, vor Energie strotzend und laut singend, im Schlepptau einen missgestimmten Ehemann und eine Gruppe nölender Kinder, denen eine gewisse Mordlust aus den Augen blitzt und die nur deswegen mit jener Frau – ihrer Mutter – Schritt halten, um ihr lauthals all ihre Klagen und Beschwerden hinsichtlich dieser Wanderung vorzutragen. Wer sich dieses Bild vorzustellen vermag, der sieht mich bei jener Familienwanderung vor seinem geistigen Auge. Ich machte ein fröhliches Gesicht, obwohl ich Blasen an meinen Füßen spüren konnte. Ich hatte nämlich keine Socken an, denn die trug Max, der versucht hatte, sich der Wanderung mit der Ausrede zu entziehen, er habe keine Socken dabei. Natürlich schaltete ich schnell und vereitelte ihm diesen raffinierten Plan, indem ich mir meine eigenen Socken von den Füßen gerissen und sie ihm großmütig überreicht hatte.

Immer weiter ging das, durch das Township und danach weiter den Berg hinauf, bis wir endlich – oh Wunder

– den Gipfel erreichten und ergriffen auf »die Landkarte Afrikas« starrten, die sich aus der Vogelperspektive als ein Flusslauf entpuppte, der sich ähnlich der geografischen Form der Südspitze Afrikas durch die Landschaft schlängelte. Ohne Frage war das recht schön anzusehen, aber wir hätten diesen Ort genauso gut mit dem Auto erreichen können, wie man angesichts des riesigen Parkplatzes schließen konnte, der allerdings leer stand. Außer einer großen Heuschrecke gab es dort oben nichts Bemerkenswertes zu sehen.

Ich musste mir an diesem Tag viel Gemecker anhören (mehr Gemecker, als ich es mir als Mutter tagtäglich sowieso schon anhören muss), aber wer weiß? Vielleicht habe ich ja einen winzigen Keim gepflanzt. Einen Keim, der in 20 Jahren zur Reife kommt, wenn unsere Kinder ihrerseits ihre Kinder zu doofen Familienwanderungen zwingen. Wenn man für seine Arbeit gelobt werden will oder sofortige Resultate wünscht, so sollte man nicht Vater oder Mutter werden. Die Kindererziehung besteht hauptsächlich aus realistischen Erwartungen und aus der Kunst, lange auf den Dank warten zu können.

Im Nachhinein betrachte ich es als ein kleines Wunder, dass wir damals überhaupt alle zum Mitwandern motivieren konnten.

Ich bringe meine Gedanken zurück in die Gegenwart und bin überaus dankbar, nicht sieben jammernde Leute in meinem Gefolge zu haben. Das ist ja mit einer der Gründe, warum ich hier bin: Wenn es etwas zu bejammern gibt, dann darf *ich* diejenige sein, die jammert. Aber jetzt noch nicht – ich hebe mein Jammern lieber bis zur Gipfelnacht auf.

Die Straße hat sich mittlerweile zu einem schmalen Pfad verengt und ist noch steiler geworden. Autos gibt es hier natürlich nicht, aber dennoch herrscht reger Verkehr. Die Träger gehen nicht, sie joggen geradezu den Berg hinauf. Inmitten von Marihuana-Schwaden rennen sie mit ihren unförmigen Lasten auf den Schultern den Pfad entlang, während wir alle paar Minuten zur Seite treten, um sie durchzulassen.

Allerdings empfiehlt es sich, nicht *zu weit* zur Seite zu treten, wie wir bald lernen. Oder zumindest bewährt es sich, genau aufzupassen, wohin man tritt. Große Menschenströme hinterlassen große Mengen an Ausscheidungen, stelle ich fest, und sofort bin ich mit meinen Gedanken wieder bei der Toilettensituation angelangt, die nun in einem ganz anderen Licht erscheint. Hier auf dem Kili ist es nicht nur eine Herausforderung, ein stilles Örtchen zu finden. Es ist eine noch größere Herausforderung, auf der Suche nach besagtem Örtchen nicht in einen Haufen Scheiße zu treten.

Bisher kommt mir das Ganze weniger wie eine Wanderung vor, sondern eher wie das Wohltätigkeitsrennen, bei dem ich einmal mitgemacht habe. (Es war nicht freiwillig; es war eine dieser Aktionen, wofür sich Kinderschulklassen anmelden und dabei Eltern wie mich gegen unseren Wunsch mitverpflichten, sodass wir an kalten Novembertagen mit unseren Sprösslingen an der Hand durch die Stadt joggen müssen, anstatt in unserem warmen Haus genüsslich einen Cappuccino zu trinken.) Genau wie bei jenem Rennen gab es auch hier erst die endlose Warterei am Start und die Mengen von Menschen, die sich dort drängelten und einander auf die Füße traten, und danach auf dem Weg die vielen Bonbonpapierchen und Trinkhalme, mit denen der Boden um uns herum übersät ist. Es fehlen nur noch die Westen mit Startnummer für jeden von uns mitsamt einer Tüte voller Werbegeschenke und Gutscheine für Pediküren.

Zwischen all dem Trubel auf dem Wanderpfad kommen wir immer wieder zu einsamen Wegabschnitten, auf denen der Regenwald in all seiner Größe und Dichte auf uns einwirkt. Alles ist in ein weiches und diesiges Licht getaucht, das von weit oben durch die Baumkronen dringt. Riesige Farne vermitteln das Gefühl, durch prähistorische Zeiten zu wandern, und die Baumstämme sind von dichtem Efeu und Moos bewachsen. Der Wald ist grün und fruchtbar und erscheint voller Leben, aber gleichzeitig ist er völlig stumm. Die Stimmung ist verzaubert, ähnlich wie in einem Traum, in dem man in eine verwunschene und etwas unheimliche Welt versetzt wird.

Allerdings ändert sich das jäh, als wir um die nächste Biegung treten und fast über eine andere Gruppe Wanderer stolpern, deren Träger gerade das Mittagessen vorbereiten. Der Kontrast ist verblüffend. Inmitten einer Lichtung steht eine lange, gedeckte Tafel, komplett mit frisch gebügelter Tischdecke und zehn ordentlich aufgereihten Gedecken aus feinstem Porzellan und Silber. Genau solch eine Ausstattung hätte man in alten Zeiten in der Aussteuerkiste einer jungen Braut erwartet. Es ist so, als ob wir aus Versehen ein Picknick bei *Downton Abbey* gestört hätten, als ob der Butler Carson gerade die Abstände zwischen den Tischgedecken mit dem Lineal überprüft hätte und nun auf die Ankunft der Abendgäste wartete. Oder eher so, als ob wir zufällig zur Hütte der »Drei Bären« gekommen seien und nun ermutigt würden, uns hinzusetzen und von jedem kleinen Tellerchen mit jedem kleinen Löffelchen zu kosten. Nur, dass dieser Tisch leider nicht für uns vorgesehen ist. Wir schauen zu, weniger voller Neid als voller Faszination, wie die Gäste dieses Veranstalters Platz nehmen und ihre Feinschmeckermahlzeit genießen, während sie von den zu Kellnern mutierten Trägern bedient werden.

Anscheinend haben wir bei der Planung unserer Reise die »Out of Africa«-Variante inklusive livrierter Dienerschaft übersehen. Aber wir sind nicht böse drum. Wir genießen zwar den Luxus, dass andere unser Gepäck tragen und für uns kochen, aber dieses Festmahl in der Wildnis scheint doch etwas übertrieben zu sein. Allerdings lässt es uns an unsere Lunch-Pakete denken, die leider schon zum Großteil verzehrt sind, denn wir haben sie entweder aus Langeweile schon gleich heute Morgen bei der Warterei vertilgt, oder aber während des stetigen Bergaufsteigens nach und nach an ihnen geknabbert.

Da wir nichts zu essen haben und auch nicht anderen bei ihrer Mahlzeit zuschauen wollen, lassen wir die Lichtung hinter uns und setzen unseren Marsch fort. Sofort verschluckt uns wieder der dunkle Regenwald. Die unheimliche Stille des Waldes ist ehrfurchterregend, und wie bei einer Kirchenbesichtigung unterhalten wir uns nur in Flüstertönen oder bleiben stumm.

Während ich meinen Gedanken nachhänge, fällt mir auf, dass ich Max nicht mehr gesehen habe, seit er am Parkeingang mit Dylan und David herumgealbert hat. Das wird wahrscheinlich die ganze Woche so bleiben. Hier bin ich ja schließlich nicht für die Küche zuständig, und der Wunsch nach etwas zu Essen ist zu Hause oft der einzige Beweggrund für Max, die Abgeschiedenheit seines Zimmers zu verlassen und den Rest der Familie mit seiner Anwesenheit zu beglücken. Das ist die Ironie bei der Kindererziehung: Erst wuseln sie dir jahrelang um die Beine und fragen dir Löcher in den Bauch, und du wünschst dir nichts sehnlicher als ein bisschen Ruhe; und dann, wenn sie zu jungen Erwachsenen werden und du dich deinerseits gerne mit ihnen unterhalten und die ein oder andere Frage stellen würdest, wollen sie nichts mehr von dir wissen.

Nach fast sieben Stunden Wanderung sehen wir das Lager vor uns, und ich muss gestehen, dass ich darüber sehr erleichtert bin. Den ganzen Nachmittag lang ging es steil bergauf, sodass der Weg fast überall aus hohen Stufen bestand, die in den Berg gehauen und mit Holzplanken verstärkt worden waren. Wie durch ein nicht enden wollendes Treppenhaus stiegen wir immer weiter nach oben. Jeder Schritt erforderte solch einen Kraftaufwand, dass man auf einmal völlig freiwillig *pole pole* ging, keiner schien mehr den Drang zu haben, schneller vorwärtszukommen, selbst nicht die drei Jungs. Immerhin haben wir auf diese Weise auch 1.200 Höhenmeter bewältigt, von der Parkgrenze bei 1.800 m bis zur Machame-Hütte auf 3.000 m, die wir nun erreicht haben.

Und hier, vor der Hütte, bietet sich uns ein freudiger Anblick: Unsere Zelte sind schon aufgebaut und einzugsbereit. Allerdings zeichnet sich alsbald ein kleines logistisches Malheur ab. Anscheinend gibt es nicht genügend Zelte, um uns alle nach Wunsch unterzubringen. Zwei Gruppenteilnehmer hatten sich für Einzelzelte angemeldet, aber jetzt gibt es nur fünf Zelte für insgesamt zehn Leute. Die offensichtliche Lösung ist die, dass die zwei mit den Einzelzelten - Monia und Martin - gemeinsam in ein Zelt ziehen, und Mike macht sich genau das zu seiner neuen Mission. Er hat schon häufig in der Wildnis gezeltet und scheint ein großer Fan davon zu sein, mit völlig fremden Leuten ein Zelt zu teilen.

»Komm schon, schau doch den Martin hier an«, sagt er zu Monia mit einem vergnügten Zwinkern. »So ein strammer Kerl! Du wirst deinen Spaß haben!«

Und so macht er unermüdlich weiter und versucht, die beiden als Zeltpartner zu verkuppeln, indem er sie einander abwechselnd in den höchsten Tönen anpreist. Martin ist restlos erschöpft und zu schwach, um zu protestieren, aber Monia ist bei jeder neuen Salve zunehmend entsetzt und daher sehr dankbar, als Goddy eine Alternativlösung findet. Es ist merkwürdig: Erst war das Zelt nicht da, und jetzt scheint es auf einmal doch gefunden worden zu sein. Mike ist geradezu enttäuscht. Ich habe das Gefühl, es macht ihm Spaß, Monia mit seiner Witzelei zu provozieren, und wie ein Lamm geht sie ihm dabei jedes Mal in die Falle.

Nachdem wir unsere Zelte bezogen und unsere wenigen Habseligkeiten ausgepackt haben, werden wir in die Machame-Hütte gebeten, um dort wieder jeder unseren Namen, unser Alter und unseren Beruf in ein Buch zu schreiben - eine Prozedur, die wir an jedem Abend unserer Wanderung wiederholen werden. Danach wird das

Abendessen serviert, und zwar in einem eigens hierfür vorgesehenen Essenszelt. Vom Eingang dieses Zeltes aus hat man einen guten Blick aufs Tal, das im Moment allerdings durch eine dichte Wolkenbank verdeckt ist. Es ist kaum zu glauben, aber wir haben den Regenwald schon hinter uns gelassen und lagern hier oben zwischen den Wurzeln einiger kleinerer Bäume.

Ich habe selten besser gegessen, obwohl unser Geschirr und das Besteck nicht gerade aussteuertauglich sind. Und einer der Klappstühle wackelt gefährlich, sodass jeden Abend eine Art »Reise nach Jerusalem« stattfindet, bei der jeder versucht, nicht an diesen Wackelstuhl zu geraten. Unsere Mahlzeit besteht aus einem großen Topf Suppe, gefolgt von Hühnchen mit Kartoffeln, und einem Nachtisch. Zusätzlich gibt es jederzeit Popcorn, Nüsse, Tee und Kaffee, so viel wir wollen.

Ist das Essen schon gut, so ist die Geselligkeit noch besser. Wir haben viel Spaß dabei, uns gegenseitig die Ereignisse des Tages wiederzuerzählen und Goddy mit Fragen über die nächsten Tage zu löchern. Wir denken an den düsteren Regenwald, durch den wir den Großteil des Tages gelaufen sind, ohne viel von der Sonne zu sehen und umgeben von diesen gespenstischen Bäumen und Riesenfarnen. Dabei kommt uns der Gedanke, dass wir mit dem Wetter Glück gehabt haben. Es scheint eher ungewöhnlich zu sein, dass es den ganzen Tag lang kein einziges Mal geregnet hat, und dass die Straße und später auch der Wanderweg knochentrocken waren. Ich für meinen Teil danke unserem guten Stern und bin froh, dass ich nicht herausfinden musste, ob unsere Ponchos nun tatsächlich wasserabweisend sind oder nicht. Vielleicht war es ja wirklich ein kluger Schachzug, unsere Wanderung in den September und damit in eine der Trockenzeiten auf dem Berg zu legen.

Die andere gute Neuigkeit: Dank einer Kombination von purem Glück mit einer ausgeklügelten Sockenstrategie (erst dünne und darüber dicke flauschige Socken) und dem gewissenhaften Eintragen meiner Stiefel während der letzten drei Monate (auch wenn meistens nur am Computer sitzend) habe ich keine einzige Blase an den Füßen.

Die Schlafenszeit kommt früh auf dem Berg. Hauptsächlich deswegen, weil man nicht ewig lange im Essenszelt auf kippeligen Stühlen (und ohne Alkohol) verweilen mag, und weil der warme Schlafsack ruft. Max und ich machen es uns in unserem Zelt bequem und ich frage ihn, wie sein Tag war. »Gut«, sagt er vergnügt, dreht sich um, und ist sofort eingeschlafen. Ich bin froh, dass er zufrieden scheint. Immerhin habe ich ihn zu dieser Wanderung überredet, und es hätte ja auch sein können, dass er nach einem Tag keine Lust mehr hat und umdrehen will. Andererseits kann ich schon jetzt erkennen, dass ich ihm die Worte regelrecht aus der Nase werde ziehen müssen, wenn ich mehr über seine Eindrücke zum Kilimandscharo erfahren möchte.

Da es erst 20 Uhr ist, montiere ich meine Stirnlampe und versuche, ein wenig in meinem Buch zu lesen. Ich habe es auf die Empfehlung eines Freundes hin mitgebracht, der zufälligerweise selbst vor kurzem den Kili bestiegen hat und mir sagte, ein Buch sei wegen der chronischen Schlaflosigkeit absolut notwendig. Aber bald werden mir hierfür die Arme zu kalt. Ich versuche, das Buch *im* Schlafsack zu lesen, aber das funktioniert auch nicht, weil ich darin nicht genügend Platz habe, um meine Arme so weit von mir wegzuhalten, wie das Leute in meinem Alter tun müssen, wenn sie beim Lesen die Schrift erkennen wollen. Leider hat niemand daran gedacht, »*(1) Lesebrille*« auf meine Packliste zu schreiben. Also gebe ich nach einer Weile auf, knipse die Lampe aus, und schließe die Augen.

Der Nachteil, wenn man schon so früh das Licht ausschaltet, besteht darin, dass die Nacht dadurch sehr lang wird. Genau wie befürchtet wache ich mitten in der Nacht auf und kann nicht wieder einschlafen. Außerdem meldet sich zaghaft meine Blase. Ich krieche leise aus dem Zelt und schaue mich um. Wie hoch ist wohl die Wahrscheinlichkeit, dass das WC besetzt ist?

Sehr hoch anscheinend. Es herrscht ein ständiges Kommen und Gehen vor unserem grünen Toilettenzelt, von dessen genauer Lage ich vor Einbruch der Dunkelheit geflissentlich Notiz genommen habe, und ich vertreibe mir die Wartezeit damit, vor Kälte zitternd den Berg hinauf zu starren. Auf eine Unterhaltung mit anderen Wartenden habe ich keine Lust. Am liebsten würde ich sofort wieder in meinen Schlafsack zurückkrabbeln und weiterschlafen.

Aber dann bin ich doch froh, dass ich aufgestanden bin, auch wenn ich dafür 15 Reißverschlüsse auf- und wieder zuziehen musste, denn der Anblick ist spektakulär: Kibo - der Kili-Gipfel, den wir erklimmen wollen und der den ganzen Tag über in eine Wolke gehüllt und für uns unsichtbar war - ragt auf einmal klar und deutlich über unserem Lager empor, fast zum Greifen nahe und von majestätischer Schönheit. Ich kann seine schneebedeckten Grate weit oben unter dem monderhellten Himmel sehen, prachtvoll und gleichzeitig ein wenig bedrohlich. Und ich kann auch winzige Lichter erkennen, die sich dort oben im hellen Schnee spiegeln. Zuerst bin ich ob dieser Lichter verwirrt, aber dann wird es mir auf einmal klar: Was dort oben so hell funkelt sind die Stirnlampen anderer Wanderer, die gerade in einer langen Prozession den Gipfel besteigen.

Mit Gottes Hilfe werden wir dort in fünf Tagen sein.

Der Marsch durch den Regenwald

Zweiter Tag: Eier zum Frühstück und Diamox vor dem Mittagessen

Von der Machame-Hütte zum Shira Plateau, Montag, 3. September 2012
Entfernung 10 km, 5-7 Stunden
Höhenunterschied 840 m, Anstieg von 3.000 m auf 3.840 m

Der Weckruf ertönt morgens um 7:15 Uhr, als die Sonne noch vom Berg verdeckt ist. Vor unseren Zelten erwarten uns Schüsseln voll heißen Wassers. Welcher Luxus! Wir waschen uns und begeben uns ins Essenszelt, das uns in der lauen Luft des gestrigen Abends recht überflüssig vorkam, aber jetzt in der Morgenkälte sehr begrüßenswert ist.

Wir sind auch nicht völlig überrascht, dass Omeletts auf der Speisekarte stehen, denn gestern sahen wir Hillary eine Tüte voller Eier tragen. Er schwenkte sie unbeschwert mit seinem Arm während er den Berg hinaufstieg, so, als ob er gerade vom Laden an der Ecke gekommen sei. Wir sind dann aber doch überrascht, als wir herausfinden, dass es *jeden* Morgen Frühstückseier geben wird.

Anscheinend wissen nicht alle Reisegruppen solch einen Luxus zu schätzen.

»Also manche Leute sind nicht so nett«, erzählt uns Goddy. »Sie schimpfen immer über das Essen.«

Er berichtet von einer Gruppe, die den Reis »zurück in die Küche« schickte und stattdessen Kartoffeln anforderte. Das amüsiert uns köstlich, und eine Zeitlang malen wir uns gegenseitig immer verrücktere Varianten dieses Dialogs aus.

»...Und bringen Sie bitte den Kaviar nach den Appetithäppchen.«

»Ich hätte heute gerne Sushi anstatt Suppe.«

»Wir werden den Sherry heute in der Bibliothek einnehmen, zusammen mit den Zigarren...«

Aber dann ärgere ich mich über diese Leute. Welche Küche meinen die bloß, verdammt noch mal? Glauben die denn, es gibt nebenan ein nettes Bergrestaurant, aus dessen Küche das Essen wie durch ein Wunder einfach auftaucht? Ist ihnen nicht klar, dass diese Köche unglaublich hart arbeiten, um ein frischgekochtes Essen unter nicht gerade idealen Umständen zuzubereiten? Dass sie schon vor der Dämmerung aufstehen, um Wasser zu kochen, das Essen zu servieren und das Geschirr zu waschen? Und dass sie dann mit unserem Reis (oder je nachdem auch mit den Kartoffeln) und allem anderen auf dem Rücken den Berg hinaufrennen, nur damit sie rechtzeitig beim nächsten Lager sind, um mit allem wieder von vorne anzufangen?

Vielleicht habe ich mich ja auch bei der falschen Expedition angemeldet. Vielleicht gibt es tatsächlich eine mit Fünf-Sterne-Feinschmeckerrestaurant, und ich habe sie nur dummerweise übersehen.

Wenn ich daran denke, welcher Aufwand für unsere täglichen Mahlzeiten getrieben wird, dann schäme ich mich dafür, jemals über das tägliche Kochen für meine Familie gejammert zu haben. (Allerdings schäme ich mich nicht allzu sehr; es ist tatsächlich eine unsägliche Mühe, für meine Familie zu kochen.) Ich esse gerne und ohne Klagen alles, was aus unserer »Bergküche« kommt, und es besteht gar kein Grund zur Sorge: Das Essen ist sehr lecker, und es ist auch immer genau das Richtige für unsere erschöpften Leiber. Das einzige, was ich vielleicht nicht so bald wieder essen möchte - ungefähr drei Jahre lang - sind Erdnüsse.

Am meisten an der Zurück-zur-Küche-Geschichte ärgert mich, dass diese frühere Gruppe sicherlich gar nicht dazu in der Lage war, zu würdigen, wie überaus rücksichtsvoll Godlisten und seine Mannschaft wirklich sind. Goddy erzählt uns, es habe hinterher von Seiten jener Gruppe eine Beschwerde bei seinem Arbeitgeber gegeben, obwohl er tatsächlich die Kartoffeln wie gefordert auf den Tisch gebracht hatte. Er zweigte dafür Kartoffeln ab, die für eine zukünftige Mahlzeit geplant waren, und schickte einen Träger talwärts, um mehr Kartoffeln einzukaufen. All das mühselige Wandern nur wegen einer idiotischen Bemerkung eines arroganten Menschen!

Wir nehmen uns vor, beim Reiseveranstalter nach unserer Rückkehr mit Lob über Godlisten und sein Team nicht zu sparen, denn wir haben zu dem Thema unsere eigene Geschichte zu erzählen. Sie handelt von dem fehlenden Zelt, und wie es plötzlich wieder auftauchte. Erst heute finden wir nämlich heraus, wie Goddy das Problem gelöst hat. Wir sind mit dem Frühstück fertig und sitzen noch ein Weilchen untätig auf unseren Klappstühlen, als Hillary - in gestreifter langer Unterwäsche - durch eine Klappe an der Seite unseres Essenszeltes erscheint, um uns über den Tagesablauf zu informieren. Wir erhaschen einen Blick durch die Klappe und sind erstaunt, dass unser Zelt ein »Nebenzimmer« hat. Es ist hoffnungslos überfüllt, es herrscht darin ein einziges Gewirr von Personen und Ausrüstungsgegenständen. Ich bin nicht sicher, wer dort alles auf allerengstem Raum übernachtet hat, aber ich weiß mit plötzlicher Gewissheit, dass Goddy und Hillary als die beiden leitenden Guides nicht dort drin sein sollten; bestimmt hatten sie ihr eigenes Zweimannzelt dabei. Als gestern Abend das eine Zelt fehlte und ihnen die Fehlplanung deutlich wurde, zögerten sie keine Sekunde und opferten ihr Zelt und den damit verbundenen Komfort im Namen der Kundenzufriedenheit.

Nach dem Frühstück ist es an der Zeit, unsere Habseligkeiten zusammenzupacken und uns um das andere morgendliche Ritual zu kümmern: unsere Wasservorräte aufzufüllen. Wenn *pole pole* die eine Ermahnung ist, die wir den ganzen Tag lang zu hören bekommen, so lautet die andere: *trinkt!* Egal, wieviel man schon getrunken hat, es ist nie genug. Man muss immer noch mehr trinken. Goddy und Hillary empfehlen drei bis vier Liter pro Person, und es ist jeden Tag eine Herausforderung, alles leerzutrinken. Um das zu schaffen, muss man im Prinzip ständig trinken. Ich bin froh, dass ich zusätzlich zu unseren vier Wasserflaschen - zwei für Max und zwei für mich - auch einen Camelback für jeden von uns mitgebracht habe. Sie sind in unseren Rucksäcken untergebracht, in denen es genau für solche Wasserblasen ein spezielles Fach gibt, und auf diese Weise können wir beim Gehen mehr oder weniger ununterbrochen aus den langen Trinkschläuchen trinken.

Das Ritual jeden Morgen besteht darin, das Wasser auf alle verschiedenen Behältnisse zu verteilen und genügend Wasseraufbereitungstabletten hinzuzugeben. Es wurde uns zwar versichert, dass all unser Wasser abgekocht wird, und das glaube ich auch. Aber man kann nicht ganz sicher sein, dass es unbedingt *lange* genug gekocht wird, um alle Bakterien abzutöten (und vor Bakterien muss dieser Berg dank der Menschenmassen geradezu wimmeln). Die Chlortabletten schmecken scheußlich - genau so, als ob man direkt aus einem Schwimmbad trinkt - aber man gewöhnt sich daran. Manche Leute empfehlen statt der Chlortabletten Jod-Tropfen. Unsere Gruppe ist ziemlich genau zweigeteilt zwischen Anhängern der Chlortabletten und Fans der Jod-Tropfen. Alternativ gibt es wohl auch irgendwelche Wasserfilter und sogar eine Art Stift, den man in die Wasserflasche tauchen und damit die Bakterien mit ultraviolettem Licht vernichten kann, aber keiner von uns hat so etwas Raffiniertes mitgebracht. Wahrscheinlich, weil es ein Vermögen gekostet hätte.

Meine Chlortabletten schmecken vielleicht schrecklich, aber sie waren billig.

Zugegebenermaßen haben sich meine Nachforschungen zur Wasseraufbereitung auf folgende E-Mail-Unterhaltung irgendwann während der Planungsphase beschränkt:

Mike: »*Ich habe heute mit zwei Wasserreinigungsmethoden experimentiert, Jod und Natrium-Dichlorisocyanurat-Tabletten (ND). Das Wasser, das ich mit Jod behandelte, schmeckte wie Scheiße. Die ND-Tabletten schmeckten weniger scheiße – wie Schwimmbadwasser. Ich habe weiter recherchiert und herausgefunden, dass diese Tabletten von der Weltgesundheitsorganisation (WHO) zur Behandlung von Trinkwasser empfohlen werden. Viele Grüße, Mike.*«

Hierauf antwortete Dudley prompt: »*Danke Mike, eine Frage, wie weißt du, dass das Wasser nach Scheiße schmeckte? Viele Grüße, Dudley.*«

Und so ging es hin und her. Auf einmal hatte jeder etwas zum angeblichen Geschmack von Scheiße beizutragen. Monia, die zu diesem Zeitpunkt außer mir noch keinen in der Gruppe kannte, war zunehmend beunruhigt von unserem »Trash-talking«. Bestimmt fragte sie sich, ob es vielleicht ein Fehler war, sich unserer verrückten Mannschaft anzuschließen.

Wie dem auch sei, ich setzte auf »weniger scheiße« und genauso schmeckt es. Dudley, der anscheinend Mikes Rangordnung der verschiedenen Fäkalienschattierungen nicht traute oder vielleicht auch nur offen rebellieren wollte, hat sich für die Jodtropfen entschieden und schwört auf deren Qualität.

Wofür man sich auch immer entscheidet, Tabletten oder Tropfen, beide haben einen Geschmack, den man gerne ausblenden möchte. Am besten tut man das mit einer großzügigen Dosis Energiegetränkepulver wie zum Beispiel *Game*, welches außerdem den Körper besser vor dem Austrocknen bewahrt als Wasser alleine. Obwohl ich euch schon jetzt sagen kann, dass ihr auch *diesen* Geschmack bald satt haben werdet. Vielleicht spricht das alles doch für die berühmte Coca-Cola-Route.

Viele Leute besteigen den Kili, ohne jemals über die Qualität des Trinkwassers nachzudenken, und haben dennoch keinerlei Probleme. In der Tat muss man ja annehmen, dass alles Wasser lange genug von den Trägern abgekocht wird, denn es wird ja auch zur Zubereitung unseres Essens verwendet. Auf jeder Kili-Speisekarte scheint eine Menge Suppe und Tee zu stehen, und wenn du nicht gerade eine Chlortablette in jeden Teller Suppe und jede Tasse Tee werfen willst, schließt du lieber deinen Frieden mit der Wasserqualität. Und doch gehe ich auf Nummer sicher und gebe jeden Morgen jeweils eine meiner Tabletten in jede unserer Wasserflaschen. Zudem achte ich darauf, dass wir die selben Flaschen zum Zähneputzen benutzen - es wäre ärgerlich, eine ganze Woche lang Schwimmbadwasser zu trinken und sich am Ende trotzdem Giardia oder E. Coli einzufangen, nur weil wir die Zahnbürste in der falschen Schüssel gespült haben.

Die Wasseraufbereitungstabletten machen sich auf noch eine Art nützlich: Sie stellen ein weiteres Unterhaltungsthema dar. Wir unterbrechen nur zu gerne unser gewöhnliches Geplauder, um über die verschiedenen Geschmacksrichtungen aller unserer Tabletten und Tropfen und Pulver zu debattieren, während wir alle paar Minuten an unseren Wasserschläuchen saugen und es uns verkneifen, ob des schlechten Geschmacks das Gesicht zu verziehen. Nichts lässt einen die Verbundenheit mit anderen Menschen so sehr spüren wie geteiltes Leid.

Es ist bedauerlich, dass wir unser Lager verlassen müssen, gerade jetzt, als die Sonne endlich über die Bergkuppe wandert und eine willkommene Wärme verbreitet. Aber wir haben einen langen Tag vor uns. Von der Machame-Hütte zum Shira-Plateau sind es genau wie gestern noch einmal 10 Kilometer Entfernung, und der Anstieg ist dabei nur minimal geringer.

Der Weg ist von Anfang an sehr steil, und zum ersten Mal benutze ich meine Wanderstöcke, die gestern noch von den Trägern in meiner Reisetasche transportiert wurden. Ich bin sofort begeistert von diesen Stöcken, obwohl ich sie noch nie zuvor benutzt habe (und obwohl ich zugebe, dass ich früher oft herablassend über Sonntagsspaziergänger mit Wanderstöcken gelächelt habe). Die Stöcke entlasten nämlich wunderbar meine müden Beine. Allerdings belasten sie dafür umso mehr meine müden Arme und Schultern, wie ich pünktlich um ein Uhr nachmittags feststellen muss, als ich in meiner linken Schulter einen brennenden Schmerz verspüre.

Obwohl der Höhenunterschied heute insgesamt geringer ist als gestern, ist es zu früh zum Jubeln. Es wäre ja kein Problem, wenn es nur bergauf ginge. Aber bald stellt sich heraus, dass wir erst einmal hoch und dann wieder hinunter müssen, bevor wir am Ziel sind. Wenn man sich die Karte der Machame-Route genauer anschaut, im Seitenprofil, so kann man darauf eine Reihe von Höhen und Tälern erkennen (während die Marangu- oder Coca-Cola-Route fast gleichmäßig ansteigt). Dieses »Auf« und »Ab« hat den eindeutigen Vorteil, dass man auf dieser Strecke häufig hoch klettern und niedrig schlafen kann, was ja wie erwähnt einer der wichtigsten Grundsätze der Höhenakklimatisierung ist.

Das stetige »Auf« und »Ab« ist nur kein solch guter Grundsatz der Gedankenakklimatisierung. Innerhalb von Minuten ist auf einmal alles, was man sich mühselig einen Vormittag lang erarbeitet hat, dahin, verschwunden, kaputt. All die Plackerei, nur damit man es am nächsten Tag wiederholen kann, und am Tag darauf, und am nächsten danach auch wieder. Natürlich gewinnen wir dabei immer ein wenig mehr Höhe, aber lange nicht so viel, wie es die langen Tagesmärsche suggerieren.

Ich bin in solch einen Trott verfallen, dass mir die Schönheit der Natur rundherum gar nicht aufgefallen ist, und erst als ich vom Fußpfad aufschaue bemerke ich das veränderte Landschaftsbild. Der Urwald ist lichter geworden und die Bäume verkümmerter, und der weiche Waldboden ist harter roter Erde gewichen, die überall dort tiefe Furchen aufweist, wo beim letzten Regen das Wasser den Berg hinuntergeströmt ist. Unser Weg führt mitten durch ein blühendes Meer herrlicher Strohblumen der Pflanzengattung Helichrysum, die man im südlichen Afrika häufig antrifft. Einige Arten dieser Korbblütler behalten wohl besonders gut ihre Färbung und eignen sich damit gut für Srohblumensträuße, daher der Name. Aber diese Sorte, *Helichrysum kilimanjari,* ist schneeweiß, und fast wie Schnee vom Vorjahr bilden diese Blumen große weiße Flecken in den Mulden der sanft abfallenden Hänge. Vielleicht hat ja Hemingways »Schnee auf dem Kilimandscharo« noch eine weitere Bedeutung!

Als wir an einer Felsengruppe Pause machen, ist uns auf einmal der Blick nach allen Richtungen offen. Auf der einen Seite sieht man die zerfurchten Grate des Mawenzi, dem anderen, fast vergessenen Gipfel des Kilimandscharo-Massivs, und tief unter uns breitet sich bis weit in die Ferne eine sanfte Hügellandschaft aus. Hier wird mir zum ersten Mal bewusst, dass die Machame-Route tatsächlich so malerisch ist wie im Reiseführer angepriesen.

Diese Landschaft – mit Fernblick und immer noch reichlich Vegetation – gefällt mir bislang am besten. Ich bedaure es schon jetzt, dass wir auch sie nur zu bald hinter uns lassen werden.

Als ich mich weiter den Berg hochschleppe und dabei die schöne Aussicht bewundere, treffe ich auf Dylan und seinen Vater Mike und schließe mich ihnen an. Ich würde gerne meine Beobachtungen zur Natur mit ihnen teilen, aber die beiden sind schon in ein lebhaftes Gespräch vertieft. Sie diskutieren darüber, wer Anspruch auf den schwarzen Fleece-Pullover mit Daumenloch hat.

»Es ist mein Pulli.«

»Nein, es ist *mein* Pulli; ich habe ihn gekauft.«

»Ja, aber dann hast du ihn mir gegeben.«

»Nein, danach hast du gesagt, du willst ihn nicht, also habe ich ihn mir zurückgenommen.«

»Aber jetzt will ich ihn.«

»Aber jetzt kannst du ihn verdammt noch mal nicht haben!«

Und so geht das weiter, mindestens über 150 Höhenmeter hinweg. Es erinnert mich an eine andere Wanderung, eine, die ziemlich genau 20 Jahre zurückliegt. Nach dem Masters-Studium hatten Klaus und ich eine dreimonatige Pause zu überbrücken, bevor wir unsere Freiheit gegen ein regelmäßiges Einkommen in der amerikanischen Geschäftswelt eintauschten, und zu diesem Zweck kauften wir uns damals einen alten Ford-Minivan, bauten die Rücksitze aus, legten eine Futon-Matratze hinein und steuerten ihn Richtung Westen auf der Suche nach immer schöneren Nationalparks. Es war ein herrlicher Sommer. Wir fuhren kreuz und quer durch Amerika und kamen eines Tages zum Bryce Canyon in Utah - das ist jener Nationalpark mit all diesen statuenähnlichen Steinsäulen, die man auch *Hoodoos* nennt. Wir wanderten an einem der Bergrücken entlang, voller Ehrfurcht angesichts der atemberaubenden Natur, als wir auf ein Ehepaar trafen, Deutsche wie wir - Schwaben wie ich, um genau zu sein - und ins Gespräch vertieft. Sie interessierten sich überhaupt nicht für die spektakuläre Landschaft sondern auf gut schwäbische Art vielmehr dafür, welcher Zeltplatz bisher das beste Schnäppchen gewesen sei.

»Der für 12 Dollar«, sagte er.

»Ja, aber das war der ohne das Duschmärkle«, sagte sie. »Mit dem Duschmärkle war er teurer.«

»Nein, ich bin ganz sicher, dass das Duschmärkle mit im Preis war«, erwiderte er.

Die genauen Kosten des »Duschmärkles« schienen eine existenzielle Frage darzustellen, und die Debatte wurde sehr hitzig, bevor wir uns außer Hörweite retten konnten. Ich bin ziemlich sicher, dass keiner der beiden jemals einen *Hoodoo* erkennen könnte, selbst wenn man ihm oder ihr damit über den Kopf haute. Wahrscheinlich erinnern sie sich überhaupt nicht mehr daran, jemals den Bryce Canyon besucht zu haben.

Vielleicht ist dies ein Naturgesetz: Der Schönheitsgrad der Natur um uns herum steht im umgekehrten Verhältnis zum Niveau unserer Gedanken im selben Moment. Ich bin nicht stolz darauf, aber hier auf dem Kilimandscharo ordnen auch wir uns diesem Naturgesetz unter, indem wir zunehmend unsere Körperfunktionen erörtern, während das Gelände immer eindrucksvoller wird. Wenn das so weitergeht, so denke ich schaudernd, möchte ich lieber gar nicht wissen, was uns wohl auf dem Gipfel – sollten wir ihn jemals erreichen – in den Köpfen herumschwirren mag…

Ich gehe ein Stück voraus und treffe auf ein anderes Grüppchen, auch ein Zweierteam. Dieses scheint tatsächlich animiert zu sein, bedeutendere Fragen unseres Daseins zu erörtern. Dudley und Adrian führen eine lebhafte Diskussion über das tiefgreifende (und bisher vielleicht noch unerforschte) Thema: *Kann ein Ei gut einem Vakuum widerstehen?*

Sicherlich ist dies nicht gerade eine Frage, die den Durchschnittsbürger besonders interessiert; die meisten Leute leben glücklich bis ans Ende ihrer Tage, ohne sich jemals darüber den Kopf zu zerbrechen. *Was passiert mit einem Ei in der Mikrowelle?* scheint hingegen ein beliebtes Thema zu sein und hat schon manche Mutter angesichts entsprechender vom Nachwuchs in der heimischen Küche durchgeführter Experimente verzweifeln lassen. Aber ein Vakuum?

Ich bin gleich ganz Ohr. Mir gefällt die völlige Nutzlosigkeit solcher Fragen. Ich lerne gern etwas Neues, nicht, weil es irgendwie sinnvoll wäre, sondern einfach um des Lernens willen. Ich würde sogar sagen, dass es mich mehr freut, etwas zu lernen, als es schon zu wissen. Außerdem kann man nie sicher sein – vielleicht braucht man es ja eines Tages doch. Ich habe vor einiger Zeit gelesen, dass Mathematiker jahrhundertelang daran gearbeitet haben, neue und immer größere Primzahlen zu entdecken. Nicht so sehr, weil sie dachten, solche Zahlen seien für irgendetwas nützlich (im 19. Jahrhundert waren sie das nicht), sondern einfach um der Entdeckerfreude willen. Und siehe da, extrem nützlich sind diese riesigen Zahlen letztendlich doch geworden im Internetzeitalter und der dadurch entstandenen Notwendigkeit der Datenverschlüsselung. Wir könnten ohne ellenlange Primzahlen (die jüngst entdeckte hat 17 Millionen Ziffern!) kein einziges Produkt bei Amazon bestellen, und das wäre doch ein Problem, oder nicht?

Wer weiß, vielleicht erfindet man in hundert Jahren ja intergalaktische Fortbewegungsmethoden basierend auf der Antwort zu unserem Eierproblem; allerdings können wir es trotz intensiver Erörterungen nicht zufriedenstellend lösen und werden wohl daher keinen zukünftigen Nobelpreis einheimsen. Aber es gelingt uns, mit dieser Debatte den Großteil des Vormittags bis zum Mittagessen zu überbrücken.

Auch diesmal wählt Goddy als Rastplatz wieder eine Felsengruppe mit herrlichem Rundblick nach allen Seiten. Wir essen unsere gekochten Eier - die sehr normal und unverändert und wenig intergalaktisch aussehen (schnell antworten: Dauert es länger oder kürzer, auf großen Höhen ein Ei zu kochen?) - und dann strecken wir uns auf den Felsen aus und dösen genüsslich in der warmen Sonne. »Das Leben könnte härter sein«, würde mein Mann zu solch einem idyllischen Örtchen sagen. Man kann hier all das mühselige Marschieren vergessen und sich beinahe am Hotelpool des Club Med wähnen. Oder vielleicht eher bei Johanna Spyris *Heidi* in den Bergen.

Allerdings könnte die Idylle noch vollkommener sein, wenn da nicht die Sache mit Adrians Telefon wäre. Er konnte es nicht lassen und hat sein Handy auf den Berg mitgebracht, das er mithilfe eines an seinem Rucksack befestigten Mini-Solarmoduls tagsüber auflädt. Klingt doch wie eine wunderbare Erfindung, oder nicht? Nun, es wäre tatsächlich eine wunderbare Erfindung, denn Sonne gibt es hier oben genug, aber genau wie der Kommunismus funktioniert diese Erfindung in der Theorie weit besser als in der Praxis. Das kleine Solarpanel auf Adrians Rucksack produziert zwar tatsächlich ein kleines bisschen Strom, und dieser reicht genau dafür aus, das Telefon aus dem Schlaf zu erwecken und mit einem lauten *Da-dinggggg* der Welt verkünden zu lassen, dass es wieder voll aktionsbereit ist. Diese Anstrengung scheint dem armen Ding aber alles abzuverlangen, sodass es sofort danach in einen erschöpften Schlaf fällt, nur um sich wenige Augenblicke später wieder mit einem optimistischen *Da-dinggggg* zu melden. Und so haben wir bald bei jeder Pause den gleichen Rhythmus: Wir stellen erschöpft unsere Rucksäcke ab, wir strecken auf den warmen Felsen alle viere von uns und dösen schläfrig in der Sonne, nur um dann sofort wieder hochzuschrecken, sobal Adrians Rucksack seinen Morse-ähnlichen Monolog aus durchdringenden Piepstönen beginnt.

Trotz akustischem Begleitprogramm genießen wir unsere Mittagspause, und als etwa eine halbe Stunde später Goddy zum Aufbruch signalisiert, nehmen wir nur ungern unseren Marsch wieder auf. Wieder gehen wir in einer Kolonne los, die sich alsbald in kleinere Untergrüppchen aufteilt, und diesmal lande ich bei den Frauen. Es dauert nicht lange und wir sind bei unserem Lieblingsthema, dem Toilettenzelt. Wir sind uns einig, dass das Mitführen des Zeltes eine wunderbare Idee war und insbesondere uns Frauen entgegenkommt – gewissen menschlichen Bedürfnissen können Frauen einfach hinter geschlossenen Wänden besser nachgehen. Wir finden es aber lustig, dass auch die Männer das Zelt genauso begeistert angenommen haben. Sogar Mike scheint schnell bekehrt worden zu sein, denn er hat bereits zugegeben, dass ihm die Privatsphäre in unserem Zelt sehr angenehm sei.

»Mensch, war ich froh, in Ruhe zu scheißen!«, waren, glaube ich, seine genauen Worte.

Nur: Wenn *ein* solches Zelt angenehm ist, warum hat keiner daran gedacht, einfach *zwei* zu mieten, speziell bei solchen Vorzugspreisen? Es wäre die geringe Mehrinvestition wohl wert gewesen, denn es scheint ganz so, als ob einer von uns unbewusst in die bereits erwähnten menschlichen Ausscheidungen links und rechts des Pfades getreten ist und sich dabei ein böses Magen-Darm-Leiden zugezogen hat, und dass er deswegen zwei Tage lang unser WC mehr oder weniger ganz für sich alleine in Beschlag genommen hat. Auf einmal erweckt unser Zelt in uns nicht mehr die gleichen Freudengefühle wie am Anfang, selbst wenn es einmal nicht besetzt ist. Wir ertappen uns dabei, wie wir unsere Blicke sehnsüchtig über die WC-Zelte anderer Wandergruppen schweifen lassen und überlegen, ob wir uns unbemerkt in eines hineinschleichen können.

Oder ob wir einfach irgendwo zwischen die Zelte pinkeln können.

Wir müssen nämlich pinkeln! Und wie!

Dies ist eine der Nebenwirkungen von Diamox, mit dessen Einnahme wir alle zu unterschiedlichen Zeitpunkten begonnen haben, um die Symptome der Höhenkrankheit (Acute Mountain Sickness oder AMS) abzuschwächen. Eine zweite Nebenwirkung ist ein komisches Kribbeln in Fingern und Zehen. Aber trotz Nebenwirkungen ist das Diamox ein Segen für uns, da es uns zeitweise einen willkommenen Themenwechsel bietet. Leider bringt uns die hauptsächliche Nebenwirkung unweigerlich wieder auf unser erstes Lieblingsthema: die Toilette.

Bei der Einnahme von Diamox kannst du dich vor dem Pinkeln gar nicht retten; mindestens viermal pro Nacht – wenn nicht sogar öfter – treibt es dich aufs Klo. Das bedeutet, dass du wenigstens viermal jede Nacht a) den Reißverschluss deines Schlafsackes aufziehst, b) den Reißverschluss des Innenzeltes aufziehst, c) den Reißverschluss des Außenzeltes aufziehst, d) nach deinen Stiefeln oder Turnschuhen angelst, e) aus dem Zelt hinauskriechst, vorzugsweise ohne dabei über eine der Zeltleinen zu stolpern und dadurch das ganze Zelt abzureißen, f) behutsam über das Geröll in Richtung Toilettenzelt steigst und g) den Reißverschluss des Toilettenzeltes hinter dir zuziehst. Und dann alles wieder in umgekehrter Reihenfolge, nachdem du erfolgreich erledigt hast, wozu du gekommen warst. Die Prozedur beinhaltet übrigens auch, dass du die Rolle Toilettenpapier - falls du so viel Voraussicht gehabt haben solltest, sie mitzubringen - vorsichtig auf dem Knie balancierst, während du dein Geschäft erledigst.

Das ist eine ganze Menge Aufwand für einmal pinkeln. Und dieser Aufwand nötigt dir auf einmal für den Komfort, den du zu Hause zurückgelassen hast, eine ganz andere Wertschätzung ab. Welch ein Luxus, einen ungehinderten Weg zum nächtlichen Wasserlassen zu haben, ganz ohne Reißverschlüsse und Zeltleinen!

Die große Debatte unter Fachleuten und auch Laien ist die, ob man Diamox einnehmen soll oder nicht, und wann genau man am besten mit der Einnahme anfängt. Viele Kili-Wanderer schwören auf das Medikament, aber andere sind strikt dagegen, da sie der Überzeugung sind, die Einnahme von Diamox könne eventuell die Auswirkungen von AMS überdecken und damit die Gefahr einer Erkrankung eher erhöhen. Oder, so lautet ein anderes Argument der Diamox-Gegner, wenn man die Medikation als Prophylaxe anwende, habe man damit bereits ein wirksames Gegenmittel bei einer späteren tatsächlichen AMS-Erkrankung verwirkt. Da allerdings die einzige »Heilung« einer AMS-Erkrankung darin besteht, so schnell wie möglich vom Berg hinunterzukommen (bzw. sich während einer Höhenexpedition so langsam wie möglich zu akklimatisieren, damit es erst gar nicht zu einer AMS-Erkrankung kommt) finde ich die Argumentation der Diamox-Gegner nicht besonders logisch. Unser Arzt hatte empfohlen, die erste Dosis schon vor Antritt unserer Reise zu nehmen, aber wir fanden das zu früh und haben stattdessen am ersten Wandertag mit der Einnahme begonnen.

Übrigens, da wir gerade von Ärzten sprechen: Du wirst eventuell im Vorfeld deiner Reise auf einen Arzt treffen, der dir kein Diamox verschreiben möchte - je nachdem, aus welchem Land du kommst. Das liegt daran, dass Diamox eigentlich für die Behandlung von Glaukomen und anderen Gebrechen wie zum Beispiel Epilepsie vorgesehen ist. Der Gebrauch zur AMS-Prophylaxe ist nicht überall erlaubt.

Wenn sich das alles fürchterlich kompliziert anhört, so liegt das daran, dass Diamox in der entsprechenden Kili-Literatur ausführlich erörtert wird, und dass jeder dazu eine unterschiedliche Meinung zu haben scheint. Meine Meinung ist eindeutig die: Diamox kann dir zwar nicht *garantieren,* dass du beim Bergsteigen gänzlich den Auswirkungen der Höhenkrankheit entkommen wirst, aber es scheint einer Reihe anderer Wanderer bei der Akklimatisierung geholfen und damit ihre Erfolgschancen erhöht zu haben. Warum es also nicht auch versuchen?

Zudem verhält es sich so, dass manche Leute der Höhenkrankheit zum Opfer fallen, und manche nicht - und in welche Kategorie man fällt, kann man vorher nicht wissen. Einem Informationsblatt der Princeton University zufolge, das unser Reiseveranstalter bei der Buchung an uns weitergeleitet hat, bewirkt die Einnahme von Diamox (der aktive Wirkstoff heißt Acetazolamid), dass sich deine Atmung beschleunigt, besonders nachts, damit der Körper mehr Sauerstoff verarbeiten kann. Das wird ausgelöst, indem das Blut versauert wird, was auch immer das bedeutet. Ich will es eigentlich gar nicht so genau wissen. Die von der *Himalayan Rescue Association Medical Clinic* empfohlene Dosierung, so steht es weiter in dem Merkblatt, beträgt 125 mg zweimal pro Tag, morgens und abends, beginnend 24 Stunden vor der Ankunft auf extremer Höhenlage. Ich habe das so interpretiert, dass es ausreicht, am ersten Wandertag mit der Einnahme von Diamox zu beginnen, da man ohnehin erst am zweiten Wandertag in die Ausläufer alpiner Regionen gelangt. Aber vielleicht mache ich mir ja unnötig viele Gedanken wegen nichts und wieder nichts. Nirgendwo gibt es Hinweise, dass die längere Einnahme von Diamox irgendeinen Schaden anrichten könnte, wenn man einmal von den etwas lästigen Nebenwirkungen absieht.

Übrigens war ich vorhin nicht ganz ehrlich, als ich sagte, es gäbe keine Heilungsmethode für AMS außer dem sofortigen Abstieg. Tatsächlich gibt es eine weitere, wenn auch temporäre, »Heilungsmethode« für die Höhenkrankheit. Und zwar gibt es einen sogenannten *Gamow-Sack*, der, wie ich annehme, von jemandem namens Gamow erfunden wurde und im Wesentlichen nichts anderes ist als eine tragbare (De)Kompressions- oder Druckkammer, in der sich schon innerhalb von zehn Minuten ein Abstieg von bis zu 1.500 Meter simulieren lässt. Der Patient wird in diesen Überdrucksack hineingelegt, sein Körper reagiert auf die simulierte niedrigere Höhenlage, und dadurch entsteht für den Erkrankten ein Zeitfenster, in dem er den folgenden tatsächlichen Abstieg vom Berg aus eigener Kraft bewältigen kann.

Das klingt raffiniert, oder nicht? Und tatsächlich legen manche Höhenexpeditionen besonderen Wert darauf, einen solchen Überdrucksack mit sich zu führen (oder die Kunden dazu zu animieren, ihn für einen Kostenaufschlag zu mieten). Ich bin allerdings froh, vor Reiseantritt noch nie von dem Ding gehört zu haben, denn sonst hätte ich mir stundenlang im Vorfeld der Planung den Kopf darüber zerbrochen, ob etwa der fehlende Hinweis auf einen Gamow-Sack den Reiseveranstalter disqualifizieren sollte, denn schließlich muss ich ja nicht nur an meine eigene Person, sondern auch an das Leben meines Sohnes denken. Das Kopfzerbrechen über das Diamox hat mir schon gereicht.

Außerdem finde ich, dass der Gamow-Sack letztendlich überflüssiger Ballast ist. Es steht einem ja schon ein einfach zugängliches und völlig unkompliziertes Gegenmittel zur Behandlung der AMS zur Verfügung: einfach den Berg hinunterzugehen, sobald die Symptome auftreten (was natürlich voraussetzt, dass der Betroffene oder einer der Bergführer die Symptome korrekt deuten kann). Warum das Ganze verzögern und sich stattdessen in eine Platzangst-auslösende Tasche einzippen lassen, wenn man einige Zeit später ohnehin den Abstieg antritt? Wenn man einem weiteren Träger einen Job verschaffen will, dann kann man anstelle des Überdrucksackes genauso gut ein zweites Toilettenzelt mitnehmen. Da hat man eine ganze Menge mehr davon.

Ein weiteres Thema, dass für stundenlangen Unterhaltungsstoff sorgt, ist die endlose Debatte über Meter und Fuß. Einer von uns - Mike, wer sonst? - hat ein tragbares GPS-Gerät dabei, mit dem man die Höhenlage messen kann, und leider ist es auf Fuß eingestellt. Jedes Mal, wenn wir kurz anhalten und uns verschnaufen, kramt er in seinem Rucksack herum, holt das GPS-Gerät heraus und nimmt die nötigen Messungen vor. Dann verkündet er stolz unsere Höhe über dem Meeresspiegel - in Fuß.

»Wieviel ist das in Meter?«, kommt unweigerlich die Frage, und es folgen viele komplizierte Berechnungen, um die Antwort zu finden.

Oder wenn Goddy uns informiert, welche Höhe wir heute - in Metern - erreicht haben, entsteht sofort eine Diskussion darüber, wieviel das wohl in Fuß sei. Es ist alles fürchterlich verwirrend. Anscheinend haben sich unsere Gehirnfunktionen ab einer bestimmten Höhenlage - ob sie nun in Metern oder Fuß gemessen wird - dramatisch verlangsamt, und keiner von uns kann selbst einfache Mathematikaufgaben in weniger als zehn Minuten lösen.

Aber ich will mich nicht zu sehr beklagen, denn all diese Rechenaufgaben sind uns insofern willkommen, als sie uns von unserem anderen Lieblingsthema - ihr wisst schon, welches ich meine - ablenken.

Dabei weiß ich noch nicht einmal, warum wir uns eigentlich über diese Maßeinheiten derart ereifern. Der Einzige in unserer Gruppe mit einem »legitimen Anrecht« auf Messungen in Fuß und Zoll ist Max, denn er ist der einzige gebürtige Amerikaner unter uns. Und selbst er hat schon von klein auf die absolute Überlegenheit des metrischen Systems anerkannt. Erfreulicherweise ist auch Mike auf dem besten Weg zu dieser Erkenntnis, denn ab dem dritten Tag wird das GPS ein für alle Mal auf Meter eingestellt bleiben.

Die einzige Zahl, die uns wichtig ist: 5.895 Meter - der höchste Punkt in Afrika.

Die Höhe des höchsten freistehenden Berges der Welt.

Die Region des »Schnee auf dem Kilimandscharo«.

Dort wollen wir hin.

Ein paar Worte zu besagtem Schnee: Es ist geradezu schockierend, wenn man sich klarmacht, wieviel Eis seit den Tagen von Hans Meyers Kilimandscharo-Besteigung vom Berg verschwunden ist. Über 80 Prozent der Schnee- bzw. Eiskappe, die zirka 12.000 Jahre lang bis in die Anfänge des 20. Jahrhunderts den Berg bedeckte, sind verschwunden, und die Geschwindigkeit, mit der die Gletscher schmelzen, steigt immer weiter an. Selbst Hans Meyer war entsetzt, als er fast ein Jahrzehnt nach seiner ersten erfolgreichen Besteigung zurückkehrte und sah, dass die Gletscher in so kurzer Zeit schon 100 Meter zurückgewichen waren. Was würde er wohl erst heute denken?

Im Jahr 2009 veröffentlichte eine Gruppe von Amerikanern eine Untersuchung für die *National Academy of Sciences,* und wenn man sich die Luftaufnahmen dieser Gruppe zwischen 2000 und 2007 ansieht, kann man eindeutig und ohne jegliche Erfahrung in Gletscherkunde den dramatischen Rückgang der Eisdecke erkennen. Wenn es so weitergeht - und es gibt keinen Grund, es anders zu erwarten - dann ist der sagenumwobene Schnee auf dem Kilimandscharo in 20 Jahren ganz verschwunden.

Übrigens, da wir gerade beim Thema Höhe sind: Der Gipfel des Kilimandscharo liegt mehrere hundert Meter *über* dem Everest Base Camp. Das klingt geradezu verlockend, nicht wahr? Wenn man das so betrachtet, scheint auf einmal das Ziel »Mount Everest« gar nicht so sehr außer Reichweite zu sein. Es wäre doch irgendwie cool, sich den Mount Everest auch auf die »Dort-gewesen-schon-getan«-Liste schreiben zu können! Allerdings erreicht man das Everest-Basislager erst nach zwei Wochen Wanderung und es ist, wie der Name schon andeutet, eben nur ein Ausgangspunkt für den letzten Vorstoß und nicht das eigentliche Ziel. Wer will schon doppelt so lange und fast so hoch aufsteigen, wie wir es hier tun, nur, um bei irgendeinem Basislager anzukommen anstatt auf einem Gipfel zu stehen? Ganz abgesehen von der Kälte, der man am Mount Everest ausgesetzt wäre… Nein danke - ich weiß schon, warum ich gerade an den Äquator gereist bin, um meine neuerweckten Ambitionen als Bergsteigerin zu befriedigen.

Das Shira-Plateau ist ein willkommener Anblick, als wir endlich dort eintreffen. Es ist tatsächlich eine gewaltige Hochebene, die viel Raum für die verschiedenen Zeltlager bietet, ohne dass man anderen Gruppen zu nahe kommt. Auch hier gibt es wieder eine Hütte, in der wir anstehen und unsere Namen in das Register eintragen müssen. Außerdem bietet sich uns hier der vertrauenerweckende Anblick eines Hubschrauberlandeplatzes, der mit einem Ring aus Steinen markiert ist.

Und es gibt ein Sightseeing-Programm. Eine erneute Wanderung ist zwar das Allerletzte, worauf wir gerade Lust haben, aber wir werden von unseren Bergführern dazu genötigt, über ein Geröllfeld bis zum höchsten Ende des Plateaus zu klettern, wo es die sogenannten Shira Caves zu bewundern gibt – eine Ansammlung von kleineren und größeren Höhlen in der Felswand. Es ist kaum zu glauben, aber bis vor einigen Jahren wurden diese Höhlen noch regelmäßig von Trägern benutzt, die für die Nacht einen Unterschlupf suchten. Erst vor kurzem wurde dieser Brauch von den Reiseveranstaltern abgeschafft und dafür gesorgt, dass auch für die Träger genügend Zelte mitgenommen wurden.

Es war ein langer und anstrengender Tag, und es gibt zwei in unserer Gruppe, die am Rande der Erschöpfung stehen. Martin, der beruflich ständig um die halbe Welt jettet, da er an Projekten in Amerika und Australien beteiligt ist, leidet an einer unglücklichen Kombination von Jet-Lag und milder Höhenkrankheit. Oder vielleicht war es auch die riesige Spiegelreflexkamera um seinen Hals, die das Maß zum Überlaufen gebracht hat. Er ist heute weit hinter den anderen zurückgeblieben und *mucho pole pole* gewandert, und er hat seit dem Frühstück kein Wort mehr gesagt. Oder vielmehr *fast* kein Wort. Er hat genau einen Kommentar abgegeben, und der gibt uns Hoffnung, dass er doch noch genügend Kampfgeist in sich hat. Der Kommentar kam während einer Rast als Antwort auf unsere wiederholten Äußerungen der Besorgnis hinsichtlich seines Befindens.

»Ich muss eben einfach eine Dose *Harden-The-Fuck-Up* aufmachen.« Genau das hat er gesagt.

Der Zweite, dem es ziemlich schlecht geht, ist Dylan. Er hat mehr Zeit im Toilettenzelt verbracht als alle anderen zusammen. Mike musste schon mehrere Wundermittelchen aus seinem Erste-Hilfe-Kasten ziehen, um die Flut aus Dylans Gedärmen einzudämmen, und er hat sogar zeitweise seinem Sohn den zuvor so hart umkämpften Fleece-Pullover überlassen. Ich habe Mike bisher noch nie als besorgten Vater erlebt, und die Tatsache, dass er seinen momentan so kraftlosen Sohn diesmal nicht einen »Jammerlappen« nennt, macht mir geradezu Angst. Es muss wirklich recht schlimm um Dylan stehen.

Ich frage mich, ob unsere Gruppe über den morgigen Tag hinaus überhaupt bestehen bleiben wird.

Lager auf dem Shira-Plateau

Dritter Tag: Die erste Bewährungsprobe

Vom Shira Plateau über Lava Tower zum Barranco Camp, Dienstag, 4. September 2012
Entfernung 10 km, 7-8 Stunden
Höhenunterschied 110 m, zuerst 760 m Anstieg von 3.840 m zum Lava Tower auf 4.600 m, dann Abstieg auf 3.950 m

Heute packen wir all unsere warme Kleidung in die Tagesrucksäcke, weil es am Lava Tower - einem der höchsten Orte auf unserer Wanderung - kalt sein wird. Auch morgens ist es jetzt schon sehr frostig, und wie schon gestern warten wir sehnsüchtig auf den Sonnenaufgang. Solange die Sonne nicht scheint, wasche ich mich auch nicht. Das ist meine neue Devise. Es ist einfach zu kalt, um auch nur das kleinste Stückchen Haut nass werden zu lassen. Gut, dass wir bisher nur sonnige Tage hatten, sonst würde meine Körperpflege vielleicht ganz unterbleiben.

Erfreulicherweise scheint die Nachtruhe allen gut getan zu haben, auch wenn jeder von uns mindestens zweimal in der Nacht »raus« musste. Alle tauchen frisch und erholt aus ihren Zelten auf, und es sieht so aus, als ob unsere Gruppe trotz aller gestrigen Bedenken nicht vorzeitig auseinanderbrechen wird. Es scheint so, als ob eine starke Dosis Flagyl (ein Antibiotikum) genau das richtige für Dylan war. Mike hatte eine Giardia-Infektion im Verdacht, die typischerweise durch Parasiten in Fäkalien ausgelöst wird. Nach den bisher nicht gerade seltenen Sichtungsmeldungen von, ahem, Fäkalien entlang unserer Wanderroute ist diese Diagnose sicherlich akkurat, und auch wenn sie das rein medizinisch gesehen nicht sein sollte, so scheint Mike dennoch den richtigen Griff in seinen gut ausgestatteten Erste-Hilfe-Kasten gemacht zu haben.

Langsam verstehe ich, wie kompliziert das mit dieser tückischen Höhenkrankheit ist, denn viele AMS-Symptome sind denen eines Magenvirus sehr ähnlich. In Dylans Fall hätte eine frühzeitige Umkehr das Problem überhaupt nicht gelöst. Sie hätte nur zur Folge gehabt, dass der arme Junge die Nacht im Hotel über eine Kloschüssel gebeugt verbracht hätte, anstatt über einem Eimer auf dem Berg, und seine Träume wären dabei auch noch futsch gewesen. Zum Glück haben Goddy und Mike zusammen genügend Erfahrung, um in diesem Fall die richtige Entscheidung getroffen zu haben.

Auch Martin scheint sich erholt zu haben, denn er war schon mit seiner Kamera im Lager unterwegs und hat eifrig Fotos geknipst, die er beim Frühstück herumzeigt. Abgesehen von einem zauberhaften Bild des Mount Meru, dessen Gipfel in der Morgendämmerung rosa leuchtet, während der Rest der Welt noch im Halbdunkel weilt, gefällt uns ein Schnappschuss von Dylan besonders gut: Er steht vor seinem Zelt und erduldet resigniert, wie unser WC-Träger - ohne Zweifel auf Goddys Anweisung hin - ihm mit Klobürste und Desinfektionsmittel die Stiefel ab abschrubbt.

Wir haben einen langen Tag vor uns. Obwohl wir am Abend nur einen Nettogewinn von wenig mehr als 100 Höhenmetern verbuchen werden, müssen wir erst einmal über 700 m hoch zum bedrohlich klingenden Lava Tower steigen, bevor es wieder fast genauso viele Höhenmeter bergab geht bis zu unserem nächsten Etappenziel, dem Barranco-Camp.

Die Veränderung des Landschaftsbildes ist verblüffend. Wir beginnen unseren Marsch in einer Art Wald (ich glaube, der korrekte Begriff dafür ist Heide- und Moorzone), aber schon innerhalb weniger Stunden wird die Vegetation sehr karg und verschwindet bald ganz. Wir wandern im Gänsemarsch durch die Steinwüste und schlängeln uns zwischen den vielen großen Felsbrocken hindurch. Zum ersten Mal seit Beginn unserer Wanderung sieht der Kibo erreichbar aus, kristallklar in der dünnen Bergluft und fast zum Berühren nahe, und auf dem Boden um uns herum tauchen die ersten Flecken ewigen Schnees auf.

Nach einer Weile überqueren wir einen munter plätschernden Bach und treten darin vorsichtig auf ein paar größere Steine, damit unsere Füße nicht nass werden. Ich bin ziemlich sicher, dass dies der erste Wasserlauf ist, auf den wir bisher gestoßen sind, und das stimmt mich nachdenklich. Bis jetzt habe ich das Wasser, das uns am Lager so reichlich zur Verfügung steht, als selbstverständlich erachtet und mir keine Gedanken darüber gemacht, wie es wohl dorthin gekommen ist. Jeden Morgen werden automatisch unsere Flaschen aufgefüllt, es gibt immer so viel Kaffee und Tee, wie wir wollen, und als besonderen Luxus bekommen wir jeden Morgen und Abend zum Waschen eine Schüssel heißes Wasser vor unsere Zelte gestellt. Wenn man es alles zusammenzählt, müssen das über 200 Liter Wasser pro Tag für unsere Gruppe von zirka 40 Leuten sein. Das sind eine ganze Menge Eimer Wasser, die vom nächstgelegenen Flussbett herbeigeschleppt werden müssen! Ich versuche, mich nicht so sehr an der braunen Farbe dieses Baches zu stören und verdränge die Tatsache, dass bestimmt all unser Wasser aus ähnlichen Schlammlöchern herausgeschöpft wird. Haben wir sowas etwa getrunken? Ich habe keine Ahnung, wie unsere Träger es von braun zu klar verwandeln, genauso wie ich nie die Pasteurisierung von Milch genau verstanden habe. Mir genügt, zu wissen, dass es irgendwie funktioniert.

Je weiter du den Kili hinaufsteigst, desto größer wird dein Interesse an diesem Berg, der plötzlich in deinem Leben solch eine große Rolle spielt. Es gibt natürlich immer die, die im Voraus alles über ihr Urlaubsziel nachlesen und bis zum kleinsten Detail informiert sind, bevor sie es jemals gesehen haben, aber ich gehöre nicht zu diesen Leuten. Wenn du schon genau weißt, was dich dort erwartet, warum überhaupt hingehen? Das ist die Philosophie von Paul Theroux, der die faszinierendsten Reiseberichte geschrieben hat, und ich muss sagen, mir geht das genauso. Ich hatte vor unserer Reise nur eine verschwommene Vorstellung davon, wohin wir flogen, und eine noch ungenauere Vorstellung davon, wann genau das sein sollte. (Es grenzte an sich schon an ein Wunder, dass wir rechtzeitig am Flughafen eintrafen, denn wie sich herausstellte, waren unsere Flüge genau einen Tag früher gebucht, als in meinem Kalender eingetragen war; bei der Buchung der Gruppenreise hatte sich nämlich ein Fehler eingeschlichen. Wie gut, dass ich einen Mann habe, der gewohnheitsmäßig elektronische Tickets eingehend inspiziert, auch wenn es nicht seine eigenen sind!)

Ich habe weder die Tickets genauer angeschaut, noch mich über den genaueren Verlauf unserer Wanderung informiert. Aber jetzt, wo wir hier sind, habe ich Fragen.

Zum Beispiel: »Wie viele Leute schaffen es denn bis zum Gipfel?«

Das entpuppt sich als eine kniffelige Frage, die die Bergführer nur ungern beantworten. Jeder sei hier, sagen sie, um bis auf den Gipfel zu wandern. Wenn man die Frage googelt, findet man sehr unterschiedliche Antworten. 40 bis 60 Prozent aller Kili-Wanderer gelingt es nicht, den Gipfel zu erreichen, heißt es da. Das klingt überhaupt nicht vielversprechend, aber anscheinend spielt die Route, auf der man wandert, eine bedeutende Rolle. Und hier haben wir Glück: Die Erfolgsrate auf der Machame-Route – auch Whiskey-Route genannt – ist mit 80 Prozent einiges ermutigender. Zum Großteil können wir das dem Terrain und dem ständigen »Auf« und »Ab« verdanken, bei dem man sich zwar oftmals am liebsten die Haare ausraufen würde, das sich aber so vorteilhaft auf die Akklimatisierung auswirkt. Sicherlich hilft auch der zusätzliche Tag, den wir eingeplant haben, und der nicht auf allen Routen angeboten wird. Und zuletzt scheint die Machame-Route erfahrenere Bergsteiger anzulocken als die Marangu-Route - auch Coca-Cola-Route genannt - auf der bei weitem die höchste Misserfolgsquote verbucht wird. Es scheint fast so, als ob Mikes unermüdliche Planung in dieser Hinsicht von Nutzen war.

Nicht, dass ich mich zu den erfahrenen Bergsteigern zähle, ganz im Gegenteil. Aber ich bin froh, mich - statistisch gesehen - auf dem richtigen Weg zu befinden.

Oh, und die Leute bei Coca-Cola müssen sich die Haare darüber ausraufen, dass ihre Firma mit solch einer Route des Misserfolgs assoziiert wird. Welche Marketing-Katastrophe! Andererseits ist es vielleicht noch schlimmer, wenn überhaupt keine Route nach dem eigenen Produkt benannt wird. Ich frage mich, was die Pepsi-Leute zu alledem sagen.

Da wir schon bei den Getränken sind: Wie schade, dass unsere Route nicht gerade ihrem Spitznamen gerecht wird! Ich mag zwar gar keinen Whiskey, aber sollte man nicht erwarten können, dass man auf einer nach Whiskey benannten Route wenigstens *irgendeine* Sorte von Alkohol zum Abendessen serviert bekommt? Vielleicht sollten wir uns ja doch auch beim Reiseveranstalter beklagen wegen dieses groben Versäumnisses…

Insgesamt gibt es sechs offizielle Routen zum Gipfel: die schon erwähnte Marangu-Route; die Machame-Route, auf der wir wandern; die Lemosho-Route; die Rongai-Route; die Shira-Route; und die Umbwe-Route.

Die Marangu-Route: Sie wird wohl deswegen Coca-Cola-Route genannt, weil es an ihr entlang manchmal ein Cola zu trinken gibt oder zumindest früher einmal gab. Sie unterscheidet sich auch dadurch von den anderen Routen (zusätzlich zu ihrer schlechten Erfolgsrate), dass richtige Hütten als Unterkünfte zur Verfügung stehen und nicht nur Zelte wie in unseren Lagern.

Richtige Hütten: welcher Komfort! Bei genauerem Nachdenken ist das aber eine Illusion. Es ist ja nicht so, dass wir uns Tag für Tag mit den schweren Zelten auf unseren Rücken abschleppen und sie dann am Ende eines langen Marsches auch noch mühselig aufbauen müssen. All das tun unsere Träger für uns. Nicht einmal der Gedanke an eine richtige Matratze anstatt meiner sich selbst aufblasenden Matte lässt bei mir Neid aufkommen - im Gegenteil, mich schaudert geradezu bei der Vorstellung daran, welches Ungeziefer im Inneren einer solchen Matratze herumkriechen mag.

Zu den Hütten entlang der Marangu-Route gibt es übrigens eine interessante Nebengeschichte zu erzählen. Es waren Deutsche, die für ihren Bau verantwortlich waren, und der Name einer der Hütten gewährt einen Einblick in die Anfänge der dunkleren Kapitel deutscher Geschichte. Es gab ursprünglich eine Bismarck-Hütte (sie wurde später zur Mandara-Hütte umbenannt, nach dem gleichnamigen Tschagga-Häuptling aus dem späten 19. Jahrhundert) und eine Peters-Hütte (jetzt Horombo-Hütte). Die letztere verweist auf eine faszinierende und mir bisher unbekannte Spur aus den frühen Tagen der deutschen Kolonisierung bis hin zum Dritten Reich.

Jene Hütte wurde nach Dr. Carl Peters benannt, dem Gründer der »Gesellschaft für Deutsche Kolonisation«, der während seiner Jahre in Deutsch-Ostafrika für sein unberechenbares und grausames Verhalten berüchtigt war. Otto von Bismarck hatte nicht viel für Peters übrig und versuchte zunächst, ihn durch direkte Verhandlungen mit den Briten zu umgehen, ernannte ihn aber letztlich dennoch im Jahr 1891 zum Reichskommissar für das Kilimandscharogebiet. Von seinem Hauptsitz in Moschi aus ließ Peters nichts ungenutzt, um die Lokalbevölkerung feindlich zu stimmen. Er hielt sich eine afrikanische Geliebte, entdeckte kurz darauf ihr Verhältnis mit einem seiner Diener und ließ daraufhin beide öffentlich hängen und ihre Dörfer komplett zerstören. Aufgrund dieses Amtsmissbrauchs wurde er zum Zwecke der Ermittlung vor den deutschen Reichstag berufen und später unehrenhaft aus dem Reichsdienst entlassen, aber zu Beginn des Ersten Weltkrieges gab ihm Kaiser Wilhelm seinen Titel und damit seine Pensionsansprüche zurück. Später (erst nach seinem Tode) wurde er vollkommen rehabilitiert, und zwar von niemand anderem als Adolf Hitler persönlich, der seinen Namen zu antibritischen und antisemitischen Propagandazwecken nutzte. Peters war schon früh ein Förderer des Alldeutschen Verbandes, einer ultranationalistischen und militaristischen Organisation, deren Ideologie schon in den ersten Jahren des 20. Jahrhunderts Elemente des Sozialdarwinismus und der Rassenreinheit enthielt und eine »rassische Höherentwicklung« des deutschen Volkes anstrebte.

Einmal abgesehen von all den Wanzen, die sich dort möglicherweise in den Matratzen tummeln, will ich sowieso nicht in einer Hütte schlafen, die zu Ehren eines solch grässlichen Menschen errichtet wurde.

Die Marangu-Route wird oft als die einfachste Route beschrieben, ein eindeutiger Pluspunkt, besonders für Wanderneulinge. Ihr Anstieg verläuft ziemlich stetig, nicht zu steil und nicht zu flach, und beinhaltet keinerlei technische Schwierigkeiten. Der Nachteil ist jedoch, dass sie zur Höhenanpassung lange nicht so wirksam ist wie eine längere Route, bei der man im Laufe eines jeden Tages größere Höhen und Tiefen bewältigt.

Ein weiterer Unterschied besteht darin, dass man auf der Marangu-Route denselben Weg für den Auf- und Abstieg benutzt, während bei allen anderen Routen der Abstieg ausschließlich über die kürzere – und auch steilere – Mweka-Route erfolgt. Ich weiß nicht genau, was ich davon halten soll. Einerseits ist dann ja auf der Marangu-Route einiges mehr los, weil der Verkehr in beide Richtungen fließt, und es könnte öfter zum Stau kommen, was sicherlich nicht wünschenswert ist. Und außerdem sieht man dann beim Abstieg wieder die gleiche Landschaft, durch die man zuvor schon gekommen ist. Aber wahrscheinlich würde man sich nach einer Woche mühseligen Anstiegs kaum darüber beschweren, dass die Umgebung sich auf dem Rückweg nicht genügend verändert. Vielleicht sieht man sie ja dann überhaupt zum ersten Mal, weil man es beim Aufstieg vor lauter *pole pole* versäumt hat, sich umzuschauen.

Mit fünf bis sechs Tagen ist die Marangu-Route auch die schnellste aller Routen und damit für Teilnehmer interessant, die weniger Zeit haben oder auch weniger ausgeben wollen. Aber ich muss sagen, dass ich lieber einen Tag länger brauche und etwas mehr bezahle, wenn sich dadurch meine Erfolgschancen verbessern. So oft ist man ja schließlich nicht auf dem Kilimandscharo in seinem Leben. Selbst wenn man nicht absolut besessen davon ist, es bis zum Gipfel zu schaffen, kann man sich dennoch Schöneres vorstellen, als an AMS zu erkranken. Alles in allem scheint es viele Argumente für und wider die Marangu-Route zu geben, aber meiner Meinung nach ist ihr größter Nachteil ihre negative Bilanz, was die Akklimatisierung angeht.

Die Machame-Route: Die Machame-Route war früher einmal ein wohlbehütetes Geheimnis aber ist inzwischen dank ihrer landschaftlichen Schönheit zur zweitbeliebtesten Strecke zum Gipfel geworden, oder vielleicht hat sie ja sogar in den letzten Jahren die Marangu-Route an Beliebtheit überholt. Das merkt man. Man braucht nur die Augen offen zu halten und sieht sofort, dass wir hier nicht gerade einsam sind. Vielleicht hat sich die höhere Erfolgsquote ja herumgesprochen.

Wenn man sich eine Karte des Berges anschaut, ähnelt der Verlauf der Machame-Route einer riesigen S-Kurve. Die erste Biegung des »S« ist der Anstieg vom Süden bis zum Shira-Plateau in den ersten zwei Tagen. Dort beginnt in die entgegengesetzte Richtung die zweite Biegung, die sich auf fast unveränderter Höhenlage halb um den Berg herumwindet und mit dem Erklimmen des Gipfels vom Osten her endet.

Wie gesagt ist die Machame-Route vielleicht nicht unbedingt für ihre Whiskey-Sundowner bekannt, dafür aber für die Schönheit der Natur ringsum. Und in dieser Hinsicht hat sie uns bisher nicht enttäuscht. Allein der Ausblick auf das Shira-Plateau, den wir gestern Abend und heute Morgen genießen konnten, ist atemberaubend schön.

Weil die Machame-Route recht schwierig eingestuft wird, braucht man dafür mindestens sechs Tage. Sieben sogar, wenn man wie wir den zusätzlichen Tag zur Akklimatisierung einplant. Allerdings weiß ich nicht, was mit »schwierig« gemeint ist. Anstrengend und mühselig war unser Aufstieg bisher natürlich schon, und ohne Zweifel wären zwei Tage am Hotelpool mit einem Buch auf dem Schoß erholsamer gewesen, aber trifft das nicht auf alle Routen zu? Außer der Tatsache, dass es eben hauptsächlich bergauf geht und die Luft immer dünner wird, scheint die Machame-Route zumindest während der ersten zwei Tage keine außerordentlichen Schwierigkeiten aufzuweisen. Die beiden kniffeligsten Probleme waren bisher nur, mein Lunch-Paket von den Raben fernzuhalten und ein privates Örtchen zum pinkeln zu finden, ohne dabei in etwas Unerwünschtes hineinzutreten.

Und das Chlorwasser hinunterzuschlucken.

Ein Coca-Cola würde mich wunschlos glücklich machen.

Die Lemosho-Route: Im Gegensatz zur Machame-Route, die von Süden her aufsteigt, beginnt die Lemosho-Route auf der Westseite des Berges. Sie beinhaltet eine sehr lange Wanderung durch den Regenwald und danach die Überquerung des gesamten Shira-Plateaus. Damit ist sie eine der längsten Routen zum Gipfel. Man kann sie in sechs Tagen bewältigen, aber bis zu acht Tagesetappen werden empfohlen.

Die Lemosho-Route soll landschaftlich genauso spektakulär sein wie die Machame-Route, und auch bezüglich der Erfolgsquote und dem Schwierigkeitsgrad sollen die beiden Routen vergleichbar sein. Allerdings herrscht auf der Lemosho-Route weniger Verkehr, da sie nicht so häufig frequentiert wird. Das klingt alles sehr verlockend, aber nach dem heutigen Tagesmarsch macht es ohnehin keinen Unterschied mehr, denn ab dem Shira-Plateau nehmen die Machame- und die Lemosho-Route denselben Verlauf über den sogenannten südlichen Weg am Lava Tower vorbei. Kein Wunder, dass es hier auf einmal vor Menschen nur so wimmelt – zwei Routen verlaufen von nun an auf demselben Weg!

Anscheinend kann es auf der Lemosho-Route auch gut passieren, dass dir gleich am ersten Tag ein Büffel oder Elefant über den Weg läuft. Dadurch kann diese Route Naturliebhabern ein besonders reizvolles Naturerlebnis bieten, aber ich habe auch gehört, dass deswegen das Anheuern von bewaffnetem Sicherheitspersonal empfohlen wird.

Der Nachteil dieser Route besteht aus der weiten Anfahrt. Man muss bestimmt endlos über holprige Straßen fahren, um zum entlegenen westlichen Ausgangpunkt zu gelangen. Wenn ich an unsere holprige Fahrt vor einigen Tagen zurückdenke, bin ich froh, dass sie nicht noch länger war. Außerdem haben die weite Anfahrt, die lange Wanderzeit und die Kosten des Begleitschutzes zur Folge, dass die Lemosho-Route eine der teuersten Optionen der Gipfelbesteigung darstellt.

Die Rongai-Route: Sie ist die einzige Route, die sich von der Nordseite des Berges dem Gipfel nähert und nahe der Grenze zu Kenia beginnt. Sie ist ähnlich entlegen bzw. umständlich zu erreichen und menschenleer wie die

Lemosho-Route (wobei man den Begriff »menschenleer« auf dem Kilimandscharo relativ betrachten muss), allerdings ist sie dafür weniger anstrengend und führt dich – ähnlich der Coca-Cola-Route – eher gemächlich ansteigend zum Gipfel.

Anscheinend ist die Rongai-Route auch jene, die man während der Regenzeit nehmen sollte, da die nördlichen Hänge im Allgemeinen weniger Niederschlag abbekommen. Aber Moment mal! Ein anderer Veranstalter warnt davor, dass während der Regenzeit der Einstieg in die Rongai-Route oft nicht gelingt, weil die Fahrzeuge auf dem Weg dorthin häufig im Schlamm steckenbleiben.

Da hat man es: Eines der Ärgernisse bei der Planung von Kili-Expeditionen ist, dass man nie genau weiß, auf welchen Ratschlag man hören soll. Es kursieren eine Menge widersprüchlicher Informationen und es herrscht ein reger Wettbewerb zwischen den verschiedenen Veranstaltern, und wenn du dich endlich mal für einen Plan entschieden hast, erfährst du kurze Zeit später, dass gerade dieser Plan eine schreckliche Idee ist und voller Gefahren steckt, wenn er dich nicht sogar gleich ins Grab bringt.

Wie dem auch sei, ich verspüre insgesamt wenig Lust, während der Regenzeit überhaupt eine der sechs Routen in Angriff zu nehmen, und insofern weine ich der Rongai-Route auch keine Träne hinterher.

Die Shira-Route: Hier folgt ein Informationsleckerbissen, der mir bei unserer Reiseplanung vorenthalten wurde: Es gibt eine Route, bei der man gar nicht den Berg hinaufwandern muss, sondern große Strecken mit dem Auto fährt. Mit dem Auto! Auf der Shira-Route erhascht man nur kurze Blicke auf den Regenwald, weil man ganz durch ihn durch *gefahren* wird.

So sehr auch meine Muskeln nach dem Marsch durch den Regenwald am ersten Tag schmerzten, so wenig kann ich der Vorstellung einer solchen Autofahrt abgewinnen. Irgendwie käme mir das so vor, als ob ich schummeln würde. Warum lässt man sich dann nicht auch gleich den Rest des Weges von Trägern in einer Sänfte transportieren? Oder, noch besser, direkt per Hubschrauber zum Gipfel fliegen?

Wobei ich zugeben muss, dass wir hier alle ein wenig schummeln. Keiner von uns hat den Treck auf Meereshöhe begonnen. Unser Ausgangspunkt, Machame-Gate, lag bei 1.800 Metern, sodass nur zirka 4.000 Meter der insgesamt 5.895 Meter freistehenden Berges zu bezwingen sind.

Der Nachteil der Shira-Route liegt darin, dass sie schwierig zu erreichen ist und deswegen auch wieder teurer wird. Und sie ist die schlechteste aller Routen, was die Akklimatisierung anbelangt, da man dank des Fahrdienstes innerhalb eines einzigen Tages direkt von Moschi bis auf extreme Höhenlagen gelangt. Deswegen findet man nicht viele Reiseführer, die die Shira-Route empfehlen. Übrigens trifft auch die Shira-Route irgendwann mit der Machame- und der Lemosho-Route zusammen, und ich ärgere mich langsam darüber, dass wir uns den Weg auf einmal mit so vielen anderen Routen teilen müssen.

Die Umbwe-Route: Alle Reiseführer und Kili-Kenner sind sich einig, dass dies der direkteste, steilste und anstrengendste Weg den Berg hinauf ist. Diese Strecke wird am wenigsten frequentiert, was ideal klingt, aber sie hat auch eine sehr niedrige Erfolgsrate bezüglich des Erreichens des Gipfels, was weniger ideal ist.

Was die Menschenmengen anbelangt: Wenn man mal von den hygienischen Vorteilen absieht, sollte man die Einsamkeit einer Route nicht überbewerten. Ich finde gerade den sozialen Aspekt unserer Wanderung angenehm. Du triffst neue Leute, du fragst sie, woher sie kommen, du erzählst ihnen deine Geschichte, und du gehst weiter. Vielleicht triffst du am nächsten Tag – oder sogar später am selben Tag – die gleichen Leute wieder, und dann kann man sich gegenseitig erzählen, was man in der Zwischenzeit erlebt hat.

Oder du hast sie gleich wieder vergessen und es ist beim nächsten Treffen peinlich, dass sie deinen Namen noch wissen, aber du den ihren nicht.

Ab und zu triffst du auf einen Bergführer, der nur einen einzelnen Wanderer in seiner Obhut hat. Kilimandscharo ultimativ, die Privattour, wahrscheinlich zu Top-Preisen gebucht. Aber ich bin kein bisschen neidisch. Im Gegenteil, diese Leute tun mir geradezu leid. Ich stelle mir eine einsame Wanderung ganz alleine mit meinen Gedanken vor, gefolgt von einem stillen Abendessen im Essenszelt, und bin auf einmal sehr froh über unsere lautstarken Festgelage jeden Abend und die unvermeidlichen anrüchigen Witze, die dabei herumerzählt werden. An Unterhaltung mangelt es uns nicht.

Allerdings wäre ein Toilettenzelt ganz für mich allein schon eine tolle Sache!

Eine siebte Alternative, die *Mweka-Route,* ist zusammen mit der Umbwe-Route der kürzeste Weg, aber sie wird nur für den Abstieg benutzt, wenn man über Machame, Lemosho, Shira oder Umbwe den Gipfel bestiegen hat. Auch wir werden auf ihr hinabsteigen.

Und dann gibt es noch einen weiteren Zugang zum Gipfel: den sogenannten Western Breach.

Ich will die *Western-Breach-Route* hier nur kurz erwähnen und nicht im Detail erklären. Wer sie ernsthaft in Betracht zieht, hat den Kilimandscharo wahrscheinlich schon einmal bestiegen und liest vielleicht nicht unbedingt dieses Buch als Vorbereitung auf seine Wanderung. Wie ich es der Literatur entnehme, ist die Western-Breach-Route schon mehrmals wegen des hohen Steinschlagrisikos geschlossen worden. Sie stellt die größte Herausforderung auf dem Weg zum Gipfel dar und ist nur mit einer sehr erfahrenen Mannschaft zu bewältigen. Einige der bekanntesten Bergsteiger unserer Zeit haben sich an der Western-Breach-Route versucht, und es war Reinhold Messner - dessen Name mir schon als kleines Kind ein

Begriff war – der die Western-Breach-Wand im Jahr 1978 als erster frei hochgeklettert ist.

Beim Besteigen dieser Wand erreichst du irgendwann den »point of no return«, also die Stelle, an der eine Umkehr nicht mehr möglich ist. Das hat mit dem Eis zu tun, welches nachts und frühmorgens das Geröll zusammenhält aber dann gegen Mittag den Weg extrem tückisch werden lässt, wenn das Tauen einsetzt. Ab diesem Punkt muss dich deine Crew im Notfall den Berg *hinauf* retten und über den Kraterrand evakuieren, anstatt dich schnurstracks nach unten zu bringen.

Ich weiß nicht, wie es euch geht, aber Worte wie »point of no return« stimmen mich nicht gerade besonders zuversichtlich. Wer möchte schon »Kili Tag 4: Gutes Frühstück und jetzt Aufbruch zur Western Breach Wand #pointofnoreturn« als letzten Eintrag auf seinem Twitter-Feed haben? Und alles andere, als im Notfall direkt bergab zu gehen, erscheint mir im Hinblick auf die Gefahren der Höhenkrankheit als eine hirnverbrannte Idee.

Aber anscheinend kompensiert die Western-Breach-Route all diese Nachteile durch pure Großartigkeit. Wenn man sie richtig plant, kann man auf ihr unter Umständen nicht nur den Sonnenaufgang, sondern auch den Sonnenuntergang am Abend zuvor vom Uhuru Peak bewundern, was zugegebenermaßen verlockend klingt.

Ich würde hier gerne sagen können, dass ich eine komplette Kosten-Nutzen-Analyse aller verfügbaren Kilimandscharo-Routen vorgenommen habe und dadurch bei der Machame-Route als herausragender Alternative angelangt bin. Aber nichts dergleichen habe ich getan. Wie ich schon gesagt habe, hat Mike die Machame-Route ausgesucht, und das war's. Trotzdem würde ich es nicht anders haben wollen. Wie es ja so schön heißt ist Unwissenheit ein Segen: Ich musste mir gar keine Gedanken über die 15 Arten des frühzeitigen Todes auf dem Kilimandscharo machen; ich hatte keine Sorgen, im Schlamm steckenzubleiben, vom Steinschlag begraben zu werden oder an Unterkühlung zu sterben; ich musste nicht überlegen, ob ich bewaffnetes Sicherheitspersonal anheuern sollte, damit ich nicht von einer Herde Büffel totgetrampelt werde – oder, so kommt es mir jetzt, damit man mich nicht wegen eines Lösegelds in Rupien kidnappt. Meine einzige Sorge bestand bisher darin, ab und zu einen Felsen der richtigen Größe auszukundschaften, um dahinter meine Blase ungestört entleeren zu können.

Genau dieses Unterfangen wird übrigens zunehmend schwieriger, je höher wir kommen. Die Vegetation ist spärlich geworden und die Felsen kleiner, und gleichzeitig wird der Weg – dank der Zusammenführung mehrerer Routen – immer voller. Es grenzt geradezu an ein Wunder, wenn man einen versteckten Winkel findet, in dem man ungesehen für ein paar Minuten verschwinden kann. Die Männer versuchen es natürlich noch nicht einmal, aber ich frage mich wirklich, wie viele Frauen schon ihre Gipfelträume aufgeben mussten, weil sie sich auf immer gewagteren Streifzügen abseits des normalen Weges auf der Suche nach einem gewissen Örtchen alle Knochen gebrochen haben. Ich kann es kaum abwarten, diese Frage auf Google zu recherchieren, und vertreibe mir die Zeit damit, mir passende Suchbegriffe dazu auszudenken. (Macht nur; ich weiß, ihr wollt es jetzt auch googeln. Vielleicht findet ihr ja einen Wikipedia-Eintrag unter »Verletzungen und Todesfälle beim Toilettenbesuch«, bei dessen Lektüre ihr vielleicht erfahrt, dass König Wenzel III von Böhmen im Jahr 1306 mit einem Speer erstochen wurde, »als er auf dem Abort saß«. Dieser Abort war wahrscheinlich genauso ein Plumpsklo wie jenes auf der Schwäbischen Alb, das ich als Jugendliche in den Ferien genießen durfte. Ich weiß, ich schweife ab, aber ich kann einfach kein Plumpsklo unerforscht lassen!)

Wir löchern Godlisten und Hillary, auch Sir Edmund genannt, mit vielen weiteren Fragen zu den verschiedenen

Kili-Routen und deren Topografie, während wir unseren langen Marsch vom Shira Plateau bis hinauf zum Lava Tower beginnen. Beide Bergführer kennen den Berg wie ihre Hosentasche und könnten wahrscheinlich im Schlaf auf seinen Gipfel steigen. Wie gesagt unternehmen sie diese Wanderung jetzt schon zum zweiten Mal in zwei Wochen, und während der Hauptsaison ist es sicher nicht ungewöhnlich, dass sie gleich drei- oder auch viermal hintereinander den Berg besteigen.

Als wir noch im Hotel waren, gab es Trubel um einen etwas lauten Amerikaner. Oder vielmehr nannte nur ich ihn den »lauten Amerikaner«, während er in den Augen meiner südafrikanischen Freunde einfach nur »der Amerikaner« war. Das ist natürlich nicht gerade ein Kompliment, spiegelt aber wohl den Ruf amerikanischer Touristen im Ausland wieder. Wie dem auch sei, der Amerikaner warb eifrig unter uns Gästen um Spenden und Aufmerksamkeit für ein besonderes Anliegen, und zwar wollte er einen neuen Rekord aufstellen und den Kilimandscharo innerhalb von 28 Tagen viermal besteigen.

Mensch, das ist aber viel!, dachte ich damals. Ich stellte mir unsere Gruppe vor und wie wir uns gleich viermal hintereinander dieser zweifelsohne großen Strapaze unterziehen würden, und es mutete geradezu unmenschlich an.

Aber das war aus meiner westlichen Touristenperspektive heraus gedacht, und seither habe ich mehrfach Gelegenheit gehabt, die andere Seite der Medaille zu sehen. Aus der Sicht der Bergführer und Träger ist viermal Gipfel in vier Wochen sicherlich kein Rekord, sondern oft eine Notwendigkeit. Manche Träger scheinen ja sogar mehrmals an einem *Tag* hinauf- und hinunterzurennen, sie sind so ungemein flink. Also zählt ein neuer Rekord dieser Art meiner Meinung nach nicht besonders viel. Wie so oft werden hier die einheimischen Bergsteiger und deren Errungenschaften einfach völlig ignoriert, als ob es sie schlichtweg gar nicht gäbe, und als ob nur die ausländischen Wanderer zählten.

Da wir gerade von Rekorden sprechen, gibt es da allerdings einen, den man erwähnen muss. Goddy erzählt uns von Lance aus Südafrika, der einmal - wann genau weiß Goddy nicht mehr - den Geschwindigkeitsrekord zum Gipfel hielt: knapp unter 9 Stunden und 45 Minuten. Es spielt keine Rolle, dass dieser Rekord seitdem wieder gebrochen wurde (der derzeitige Rekord liegt bei der fast unvorstellbaren Zeit von nur fünfeinhalb Stunden von der Parkgrenze bis zum Gipfel). Die Tatsache, dass Goddy diesen Lance persönlich kennt, macht diesen ehemaligen Rekord für uns aufregend und lebendig und viel spannender als eine bloße Statistik.

Ich kann mir das kaum vorstellen. Hier sind wir schon seit fast drei Tagen und über 20 Gehstunden unterwegs, und dieser schneebedeckte Gipfel dort oben erscheint kaum näher als am ersten Tag. Bei unserer Geschwindigkeit werden wir bestimmt schon länger als neun Stunden brauchen, um den Berg wieder *hinunter* zu gehen. Lance muss also die direkteste Route nahezu ununterbrochen hinaufgejoggt sein, und er kann nicht viele Pausen gemacht haben.

Und, das wage ich zu behaupten, er musste auch bestimmt nicht sein Handy aufladen, so wie Adrian. Dieser hat nämlich seine lieben Sorgen damit. Es schwinden nicht nur täglich mehr Batteriesymbole auf seinem Display dahin, trotz Solarpanel und fast ununterbrochenem Sonnenschein, sondern er muss auch bezüglich seiner technischen Schwierigkeiten und dem ewigen Gepiepe seiner Geräte unseren schonungslosen Spott ertragen. Das wird ihm irgendwann zu viel, und alsbald geht das Ladegerät den gleichen Weg, den schon Mikes Höhenmesser und die Debatte über Meter und Fuß gegangen sind, das heißt, es wird per Misstrauensvotum abgewählt und in die Verbannung geschickt. Danach sind Adrians beachtliche technische Fähigkeiten anderweitig gefragt, und zwar dafür, beim Frühstück steinharte Erdnussbutter für David auf weiche Sandwichbrothälften zu schmieren.

Als wir am frühen Nachmittag endlich den Lava Tower erreichen, sind wir völlig am Ende. Der Anstieg war zwar weniger steil als gestern und vorgestern, aber jetzt macht sich eindeutig die extreme Höhenlage bemerkbar. Zum Glück besteht hier oben unsere einzige Aufgabe darin, uns eine Stunde lang auszuruhen und uns dabei an die 4.600 Höhenmeter so gut wie möglich anzupassen. Aber das ist nicht so erholsam, wie es klingt.

Erstens weht hier oben ein eisiger Wind. Um ihm zu entkommen, muss man einen Felsen finden, auf dem man sich möglichst flach hinlegen und die Sonnenstrahlen windgeschützt absorbieren kann. Das erfordert einiges an Kletterkunst.

Zweitens sind da die gierigen Raben. Sobald ich mein Lunchpaket geöffnet habe, bin ich nur noch damit beschäftigt, es gegen die Raben zu verteidigen. Ich brauche nur kurz nicht aufpassen, und schon kommt ein schwarzer Räuber angeflogen und entführt mir meinen Leckerbissen zum nächsten Felsen, von wo aus er mich mit seinen schwarzen Knopfaugen höhnisch anstarrt und seinen nächsten Vorstoß plant.

Und drittens sind es natürlich wieder unsere »Toilettengänge«, die ein Problem darstellen. Es gibt zwar genügend Felsen, hinter die man sich zu diesem Zweck hocken kann - der gesamte Lava Tower ist im Grunde eine große Ansammlung von Felsbrocken - aber es ist eine nicht geringe Herausforderung, ein Örtchen zu erklimmen, das a) genügend sichtgeschützt ist, und an dem b) nicht schon mindestens dreihundert Leute vor einem gehockt sind und das Resultat ihrer Toilettengänge hinterlassen haben, ganz ohne danach eine Schaufel zu bemühen.

Ich erinnere mich wehmütig an die Urinelle, das Shewee und all die anderen Vorrichtungen aus meinen damals so unterhaltsamen Nachforschungen zur weiblichen Toilettennotlage. Nach drei Tagen in der Hocke hinter irgendwelchen Felsen bedauere ich es jetzt zutiefst, mir nicht doch solch ein Ding zugelegt zu haben.

Die Männer müssen sich natürlich in dieser Hinsicht überhaupt keine Gedanken machen. Mein einziger Trost ist, dass sie bei Erledigung ihres Geschäfts Nummer Zwei die gleichen Mühen haben wie wir Frauen. Denn dafür - das ist nur eine Vermutung - sind bisher keine Vorrichtungen auf dem Markt.

Als wir den Abstieg zu unserem nächsten Lager, Barranco, beginnen, kann ich nicht langsam gehen. Stattdessen renne ich mit Max - der sich zu meiner Freude diesmal zu mir gesellt hat - geradezu den Berg hinunter. Es ist ein Genuss, zur Abwechslung endlich mal bergab zu gehen, und im Gegensatz zu einigen anderen in unserer Gruppe sind wir nicht mit schwachen Knien geplagt. Wir rennen so schnell, dass wir erst gar nicht merken, wie sich die Landschaft schlagartig verändert hat. Gerade waren wir noch oben in der öden aber sonnenüberfluteten alpinen Zone, wo uns der beißende Wind trotz dicker Jacken frösteln ließ, und jetzt eilen wir durch ein gespenstisches Zwielicht zwischen den merkwürdigsten Bäumen hindurch, die mir je zu Gesicht gekommen sind. Es sind Riesensenezien (auch Riesen-Greiskraut oder Schopfbaum genannt) der Gattung *Dendrosenecio*, so informiert uns Goddy, und man trifft sie nur in den alpinen Zonen von Äquatorialostafrika an, wo jede der unterschiedlichen Arten auf einen schmalen Streifen jeweils einer Höhenlage begrenzt ist. Merkwürdigerweise zählen die Greiskräuter zur Familie der weitverbreiteten Korbblütler, aber mit einem Gänseblümchen haben sie wirklich keinerlei Ähnlichkeit. Sie sehen eher aus wie eine Kreuzung zwischen Palme und Kaktus - ein kahler, kümmerlicher Stamm, aus dem oben dicke Bündel Zweige heraussprießen, die wie Palmenwedel oder auch Aloe-Vera-Blätter aussehen. Einige dieser Bäume sind riesig und bestimmt viele hundert Jahre alt. Wie sie so aus dem dichten Nebel hervorragen, der uns auf einmal umhüllt, haben sie eine überirdische und leicht beunruhigende Ausstrahlung. Wenn plötzlich mutierte Hunde wie in den »Hungerspielen von Panem« zähnefletschend auf uns zu springen würden, wäre ich nur halb überrascht.

Genau wie die Landschaft um uns herum hat sich auch meine Stimmung dramatisch verändert. Was gerade noch ein fröhliches Wettrennen mit Max war, erscheint auf einmal eine große Mühsal, und außerdem spüre ich, wie sich starke Kopfschmerzen ankündigen. Mit jedem Schritt bergab wird das Pochen in meinem Kopf schlimmer, als ob ich in eine Druckkammer steigen würde. Die letzten zehn Minuten sind die reine Qual. Mein Kopf fühlt sich an, als ob er gleich auseinanderbräche. Ich sage ein stilles Dankgebet, als endlich das Lager aus dem Nebel auftaucht, und ich schaffe es gerade noch, mich in das erstbeste Zelt zu schleppen, meine Augen zu schließen und Max alles auspacken zu lassen. Alsbald verschwindet er zum Abendessen, und ich bleibe allein im Zelt zurück.

Mein ganzes Leben lang hat mir der Kopf noch nie so wehgetan, da bin ich mir sicher. Ich spüre auch den Drang, mich zu übergeben, aber die Vorstellung, auch nur meinen kleinen Finger zu bewegen, erscheint mir unmöglich und dermaßen unausführbar, dass ich einfach reglos liegen bleibe und versuche, die Schmerzen mit meiner Willenskraft zu besiegen. Ich brauche schon allein eine Viertelstunde dafür, einen Plan zu entwerfen, wie ich an das Ibuprofen in meinem Erste-Hilfe-Kasten kommen soll. Als ich mich endlich dazu durchringe, ihn in die Tat umzusetzen, schlucke ich ein paar der Tabletten, und schon diese kleine Anstrengung macht mich so fertig, dass ich mich wieder auf meine Matte fallenlasse und sicher bin, dass mich nichts und niemand jemals wieder zum Aufstehen bewegen kann.

Aber da liege ich falsch. Goddy, dem der leere Stuhl beim Abendessen nicht entgangen ist, zwängt sich ungefragt und ohne Umschweife in mein Zelt, hockt sich vor mich auf den Boden und beginnt mit der Befragung. Wenn er jetzt noch ein Stethoskop aus dem Kittel ziehen würde, wäre ich kein bisschen überrascht. Ganz ohne Erbarmen und professionell wie ein Arzt gibt er mir eine Reihe detaillierter Anweisungen, beginnend damit, dass ich mich aus dem Zelt schleppen, beim Abendessen erscheinen, und dort Tee trinken und Suppe essen soll.

Aufstehen ist wirklich das allerletzte, worauf ich in meinem Zustand Lust habe, aber vom ersten Tag an haben wir alle genau das getan, was Goddy gesagt hat. So ist es diesmal auch.

Anscheinend kommt es auf dieser Route häufig vor, dass man nach dem Abstieg vom Lava Tower Kopfschmerzen bekommt. Das gehört zum Prozess der Akklimatisierung, obwohl man annehmen sollte, dass man sich nach dem Abstieg besser fühlt und nicht - wie in meinem Fall - schlechter. Laut Goddy ist es aber eher ungewöhnlich, dass es in unserer Gruppe nur eine Person und nicht gleiche mehrere Mitglieder trifft. Ich finde es hauptsächlich ärgerlich, dass gerade ich diese Person bin. Aber in einer Stunde soll eine deutliche Verbesserung eintreten, versichert Goddy, und er hat wie immer Recht. Er ist geradezu fröhlich angesichts meines Zustands, zufrieden mit seiner akkuraten Vorhersage und dankbar, dass er anhand meines Beispiels sein Fachwissen unter Beweis stellen konnte.

Obwohl es mir wie versprochen bald besser geht, bekomme ich immer noch keinen Bissen von dem Essen hinunter, das mir von meinen wohlmeinenden und besorgten Freunden auf den Teller gehäuft wird. Allein der Gedanke an Erdnüsse - das letzte, was ich am Lava Tower gegessen habe - reicht aus, um mir für die nächsten paar Tage den Appetit zu verderben. Ich zwinge so viel Tee hinunter wie ich kann und krieche mit klappernden Zähnen in meinen Schlafsack zurück.

Ich weiß genau, dass das meine erste Bewährungsprobe war. Der Gedanke an das Barafu-Camp macht mir deshalb ein wenig Sorge, denn dieses Lager wird uns wieder zur gleichen Höhenlage wie Lava Tower bringen. Ganz zu schweigen davon, was nach Barafu kommt: der Vorstoß auf den Gipfel. Bisher habe ich versucht, alle Gedanken an die Gipfelnacht aus meinem Hirn zu verbannen. Aber dennoch ist dieses Thema unser ständiger Begleiter, und der Gedanke daran schwelt immer direkt unter der Oberfläche. Keiner traut sich, darüber zu reden und damit vielleicht ein Unglück heraufzubeschwören, aber die letzte Etappe zum Kibo-Gipfel lauert in unserem Unterbewusstsein. Andere Wanderer, die wir auf dem Weg treffen, sind voller Geschichten über die Gipfelnacht - Horrorgeschichten, die sie gelesen haben, und Berichte von Bekannten, die es bei früheren Versuchen nicht bis zum Gipfel geschafft haben oder sich nur mit übermenschlicher Anstrengung weiterschleppen konnten. Bis jetzt war meine einzige Sorge zu diesem Thema, dass ich frieren könnte, dass ich trotz etlicher Lagen Kleider vor Kälte schlottern und mich elend fühlen würde.

Aber nach der heutigen Erfahrung wäre das ja vielleicht mein kleinstes Problem. Was passiert, wenn es mir beim Gipfelmarsch wieder so schlecht geht wie heute, sodass ich nicht einmal mehr aufrecht stehen kann und mein Kopf zum Zerspringen schmerzt, und ich mich dann außerdem noch einen solch steilen Hang hinaufschleppen muss, dass mir die bisherigen Steigungen im Vergleich geradezu lächerlich vorkommen werden? Ich weiß nicht, ob ich das schaffen kann.

Aber immer schön der Reihe nach. *Pole pole,* ein Schritt nach dem anderen.

Morgen ist wieder ein neuer Tag.

Riesensenezien in der Nähe des Barranco-Camps

Vierter Tag: Verkehrsstau im Todesstreifen

Vom Barranco Camp zur Karanga-Hütte, Mittwoch, 5. September 2012
Entfernung 5 km, 4-5 Stunden
Höhenunterschied 250 m, Anstieg von 3.950 m auf 4.200 m

Nur ungern öffnen wir unsere Zelte, als der Weckruf ertönt, denn mittlerweile ist es morgens eiskalt. Hat man Wasser am Vorabend vor dem Zelt gelassen, so ist es morgens gefroren. Dylan bringt uns zum Lachen, indem er allen seinen steifgefrorenen Waschlappen vor die Nase hält. Die Erdnussbutter ist so hart geworden, dass sie sich nicht mehr streichen lässt. Deswegen hat David, der nichts anderes als Erdnussbutter zu essen scheint, die Lösung dieses Problems an seinen Vater delegiert.

Ich finde es irgendwie tröstlich, bei jeder Mahlzeit Adrian bei der Bewältigung dieser Aufgabe zuzuschauen. Methodisch hebelt er dicke unkooperative Klumpen Erdnussbutter aus dem Glas und verteilt sie auf säuberlich aufgereihten Toastbrotscheiben, während David mit gekreuzten Armen und nach hinten gelehnt daneben sitzt und ab und zu hilfreiche Kommentare einwirft. Es gibt außer mir anscheinend auch andere Eltern, die Dinge für ihre Kinder tun, die diese auch genauso gut selbst tun könnten. Sosehr es Max manchmal peinlich ist, auch nur zusammen mit mir gesehen zu werden, so scheint er sich doch nie davor zu scheuen, um meine Hilfe zu bitten, wenn es ums Binden seiner Schnürsenkel oder das Auftragen von Sonnencreme geht. Ich weiß, ich hätte ihn schon vor langer Zeit zu größerer Unabhängigkeit erziehen sollen, aber wenigstens befinde ich mich in guter Gesellschaft. Max und David wären beide nur mit den Hemden auf ihren Leibern zur Wanderung erschienen, wenn sie keine Hilfe beim Packen gehabt hätten. Das weiß ich, weil Andy – Davids Mutter – und ich schon oft über diese Eigenschaft unserer Teenager gemeinsam die Augen verdreht haben.

Allerdings trifft das auf Dylan nicht zu. Er hat nicht nur unsere Reise angeleiert, sondern sich mit geradezu manischem Eifer in die Planung gestürzt. Er stand im ständigen Wettbewerb mit Mike, wer mehr Backsteine tragen konnte, und genau wie Mike schaut er etwas verächtlich auf uns »Jammerlappen« herab, deren Überlebenskünste in der Wildnis wohl etwas zu wünschen übrig lassen. Er hat voller Stolz all sein eigenes Zubehör besorgt, und selbst wenn er beim Packen Mike um Hilfe gebeten hätte, wäre sicherlich nur ein schroffes »Pack verdammt nochmal deinen eigenen Mist« als Antwort gekommen.

Jeder scheint heute gut gelaunt zu sein, einschließlich ich selbst. Meine Kopfschmerzen sind ganz und gar verschwunden, und ich fühle mich wie neugeboren, auch wenn man auf dieser Höhe nur wenig Schlaf bekommt und deswegen meine Nachtruhe mehrmals unterbrochen wurde.

Es ist ein herrlicher Morgen. Er fängt zwar kalt an, aber sobald sich die ersten zaghaften Sonnenstrahlen über den Horizont tasten, spüren wir deren Wärme auf unseren Gesichtern. Die Landschaft sieht aus wie frisch gemalt, und erst jetzt, da der Nebel von gestern Abend verzogen ist, können wir die Umgebung sehen. Unser Zeltlager befindet sich auf der Sohle eines breiten Tals, das nach allen Seiten von steilen Hängen umgeben ist und in dem sich die prähistorisch anmutenden Riesensenezien tummeln, soweit das Auge reicht. Der strahlend blaue Himmel über uns entfacht sicher selbst im widerwilligsten Fußgänger die Wanderlust. Wir sind besonders beschwingt durch die Gewissheit, dass die heutige Tageswanderung eine kurze sein wird - ungefähr vier Stunden. Jetzt kommt uns nämlich der zusätzliche Tag auf dem Berg zugute: Wir teilen den Abschnitt zwischen hier und Barafu einfach in zwei Abschnitte, indem wir bei Karanga campen. Das war von Anfang an Mikes Plan.

Obwohl ich wieder voller Energie bin, kann ich nicht umhin, an gestern Nachmittag zurückzudenken. Ich will nie wieder solche Kopfschmerzen bekommen, auch wenn das, was ich hatte, laut Expertenmeinung nur zu den Symptomen der *milden* AMS zählt - zusammen mit Appetitlosigkeit, Brechreiz, Atemlosigkeit, schneller Ermüdung, Schlaflosigkeit und einem generellen Unwohlsein. All das hat jeder von uns schon in irgendeiner Form verspürt.

Es heißt, diese Symptome treten typischerweise hauptsächlich nachts auf. Das bringt mich zum Schmunzeln - sicherlich braucht man keine große medizinische Schulung für die Erkenntnis, dass Schlaflosigkeit hauptsächlich nachts ein Problem ist.

Was allerdings wirklich Anlass zur Sorge und zum sofortigen Umdrehen sein sollte, ist das Anfangsstadium *moderater* AMS, eine Stufe höher als mild. Wenn du unter moderater AMS leidest, hast du migräneartige Kopfschmerzen, die nicht weggehen, du musst erbrechen, du fühlst dich sehr schwach, du hast immer größere Atemnot auch ohne jegliche Anstrengung, und deine Bewegungen werden auf einmal unkoordiniert. Diesen Zustand nennt man *Ataxia.* Wisst ihr, welcher Test empfohlen wird, um Ataxia zu erkennen? Man schreitet auf einer geraden Linie, genauso, wie wenn man bei einer Verkehrskontrolle einem Alkoholtest unterzogen wird. Deshalb servieren sie uns hier vor dem Abendessen wahrscheinlich keinen Vodka Tonic als Aperitif. Man wüsste nie, ob es an dem Alkohol oder der Ataxia liegt, wenn man abends zu seinem Zelt torkelt. Und ehrlich gesagt stolpere ich bei meinen nächtlichen Toilettenbesuchen schon genug über Steine und Zeltleinen, als dass ich dazu auch nur ein winziges Schlückchen Alkohol bräuchte.

Wenn du eines der Symptome der moderaten AMS aufweist, wird der sofortige Abstieg zu einer niedrigeren Höhenlage empfohlen, gefolgt von einer Ruhezeit von 24 Stunden. Wenn du dich dann besser fühlst, kannst du einen erneuten Versuch unternehmen. Das einzige Problem bei dieser Strategie ist, dass bis dahin deine Gruppe im wahrsten Sinne des Wortes schon über alle Berge entschwunden ist. Wenn nicht einer der Bergführer bei dir zurückbleibt und einem neuen Versuch zustimmt - falls er alleine dazu überhaupt qualifiziert ist - hast du Pech gehabt. Und trotzdem ist bei AMS der Abstieg deine einzige Wahl. Steigt man nach dem Einsetzen von Symptomen der moderaten AMS weiter auf, so kann das zum Tod führen - durch Eintreten von Flüssigkeit in die Lunge oder in das Gehirn (die wissenschaftlichen Begriffe sind HACE für *High Altitude Cerebral Edema* und HAPE für *High Altitude Pulmonary Edema*) - und kein verantwortungsbewusster Kilimandscharo-Bergführer würde das zulassen.

AMS kann jeden treffen. Es gibt keine besonderen Risikogruppen hinsichtlich Alter, Geschlecht oder körperlicher Fitness, die manche Menschen mehr oder weniger AMS-anfällig machen. Sogar dieselbe Person kann einmal ohne Zwischenfall bis zum Gipfel wandern und beim nächsten Mal zur frühzeitigen Umkehr gezwungen sein. Gesund zu sein, besonders ohne eine auch noch so geringe Erkrankung der Atemwege, ist auf jeden Fall ein Vorteil, und wie gesagt hilft eventuell auch die Einnahme des Medikaments Diamox. Manche Experten empfehlen auch das Steroid *Dexamethasone*, mit dessen vorbeugender Einnahme - zusammen mit Diamox - man anscheinend Hirnschwellungen entgegenwirken und damit die Auswirkungen der AMS rückgängig machen kann. Aber mir kommt es nicht ganz unbedenklich vor, denn es scheint einige ernsthafte Nebenwirkungen auszulösen, und deswegen habe ich es auch nicht mitgebracht. Ich halte mich lieber wie bisher an Goddys Empfehlung, Kopfschmerzen ausschließlich mit Ibuprofen zu behandeln.

Da wir jedoch gerade bei der Aufzählung von Gegenmitteln zur Bekämpfung der AMS sind, stellt sich der eine oder andere Leser jetzt vielleicht die Frage: Was ist denn eigentlich mit der offensichtlichsten Lösung, nämlich mit Sauerstoff?

Die Zufuhr von Sauerstoff hilft auf jeden Fall, wenn man bedenkt, dass AMS durch Sauerstoffmangel hervorgerufen wird. Aber dennoch wird er für den Kilimandscharo-Aufstieg weder empfohlen noch verwendet. Die meisten Bergführer haben eine Sauerstoffflasche für Notfälle dabei, aber die einzige Intervention bei AMS, falls du an ihr erkrankst, ist und bleibt: Du musst runter auf eine geringere Höhenlage. Sollte man - trotz erster Krankheitsanzeichen - mit Hilfe von Sauerstoffflaschen weitermarschieren, wären die Symptome nur umso schlimmer, sobald der Sauerstoff ausginge.

Die andere offensichtliche Frage, die sich viele angehende Kili-Wanderer stellen, ist die: Wäre es nicht von Vorteil, wenn man super durchtrainiert ist, um somit der AMS besser standhalten zu können? Aber wie ich ja schon aus Martina Navratilovas Erfahrungsbericht gelernt habe, ist das anscheinend nicht der Fall. Natürlich ist sie auch nicht mehr gerade die jüngste, aber es gibt Berichte anderer Leistungssportler, die trotz ihrer Fitness ähnliche Schwierigkeiten auf dem Kilimandscharo hatten. Und umgekehrt hört man von etlichen Leuten, die nicht besonders fit waren und dennoch ohne Probleme den Gipfel erreicht haben.

Ich will nicht gerade vorschlagen, dass du - solltest du eine Kilimandscharo-Besteigung im Auge haben - die Monate der Vorbereitung vor dem Fernseher sitzend verbringst und dich mit Bergen von Hamburgern und Pommes vollstopfst. Ich will damit nur sagen, mach dich nicht mit einem rigorosen Fitnessprogramm verrückt! Es sei denn, du hast vor, den Berg im Dauerlauf hinauf zu sprinten, um den derzeitigen Geschwindigkeitsrekord für den Kilimandscharo zu brechen, den momentan Kilian Jornet Burgada aus Spanien innehat. Im Jahr 2010 ist er in einer für mich unfassbaren Zeit von nur 5 Stunden und 23 Minuten vom Eingang bis zum Gipfel gelaufen, und er rannte so schnell wieder hinunter, dass er mit einer Gesamtzeit von 7 Stunden 14 Minuten auch einen neuen Rekord für die Rundwanderung aufstellte.

Apropos Kilimandscharo-Rekorde: Fast noch bemerkenswerter als der Rekord des Spaniers Burgada ist jener von Simon Mtuy, einem tansanischen Bergführer, Umweltschützer und AIDS-Aktivisten. Er brauchte insgesamt 9 Stunden und 21 Minuten, um im Jahr 2006 auf der Umbwe-Route zum Gipfel und wieder hinab zu gelangen. Das liegt zwar zwei Stunden über Burgadas Zeit, aber Mtuy vollbrachte seine Tat ganz ohne zusätzliche Helfer, indem er sein Wasser, seinen Proviant und seine warme Kleidung ganz alleine den Berg hinauf trug.

Als weibliche Teilnehmerin kann man sich damit Mut machen, dass es bei den Rekorden unter den Frauen noch eine ganze Menge Spielraum gibt, sollte man derlei Ambitionen haben. Debbie Bachmann, ebenfalls eine Kilimandscharo-Bergführerin, hält mit 11 Stunden 51 Minuten momentan den weiblichen Rekord für den Aufstieg zum Gipfel.

Was ich gerne wüsste zum Thema solcher Rekorde: Wie schaffen es diese Bergsteiger, den Problemen der Akklimatisierung anscheinend ganz zu entgehen? Überall heißt es, die beste, wenn nicht sogar einzige, Methode zur Bekämpfung von AMS sei der langsame Anstieg mit vielen Pausen. Aber wenn man in fünf oder sechs Stunden den Berg hinaufrennt, hat man ja gar keine Zeit für Pausen. Kann es denn sein, dass man so schnell ist, dass man den Symptomen sozusagen immer ein Stück voraus bleibt und schon wieder unten ist, bevor dem Körper klar wird, was man mit ihm da gerade gemacht hat?

Herausfinden werde ich das nie, denn ich kann noch nicht mal zwei Minuten lang den Berg hochjoggen. Und alle anderen Rekorde sind anscheinend schon vergeben. Ich bin weder blind (wie Erik Weihenmayer, der erste Blinde, der den Gipfel des Mount Everest erreicht hat, und der auch die anderen sechs der »Sieben Gipfel der Welt« bezwungen hat, zu denen der Kilimandscharo gehört; ich habe seine Autobiografie vor vielen Jahren mit Begeisterung gelesen), noch jung genug (dieser Rekord geht an den siebenjährigen Keats Boyd aus den USA, der bei Spaziergängen sicher weniger jammert als meine Kinder und sich anscheinend auch nicht an irgendwelche Regeln hält, wenn man bedenkt, dass das Mindestalter für den Kilimandscharo bei zehn Jahren liegt), noch alt genug (das werde ich erst in ein paar Wochen wissen, aber erstaunlicherweise ist nur ein paar Gruppen hinter uns ein Ehepaar aus Vancouver unterwegs, die Kafers, die mit jeweils 84 und 85 Jahren den Altersrekord neu aufstellen wollen).

Halt mal: Diesem letzten Rekord könnte ich ja eigentlich immer noch nachjagen. Kann mich jemand in ungefähr 40 Jahren daran erinnern?

Heute Morgen denken wir allerdings nicht an irgendwelche Rekorde. Als wir nach dem Frühstück aus dem Essenszelt treten, denken wir nur daran, wie dankbar wir für die warmen Strahlen der Morgensonne sind, die inzwischen höher in den Himmel gestiegen ist und den Berg in ein goldenes Licht taucht. Weil es so schön ist in der Sonne, lassen wir uns beim Zusammenpacken Zeit.

Aber vielleicht hätten wir uns mehr beeilen sollen. Als wir endlich losgehen, müssen wir uns in eine lange Schlange von Wanderern einreihen, die wie wir am Fuße der Barranco-Wand warten. Die Barranco-Wand ist eine relativ steile Felswand, die das technisch anspruchsvollste Stück unserer Route darstellen soll.

Ich hatte mich gefreut, hier auf dem Kilimandscharo in den Genuss einer kleinen Verschnaufpause vom berüchtigten Johannesburger Verkehr zu kommen, aber wie es aussieht, werden wir hier erst mal ein paar Stunden im Stau verbringen, ganz wie zu Hause. Nur, dass es hier keine Straßenhändler gibt, die ihren Kitsch verscherbeln.

Nichts geht vorwärts.

Weit über uns können wir die Serpentinen des schmalen Pfades erkennen, auf denen sich kleine farbige Punkte im Schneckentempo die Wand hinaufbewegen. Wir dagegen stehen unten am Fuß der Felswand dicht aneinandergedrängt. Hinter uns wartet ein Grüppchen Gras rauchender Träger, und vor uns steht eine Gruppe Amerikaner, aus deren Mitte laute Musik dröhnt. Die Stimmung ist wie bei einer Party, und niemand scheint sich über die Verzögerung aufzuregen. Alle sind gesprächig und gut gelaunt, und es wird viel gelacht. Außerdem spielt der Typ mit der Musik eine pure 80er-Playlist, zu der man wunderbar tanzen kann. Aber gerade als ich ein wenig meine Hüften schwinge und den Mund öffne, um lauthals mitzusingen, fixiert mich Max mit einem bösen Blick, den ich korrekt als »Achtung, peinlich!« interpretiere und mich daher schnell wieder zügele.

Sharon fängt ein Gespräch mit den Amerikanern an. Aus Los Angeles seien sie, sagt der eine. Wir erzählen ihm, dass wir in Johannesburg leben.

»O Gott, dort ist es ja so gefährlich«, sagt er daraufhin. »Als ich dort vor einigen Jahren auf Geschäftsreise unterwegs war, wurden zwei Leute ermordet.«

Solche Kommentare höre ich oft. Es ist interessant – Südafrikaner sind das so gewohnt, dass sie nur mit den Schultern zucken und sich nicht weiter darum kümmern. Nur Expats wie ich scheinen den Drang zu haben, in solchen Situation die Ehre Südafrikas zu verteidigen. Ich kann das nicht so stehenlassen. Ich frage ihn, wo genau diese Leute ermordet wurden, denn es klingt so, als ob er und seine Kollegen in eine Schießerei geraten wären.

»Einfach irgendwo in Johannesburg«, sagt er.

Hat er denn keine Ahnung, wie groß Johannesburg ist? Ich kann nicht widerstehen.

»Ich bin sicher, das kann dir in Los Angeles auch jederzeit passieren«, sage ich. Und ich erfinde das nicht einfach. Ich habe vor kurzem gelesen, dass letztes Jahr in Chicago mehr Amerikaner durch Waffengewalt ums Leben gekommen sind als in Afghanistan. Los Angeles kann da nicht weit hinterher sein.

Ich weiß nicht, ob es meine Frechheit war oder meine uncoolen Tanzschritte, aber danach bewegt sich die Musik von uns weg und außer Hörweite. Lebt wohl, Madonna und Bruce Springsteen!

Während wir herumstehen und nichts zu tun haben, kommt das Gespräch auf gestern Abend. Es stellt sich heraus, dass ich ein größeres Ereignis verpasst habe. Als ich beim Abendessen in meinem Zelt lag und mir selbst Leid tat, wer, glaubt ihr, ist wohl in unserem Essenszelt aufgetaucht, um mit Goddy zu plaudern? Der Kili-Bergsteiger Lance höchstpersönlich, der mit dem Rekordmarsch von 9 Stunden 45 Minuten bis zum Gipfel. Ich kann es kaum fassen! Ab und zu leitet er wohl immer noch Kilimandscharo-Expeditionen, und zufällig ist er gerade auch auf dem Berg unterwegs. Und wegen der ärgerlichen Höhenkrankheit habe ich die Gelegenheit verpasst, mehr über ihn zu erfahren.

Und die Gelegenheit, einen Blick auf ihn in voller Pracht werfen zu können. Anscheinend ist er eine richtige Augenweide, oder zumindest findet das Monia.

»O la la, diesö Laaance, du ‘ättest seine Müskel sehen sollen!«

Ich verspüre ein heftiges Gefühl der Wehmut – wegen der verschwundenen Musik oder wegen Lance, ganz sicher bin ich mir da nicht – aber endlich bewegt sich die Schlange langsam vorwärts und ich versuche, mich auf das Klettern zu konzentrieren. Es geht besser, wenn man die Stöcke wegpackt und die Hände benutzt. Gelegentlich dreht Goddy sich um und hält uns nacheinander die Hand hin, um uns über ein besonders schwieriges Stück zu helfen. Weise wie er ist, erzählt er uns erst hinterher vom »Hugging Rock«, einem Felsvorsprung, der seinen Namen davon hat, dass man eng an ihn geschmiegt um ihn herumsteigen muss. Anscheinend ist hier letztes Jahr ein Träger ums Leben gekommen, als er das Gleichgewicht verlor und in den Abgrund stürzte.

Bei einer Kilimandscharo-Begehung darf man ob solcher Katastrophenmeldungen keinen flauen Magen haben. Irgendwann während der Reisevorbereitungen habe ich »Tod auf dem Kilimandscharo« gegoogelt – nur für Forschungszwecke, sagte ich mir – und bereute es sofort. Ich fand heraus, dass es jährlich auf dem Kilimandscharo 10 bis 15 Todesfälle gibt und zirka 1.000 nicht-tödliche Evakuierungen. In einigen Fällen ist AMS die Todesursache, aber nicht bei der Mehrzahl. Das größte Risiko liegt bei den Trägern, hauptsächlich aufgrund unzulänglicher Ausrüstung. Immer wieder erfrieren Träger, die von einem Schneesturm überrascht werden oder ohne ausreichendes Training einen neuen Weg entlanggehen.

Wenn ich an den ersten Tag und das Getümmel am Fuß des Berges zurückdenke, als die Träger sich um begehrte Anstellungen bemühten, wird mir klar, dass es vielleicht nicht nur für *uns* der erste Tag war. Sicherlich gab es an jenem Tag auch Träger, die für ihren allerersten Arbeitstag am Fuße des Berges erschienen waren. Und sicherlich trug der ein oder andere nur T-Shirt und Flip-Flops. Zum Glück sind wir bisher von keinem Schneesturm überrascht worden.

Dazu fällt mir eine beunruhigende Geschichte ein, die mir Jacky erzählt hat. Vor einigen Jahren hat sie den Kilimandscharo erfolgreich bestiegen (allerdings nicht mit Mike zusammen), und als sie wie wir am Machame-Gate herumstand und darauf wartete, dass es endlich losging, wurde eine Trage mit dem leblosen Körper eines Trägers vorbeigetragen. Anscheinend war er erfroren. Und später, am Shira Plateau, hörte sie von zwei weiteren Todesfällen in der Nacht davor, deren Ursache sie nicht erfuhr.

Ich bin heilfroh, dass wir diese Woche noch von keinen Todesfällen gehört haben. Andererseits bin ich nicht sicher, ob wir davon überhaupt etwas hören würden, denn Goddy ist unsere einzige Informationsquelle, und er würde es uns wahrscheinlich nicht erzählen. Er ist wirklich an Weisheit seinen Jahren voraus.

Einige der Tragödien am Kilimandscharo, über die man liest, haben gar nichts mit Bergsteigen zu tun. Am 18. Mai 1955 verließ Flug 104 der East African Airways die tansanische Hauptstadt Dar es Salaam und verschwand auf dem Weg nach Nairobi. Wie sich später herausstellte, war das Flugzeug am Südhang des Mawenzi aufgeprallt, und keiner der 20 Passagiere an Bord hatte überlebt. Nur 10 Meter hatten dem Flugzeug gefehlt, um es über den Bergkamm zu schaffen. Und im November 2008 stürzte eine kenianische Cessna auf dem Kilimandscharo auf zirka 4.300 Meter Höhe ab, wobei alle vier Passagiere ums Leben kamen. Man kann das Wrack heute noch auf dem Plateau zwischen dem Mawenzi und dem Gipfel besichtigen.

Und dann gibt es jene Tragödien, über die man liest, die gar nicht passiert sind. Ich bin ganz fasziniert von einer Romanreihe mit dem Namen *Summit Murder Mysteries,* die von rätselhaften Morden auf den Sieben Gipfeln der Welt handelt. »Mord auf dem Kilimandscharo« (*Murder on Kilimanjaro*), das ich auf meinem Kindle habe, verspricht, besonders spannend zu sein. Es handelt von einem hochgewachsenen, schlanken, Basketball spielenden und das Rauchen aufgeben wollenden amerikanischen Präsidenten, der zu seinen Ursprüngen in Afrika zurückkehrt. Manche munkeln, dass er dort geboren wurde anstatt in den Vereinigten Staaten, aber das ist anscheinend nur ein Gerücht. Also wirklich, wer denkt sich solche exotischen Charaktere aus? Dieser Präsident möchte sich einen langjährigen Traum erfüllen und den Kilimandscharo besteigen und außerdem seinem ihm bis dahin unbekannten

Sohn aus einer Jugendbeziehung mit einer Stammesprinzessin zum ersten Mal begegnen. Ich bin sehr gespannt darauf, was als nächstes passiert.

Eines der Unglücke auf dem Kilimandscharo ragt als besonders grauenhaft heraus. Erinnert ihr euch an den Zugang über den Western Breach, der unter Abenteuerlustigen so überaus beliebt ist? Am 4. Januar 2006 brach eine Gruppe amerikanischer Wanderer von ihrem Lager am Arrow-Gletscher auf, um in einem Tagesmarsch den Gipfel über den Kraterrand zu erreichen. Auf ungefähr 5.300 Meter Höhe lösten sich aus dem Gletscher unmittelbar über ihnen 30 bis 40 Tonnen Steine, als das Eis zu sehr auftaute und nachgab. Vielleicht hätten sie es kommen hören und sich rechtzeitig auf die Seite retten können, aber es war ein windiger Tag mit schlechter Sicht, und so muss die Steinlawine voll auf sie geprallt sein, mit rund 180 Stundenkilometern, bevor sie überhaupt nach oben schauen konnten. Drei der vier Bergsteiger waren sofort tot, und ein weiterer Bergsteiger und vier Träger wurden schwer verletzt. Unmittelbar danach wurde die Western-Breach-Route geschlossen und es gab eine große Debatte über die Sicherheitsvorkehrungen. Das Gebiet wurde zum »Todesstreifen« erklärt, später jedoch wieder geöffnet, mit der Vorgabe an Wandergruppen, ihre Zeit in diesem Gebiet durch eine geringe Abänderung des Routenverlaufs zu beschränken.

Meiner Meinung nach klingt das ein bisschen wie Russisches Roulette. *He da, an diesem Strand entlang gibt es Haie, bleibt also lieber nicht zu lang im Wasser, okay?* Es ist doch verrückt, am Western Breach trotzdem zu klettern, wenn dort das Risiko so hoch ist! Besonders, da es auch andere, viel sicherere, Routen gibt. Oder?

Nun ja. Wenn man etwas weiter nachforscht, erfährt man folgendes: Als das Team, das mit der Untersuchung des Unglücks beauftragt wurde, der Parkbehörde seine Empfehlungen zur Verbesserung der Sicherheit unterbreitete, identifizierte es *weitere* Risikobereiche, die näher auf möglichen Steinschlag zu untersuchen seien. Zu diesen Risikobereichen gehörten Lava Tower und die Barranco-Wand. Es sieht also ganz so aus, als ob wir uns genau in diesem Moment in einem solchen Todesstreifen befinden, und wie, bitteschön, sollen wir unsere Zeit darin begrenzen, wenn wir seit Stunden schon im Stau festsitzen? Wir kommen nur so schnell vorwärts wie die Leute vor uns, und wir können nur hoffen, dass sie darauf achten, wohin sie treten, damit uns nicht gleich lose Steine um den Kopf fliegen.

Wer eine eigene Kilimandscharo-Begehung ins Auge fasst, flucht jetzt wahrscheinlich laut über meine Schwarzmalerei. Also möchte ich das Thema Unglücksfälle mit folgendem Gedanken abschließen: Statistisch gesehen erscheinen mir 10 bis 15 Todesfälle pro Jahr sehr gering. Ich habe keine Ahnung, wie diese Zahl erfasst wurde, aber ich schaue mich um und sehe einen Berg voller Menschen aus aller Herren Länder, jung, alt, und alle unterschiedlich fit. Bei so vielen Leuten an einem Ort kann ich mir schon vorstellen, dass zumindest ein paar von ihnen theoretisch gerade hier ihr Ende finden könnten. Wenn ich ehrlich bin, überrascht es mich, dass es nicht eher 10 bis 15 Todesfälle pro *Woche* sind. Ich frage mich, zu welcher Unglücksrate man gelangte, wenn man ein typisches Skigebiet oder etwas ähnlich Vergleichbares näher untersuchen würde. Ich kann nur annehmen, dass die außerordentliche Vorsicht unserer Führer - und, so hoffe ich, aller Kilimandscharo-Führer - zu einer niedrigen Unglücksquote beiträgt.

Zum Glück hat man beim Klettern auf allen vieren keine Zeit für derlei Gedanken und stattdessen alle Hände voll zu tun, um den nächsten Halt zu finden. Auch wenn der Begriff »Todesstreifen« nicht gerade das erste ist, was einem beim Anblick dieser Felswand in den Sinn kommt, so erfordert es doch einiges an Konzentration, sie zu erklimmen. Man benötigt laut Reiseliteratur zwar keine technischen Kletterkenntnisse auf der Machame-Route, aber dieser Abschnitt ist dennoch deutlich anspruchsvoller als alles, was wir bisher bewältigt haben.

Das Klettern macht allerdings richtigen Spaß und man kann sehen, dass besonders die Jungs in ihrem Element sind. Max – der oft seine wahren Gefühle verborgen hält und nicht besonders mitteilsam ist – kann seine Freude an dieser neuen Herausforderung kaum verhehlen. Ich habe ihn die letzten drei Tage selten zu Gesicht bekommen, aber ich weiß, dass er von dem bescheidenen Tempo bisher nicht gerade erbaut ist. Es fehlt ihm die Aufregung. Auf der einen Seite nimmt er nur sehr ungern etwas Neues und Unerprobtes in Angriff, besonders, wenn es um schulisches oder soziales Engagement geht, und vor allem dann, wenn solch ein Engagement zu einem längerfristigen Arbeitsaufwand führen könnte. Außerdem hat er neben Computerspielen und einem enormen Wissensdurst – den er hauptsächlich mit stundenlangem Stöbern auf Wikipedia zu befriedigen scheint – keine Hobbys oder Leidenschaften. Aber andererseits ist er in unserer Familie bei weitem der Waghalsigste: Er klettert auf die höchsten Rutschbahnen im Wasserpark, solche, bei denen es mir schon beim Hochschauen schwindelig wird; er hat letztes Jahr solange gebettelt, bis wir ihm erlaubt haben, von der Bloukrans-Brücke – angeblich der welthöchsten Brücke für kommerzielles Bungee-Jumping – zu springen, ein Ereignis, an das ich nicht zurückdenken kann, ohne dass es mir schlecht wird; und wenig später hat er dem noch eins oben drauf gesetzt, indem er zum Fallschirmspringen aus einem Flugzeug angetreten ist.

Klettern scheint meinem Sohn ganz besonders im Blut zu liegen. Ich erinnere mich, wie er schon als kleines Kind als erster oben an der Kletterwand ankam und triumphierend nach unten schaute, ohne auch nur die geringste Angst zu zeigen. Er scheint ein angeborenes Gespür dafür zu haben, wo er seinen Fuß hinsetzen muss, damit er das Gleichgewicht behält. Wir waren vor vielen

Jahren im Sommerurlaub in einem Hotel, in dessen Schwimmbad eine Art Walze befestigt war, die auf dem Wasser schwamm und sofort rotierte, sobald man sich darauf stellte – falls man es überhaupt schaffte, nach oben zu klettern. Max verbrachte Stunden auf dieser Walze, mit ausgebreiteten Armen und vor Konzentration zusammengezogenen Augenbrauen, immer vorwärts und rückwärts trippelnd, während alle anderen Gäste immer wieder hinunterpurzelten und alsbald entmutigt aufgaben.

Wer weiß, vielleicht gibt die Barranco-Wand ihm ja den Anstoß, sich ernsthaft am Klettern zu versuchen oder es gar zu seinem Hobby zu machen.

Als wir oben angelangt sind und den herrlichen Ausblick zur Genüge genossen haben, überkommt uns der irrsinnige Drang nach Liegestützen und Luftsprüngen. Ich weiß nicht, woher wir die Energie nehmen. Einer von uns macht sogar seine Liegestützen mit dem Rucksack auf dem Rücken. Vielleicht kostet es zu viel Kraft, ihn abzunehmen? Oder vielleicht ist uns allen die Höhenlage in die Köpfe gestiegen und wir sind dabei, den Verstand zu verlieren!

Möglich wäre das schon.

Wir scheinen auf alle Fälle die ersten zu sein, die sich nach den zurückliegenden Strapazen auch noch Liegestützen und wilde Luftsprünge zumuten möchten, oder zumindest scheint Hillary das zu denken, denn wieder und wieder fotografiert er uns mit Begeisterung. Mal einzeln und mal in Paaren treten wir an den Rand des Abgrunds, halten uns an den Händen, und springen so hoch in die Luft, wie es nur geht, während Hillary eifrig knipst. Wahrscheinlich kommt das in seine Akte namens »Verrückte Südafrikaner«, in der wir sicherlich schon wegen unserer riesigen Snack-Pakete voller Dörrfleisch vermerkt sind.

»Warum bringen Südafrikaner immer so viele Snacks?«, wollte Goddy am ersten Tag wissen.

Es ist eine berechtigte Frage. Wir werden rund um die Uhr verpflegt. Uns wird nicht nur ständig Essen angeboten, sondern es wird uns geradezu aufgedrängt. Mit Adleraugen werden wir beobachtet, ob wir auch tatsächlich unsere Teller leeressen. Es gibt so viel zu essen, dass bestimmt niemand in dieser Woche abnehmen wird, trotz all der Kilometer zu Fuß. Es gibt absolut keinen Anlass dazu, Hunger zwischen den Mahlzeiten zu verspüren, und dennoch stürzen wir uns bei jeder Gelegenheit auf unsere Vorräte von Biltong – dem Trockenfleisch, ohne das Südafrikaner nicht das Haus verlassen – und Schokolade und sonstigen Leckerbissen, als ob wir tagelang gehungert hätten.

Manche sind in der Snack-Abteilung sogar einen Schritt weitergegangen.

»Dad, du hast mir den falschen Snack gegeben!«, rief David vor einigen Tagen Adrian zu, als wir auf einer Felsenkuppe Pause machten.

»Nein, habe ich nicht«, rief Adrian zurück. »Ich habe dir Tag Drei gegeben.«

»Aber Dad, heute ist erst Tag Zwei!«

Wir anderen saßen daneben und starrten sie an. Sie hatten einen Vorrat fein säuberlich gepackter Tütchen dabei, beschriftet mit *Tag Eins, Tag Zwei*, etc. bis hin zu *Gipfelnacht*, jede einzelne liebevoll von Andy in einer perfekten Harmonie aus Nahrungsgruppen und Farben zusammengestellt und ordentlich beschriftet.

Auf diese Idee ist Klaus nicht gekommen. Ich kann ihn förmlich vor mir sehen wie er mir den Vogel zeigt, hätte ich sowas auch nur erwähnt. Allerdings würde es umgekehrt auch mir nicht einfallen, um ehrlich zu sein. Essen ist einfach nicht wichtig genug in unserer Familie, als dass jemand von uns auf solche Gedanken käme.

Das heißt aber nicht, dass ich nicht ein klein wenig neidisch bin, schon allein wegen der freudigen Überraschung, die mir ein farblich abgestimmter Leckerbissen jeden Tag bereiten würde. Vielleicht hätte ich außer einer

Riesentüte getrockneter Mangos noch etwas anderes einpacken sollen. Trockenobst erschien mir damals besonders geeignet für genau solch eine Wanderung, wie wir sie machen, aber selbst ich kann den Geschmack von Mangos langsam nicht mehr ertragen. Und schon gar nicht das Herauspicken von Überbleibseln zwischen meinen Zähnen. Max rollt jedes Mal nur mit den Augen, wenn ich ihm die Tüte hinhalte.

Vielleicht hätte ich bessere Snacks mitbringen sollen, aber ich bin eben keine Südafrikanerin. Meine Vorfahren waren keine Voortrekker, die auf der Suche nach einem besseren Leben ins Ungewisse zogen und ihren Planwagen bis zum Dach vollstopften mit steinhartem Zwieback und ihrem kostbaren Biltong.

Den nun folgenden Weg kann man am besten mit »auf und ab« und »wieder auf und ab« beschreiben, unterbrochen von einer gelegentlichen Flussüberquerung zur Auflockerung. Ich gehe zwar nicht besonders gerne bergab, weil man unweigerlich auf der anderen Seite wieder bergauf muss, aber ich freue mich über die Vielfalt an Panoramaaussichten, die sich nach jeder Kuppe neu eröffnen.

Die Landschaft ist alpiner Art. Hier und da bietet ein immergrüner Strauch oder ein flechtenbewachsener Felsen einen farbigen Kontrast zu den öden graubraunen Höhenzügen im Hintergrund, während sich unter uns flauschige weiße Wolken türmen. Gelegentlich sehen wir vereinzelte Büschel der uns schon bekannten Strohblumen, die ein wenig an Edelweiß erinnern. Wir haben mal wieder ganz besonderes Glück mit dem Wetter, denn anscheinend ist dieser Wegabschnitt häufig in dichten Nebel getaucht oder - noch schlimmer - von orkanartigen Winden durchgepeitscht. Mein Kili-Reiseführer (der, den ich vor der Reise nicht richtig angeschaut habe) erwähnt über die heutige Etappe folgendes: »Während der Trockenzeit regnet es oft, während der Regenzeit schneit es oft; Hagel kann immer auf den Wanderer niederprasseln.«

Wir werden weder durch Schnee noch Regen oder Hagel beeinträchtigt, und als wir nach einigen Stunden das Lager direkt vor uns erblicken, sind wir hocherfreut. Solch einen kurzen Tagesmarsch hatten wir bisher noch nicht. Allerdings haben wir übersehen, dass wir zuerst eine tiefe Schlucht durchqueren müssen. Der Weg nach unten ist fast so steil wie die Felswand heute Morgen, und genauso tückisch. Wenn überhaupt, so erfordert das Hinunterklettern fast noch mehr Konzentration. Auch diesmal wartet Goddy wieder, bis wir alle sicher im Tal angelangt sind und am Rand eines kleinen Baches verschnaufen, bevor er uns von dem Mann aus der vorigen Gruppe erzählt, der genau an dieser Stelle ausgerutscht war und wegen einer ausgekugelten Schulter vom Berg evakuiert werden musste.

Bei einer Kilimandscharo-Begehung darf man wirklich keinen flauen Magen haben!

Ich muss an einen unserer Familienausflüge vom letzten Jahr denken, der auch nichts für Leute mit flauem Magen war. Ich fiel vor Angst fast in Ohnmacht, als wir uns bei einer »Canopy-Tour« von einem schwindelerregend hohen Baum mit klappriger Plattform zum nächsten schwingen mussten, ganz wie Tarzan (oder in meinem Fall eher Jane) im Dschungel. Wie immer war besonders Max in seinem Element und hatte seine Freude daran, sich weit über den Rand einer jeden Plattform zu beugen, nur um mich in Panik zu versetzen. Wenn es mir schon Angst macht, vor einem tiefen Abgrund zu stehen, so macht es mir noch mehr Angst, wenn meine Kinder das tun. Und natürlich wissen sie das genau. Aber trotz aller Höhenangst hätte ich gerade heute alles darum geben, genau solch eine »Zipline« wie aus dem Klettergarten hier über dieses Tal gespannt vorzufinden. Denn dann wären wir jetzt schon im Lager und würden in die Popcorn-Schüssel greifen und Tee schlürfen. Stattdessen müssen wir nun alles das mühselig auf der anderen Seite wieder hochklettern, was wir gerade bergab bewältigt haben. Der absolute

Höhenunterschied der heutigen Etappe mag nicht sehr groß gewesen sein, aber mit all diesem Auf und Ab haben wir am Ende bestimmt sechs- oder siebenhundert Höhenmeter zurückgelegt.

Wir sind sehr froh, als wir gegen 2:30 Uhr nachmittags im Lager ankommen und den Rest des Tages frei haben. Wir wären vielleicht sogar früher angekommen, aber unterwegs gab es einen kleinen Zwischenfall mit Mike und Dylan als Hauptdarsteller, für den wir nur zu gerne eine kleine Pause einlegten. Mike hatte seinen Hut an einem Rastplatz auf einer der Bergkuppen vergessen, und Dylan hatte ihn – den Hut, nicht Mike – heimlich in seinen Rucksack gepackt und rieb sich von da an die Hände in stiller Vorfreude. Ganz wie von ihm geplant hielt unsere Kolonne etwa zehn Minuten danach und ein gutes Stück weiter unten abrupt an, weil Mike wegen des fehlenden Hutes ganz außer sich war.

»Habt ihr vielleicht meinen Hut gesehen?«

Er ging herum und fragte jeden von uns einzeln, ob wir den verdammten Hut gesehen hätten. Wir wussten genau, von welchem Hut er sprach – einer dieser lächerlichen Kappen, wie sie die Australier tragen, mit langen Ohren- und Nackenklappen gegen die Sonne – weil wir erst am Vortag herzlich darüber gelacht hatten: Martin, der sich endlich vom Jetlag erholt und seinen trockenen englischen Humor wiedergefunden hatte, hatte sich mit seinem Sandwich zu Mike gesetzt, lange dessen Hut angestarrt, und dann mit ausdrucksloser Miene gesagt: »Na, wie ist es dir in der Fremdenlegion ergangen?«

Alle außer Mike wussten, dass Dylan den Hut hatte, aber keiner wollte den Spaß verderben. Wir versuchten alle, unschuldige Gesichter zu machen.

»Welchen Hut?«, fragte ich.

»Kannst du ihn genauer beschreiben?«, sagte Sharon hilfsbereit.

»Ach, meinst du so einen Hut, wie sie ihn bei der Fremdenlegion tragen?«, warf Dudley ein.

Anscheinend war der Hut ihm sehr wichtig, denn ganz wider Erwarten entschloss sich Mike zur Umkehr, um nach ihm zu suchen. Das klingt jetzt vielleicht logisch, aber wer schon mal auf dem Kili war, der weiß genau, dass man nicht leichtfertig wieder irgendwo hinaufsteigt, wovon man gerade heruntergekommen ist. In unserer Gruppe hatten wir mindestens fünf überzählige Ersatzhüte, von denen er einen hätte ausleihen können, und dennoch trieb ihn eine ganz besondere Vorliebe für gerade diese Kopfbedeckung dazu an, den Berg wieder hinaufzurennen. Ich übertreibe nicht – er ist wirklich gerannt. Er rannte »halb den Scheißberg hoch«, wie er es hinterher beschrieb. Dylan ließ sich richtig schön Zeit und wartete und wartete, bis Mike fast außer Sichtweite über den Bergkamm verschwunden war, bevor er den Hut hervorholte, ihn hoch über seinem Kopf schwenkte und seinen armen Vater zurückrief.

Ich rechne Mike hoch an, dass er von uns allen am meisten über diesen Witz gelacht hat. Ich glaube kaum, dass andere Väter mit gleichem Wohlwollen solche Streiche ihrer Kinder wegstecken. Für Mike sind Abenteuer und Unterhaltung das wichtigste im Leben, und wahrscheinlich malte er sich beim Hochsteigen schon in allen Farben die Geschichte aus, die er zukünftig im Freundeskreis bei Wein und Biltong wiedererzählen würde, und allein der Gedanke daran stimmte ihn fröhlich.

Der freie Nachmittag ist für uns eine willkommene Abwechslung. Jeder geht seinen eigenen Besorgungen nach. Manche fotografieren, manche gehen spazieren, und manche machen einen Mittagsschlaf. Da ich aber nicht meinen Schlaf für die Nacht verderben will und auch keine Lust darauf habe, auch nur einen Schritt weiter zu gehen, lasse ich mich auf einem glattgeschliffenen Felsen nieder. Von dort habe ich einen herrlichen Blick auf das Wolkenmeer unter uns, und ich hole mein Tagebuch hervor und fange an zu schreiben. Es ist wahrscheinlich die letzte Gelegenheit, die ich diese Woche für ein paar ungestörte Stunden im Sonnenschein haben werde. Es ist schade, dass Kili-Wanderungen in einen derart engen Zeitplan gedrängt sind. Wenn Geld keine Rolle spielte, würde ich nichts lieber tun als ein paar Tage hierbleiben, die Aussicht genießen, und nach Herzenslust nachdenken und schreiben.

Als das Abendessen angekündigt wird, ärgere ich mich ein bisschen, dass es schon wieder Zeit zum Essen ist. Ich würde lieber noch länger diesen einsamen Moment auf mich einwirken lassen. Dieses Gefühl erinnert mich in gewisser Weise an meine Kindheit. Ich bin nicht in einer Familie aufgewachsen, in der Essen eine große Rolle gespielt hat. Meine Mutter wurde einmal von ihrer Schwiegermutter – meiner Großmutter, einer leidenschaftlichen und hervorragenden Köchin – dabei belauscht, wie sie, meine Mutter äußerte, dass sie liebend gerne Tabletten an die Familie austeilen würde anstatt zu kochen, wenn es tatsächlich solch eine Art Essensersatztablette gäbe. Wie zu erwarten, verursachten solche fast gotteslästerlichen Aussprüche große Aufregung und kränkten meine Großmutter in solchem Maß, dass sich die Beziehung zwischen diesen zwei gleichermaßen willensstarken Frauen nie wieder ganz erholte. Vielleicht liegt es an dieser unzulänglichen Häuslichkeit meiner Mutter – meine zwei Brüder und ich waren es gewöhnt, dass sie aus ihrer Kinderarztpraxis im Erdgeschoss des Hauses nach oben eilte und innerhalb weniger Minuten ein Mittagessen aus irgendwelchen Zutaten zusammenkratzte, wenn wir aus der Schule nach Hause kamen, und in späteren Jahren übernahm fast ausschließlich mein Vater das Kochen – dass mir Mahlzeiten nie besonders wichtig waren, und dass ich oft lieber bis zur Dunkelheit draußen spielte, als zum Essen heimzukommen. Essen kam mir meistens wie eine lästige Pflicht vor.

Was würde ich heute nicht darum geben, wenn jemand alles vorbereiten und kochen und mich dann einfach zum Essen rufen würde! Essen, so habe ich feststellen müssen, ist nämlich längst nicht so eine lästige Pflicht wie kochen.

Während ich meinen Erinnerungen nachhänge und Notizen über die Ereignisse des Tages mache, verschwindet die Sonne vollends, und der Berg fängt an, wie jeden Abend wieder zu gefrieren. Auf einmal ist es nicht mehr gemütlich auf meinem Felsen, und ich gehe freudigen Schrittes Richtung Essenszelt. Zwischen mir und dem warmen Schlafsack steht nur das Abendessen.

Und die Gutenachtgeschichte.

Seit ein paar Tagen erzählt Goddy uns jeden Abend eine Geschichte. Manchmal, wenn wir uns tagsüber mit ihm unterhalten, erinnert er sich an Erlebnisse bei früheren Wanderungen und verspricht, uns abends beim Essen davon zu erzählen.

So hören wir heute Abend die Geschichte von »Big Mama Angela«.

»Big Mama Angela zum Gipfel zu kriegen hat mich fast umgebracht…«, beginnt er. Sie begleitete vor einigen Jahren eine Gruppe amerikanischer Studenten, und Goddy war der Bergführer dieser Gruppe. Wie der Name andeutet, hatte Angela einen nicht gerade geringen Körperumfang. Aber sie war genauso dickköpfig wie übergewichtig und nicht von ihrem Vorhaben abzubringen, es absolut bis zum Gipfel zu schaffen.

Während der Gipfelnacht ließ Goddy alle anderen vorausgehen und bildete mit Big Mama Angela die Nachhut. Unglaublich langsam stöhnte und ächzte sie den Berg hinauf, und alle zehn Schritte blieb sie erschöpft stehen, um nach Luft zu schnappen.

»Für sie war das schön und gut«, sagt Goddy, »sie war so dick, dass sie überhaupt nicht fror. Aber ich schlotterte vor Kälte!«

Während einer dieser Pausen schlug er vor, dass sie vielleicht lieber umdrehen sollten. Aber sie wollte davon nichts hören.

»Hör mir gut zu«, sagte sie zu ihm. »Ich bin hierhergekommen, um eines von zwei Dingen zu tun: Ich schaffe es entweder bis zum Gipfel, oder ich werde auf diesem Berg sterben.«

Goddy, der natürlich inbrünstig hoffte, dass sie nicht unter seiner Aufsicht sterben würde, hatte keine andere Wahl, als jeden qualvollen Schritt an ihrer Seite zu bleiben. Die Sonne ging auf, und sie waren noch weit vom Gipfel entfernt, und wenig später kamen ihnen alle anderen Mitglieder der Gruppe entgegen, die sich frisch beschwingt von ihrem Erfolg beim Gipfelsturm schon längst wieder auf dem Abstieg befanden. Weiter und weiter kletterten Goddy und Big Mama Angela, mehr *pole pole* als Goddy jemals gegangen war oder je wieder gehen würde. Hin und wieder musste er sie schieben - leichter gesagt als getan - und einmal schlug er kopfüber auf dem Geröll auf, als sie ausrutschte und ihn hinter sich herzog. Er zeigt uns die Narbe an seinem Arm, falls wir es ihm nicht glauben sollten. Das muss ein Anblick gewesen sein, wie die beiden damals im Schneckentempo dem Gipfel zustrebten und dabei stumm mit sich kämpften - Big Mama Angela wegen ihrer Erschöpfung, und Goddy wegen der ungewohnten Situation, dass auf einmal jemand anderes das Kommando führte.

Sie erreichten tatsächlich am selben Tag noch den Gipfel, irgendwann nach sechs Uhr abends, als die Sonne schon wieder untergegangen war, fast 20 Stunden nach ihrem Aufbruch. Es muss ein ganz neuer Rekord gewesen sein, den sie da aufgestellt haben, in einer Kategorie ganz besonderer Art und bis heute sicher ungebrochen. Und es war, sagt Goddy, das Schwierigste, was er jemals in seinem Leben getan hat.

Unsere eigene Gipfelnacht rückt immer näher, und ich weiß nicht, ob ich mich von dieser Geschichte trösten oder in Schrecken versetzen lassen soll.

Ankunft bei der Karanga-Hütte

Fünfter Tag: Lala Salama

Von der Karanga-Hütte zum Barafu Camp, Donnerstag, 6. September 2012
Entfernung 4 km, 3-4 Stunden
Höhenunterschied 460 m, Anstieg von 4.200 m auf 4.660 m

Wir wachen auf, schlagen unsere Zeltverschlüsse hoch, und staunen: Dieser Morgen ist noch schöner als alle anderen, wenn das überhaupt möglich ist. Direkt vor uns ragt der Kibo in den tiefblauen, wolkenlosen Himmel. So kristallklar haben wir ihn überhaupt noch nicht gesehen. Das weiche Morgenlicht strahlt seine vereiste Kuppe rosa an, und sie leuchtet förmlich. Mit unseren grau-orange gestreiften Zelten im Vordergrund macht das ein eindrucksvolles Bild. Zum ersten Mal scheinen wir den Gipfel in unserer Reichweite zu haben.

Von Karanga bis Barafu ist es eine recht gemütliche Wanderung. Wie schon erwähnt wäre bei einer Sechstagestour der Abschnitt von Barranco bis Barafu ein sehr langer Tagesmarsch, bei dem es unabdingbar ist, dass man früh genug aufsteht, um den Stau an der Barranco-Wand zu vermeiden und es vor Sonnenuntergang bis zum Lager zu schaffen. Wenn man aber wie wir den zusätzlichen siebten Tag zur Verfügung hat, hat man keinerlei Eile. Also lassen wir uns beim Frühstück Zeit - es gibt immer noch Eier! - und erledigen in aller Ruhe die mittlerweile wie am Schnürchen ablaufende Packroutine, bevor wir unseren Tagesmarsch beginnen und erneut den Berg hinaufsteigen - im Gänsemarsch mit Goddy an der Spitze.

Als wir aufgewacht waren, lag ein Hauch Frost auf dem Boden, und es kostete uns einige Überwindung, uns aus den kuscheligen Schlafsäcken herauszuschälen. Deswegen fühlt sich jetzt die warme Sonne auf unseren Rücken himmlisch an. Der Hang ist nicht sehr steil, und dennoch haben unsere Bergführer das Tempo nochmal deutlich verlangsamt. Sie gehen bei dieser Höhenlage kein Risiko ein. Im Schneckentempo bewegen wir uns vorwärts, und so habe ich Zeit, mich umzuschauen. Ich sehe, dass wir nicht alleine sind. Andere Gruppen schlängeln sich genau wie wir den Berg hinauf, ein Wanderer hinter dem anderen, mit jeweils kleinen Lücken dort, wo eine Gruppe aufhört und die nächste anfängt. Obwohl wir uns schon oberhalb von 4.000 m über dem Meeresspiegel befinden, gibt es hier noch Anzeichen der Vegetation. Kleine Grasbüschel und sogar ein paar vereinzelte Blumen schauen hier und da zwischen den Felsbrocken hervor, die in allen möglichen Größen auf dem Abhang verstreut herumliegen. Immer häufiger tauchen kleine Steinpyramiden auf, die mich an die Hoodoos aus dem Bryce Canyon erinnern, nur dass diese hier von Menschenhand stammen - sorgfältig zu Türmen gestapelte flache Steine, mit denen Bergsteiger vor uns ihre Passage markiert haben.

Wir kommen gut voran. Fast zu gut, habe ich das Gefühl. Goddy hat drei Stunden eingeplant, um von 4.200 m bis auf 4.600 m zu gelangen, womit wir wieder auf der gleichen Höhe wie Lava Tower wären. Das klingt wie ein gemächlicher Spaziergang, aber mittlerweile haben wir gelernt, dass nichts auf dem Kili ein gemächlicher Spaziergang ist. Selbst der kurze Weg nachts zum Klozelt raubt einem den letzten Atem, und genau dorthin muss man ja hier oben immer häufiger. Wieder einmal bin ich heilfroh, dass wir (oder vielmehr der Toilettenträger) es mitgebracht haben. Auf den Vorschlag einer der Männer hin - ich glaube, es war Martin - haben wir das Zeltdach abgebaut. (»Lasst uns das Dach vom Scheißhaus abnehmen, um die erstickenden Dünste zu mildern«, war der genaue Wortlaut; wir verwenden vielleicht nicht die feinsten Worte hier oben, aber das heißt nicht, dass die Ausdrucksweise nicht trotzdem gewählt sein kann.) Das Klozelt, jetzt ohne Oberteil, sieht lächerlich aus, besonders wenn bei den größeren unter uns der Kopf oben herauslugt. Vom Hals nach unten ist der Rest zwar Gott sei Dank vor neugierigen Blicken geschützt, nicht aber vor unserer lebhaften Phantasie. Trotzdem ist das ganze Arrangement bei Weitem besser als die Alternative - die berüchtigten Kilimandscharo-Plumpsklos. Solche, bei denen man sich drüber hocken muss. Nach fast einer Woche auf dem Berg kann ich bestätigen, dass man absolut nicht mehr fähig ist, in der Hocke zu sitzen, wenn man sich gerade schnaufend und keuchend mit dem allerletzten bisschen Puste in den Lungen zur Toilette geschleppt hat. Man braucht etwas Solides, worauf man sich setzen kann. Allerdings kann man darüber streiten, wie man am besten »solide« definiert. Je höher wir auf den Berg steigen, desto abschüssiger ist der Untergrund an unseren Lagerplätzen, und deswegen sitzt man immer häufiger mit so großer Neigung auf dem Eimer, dass man meint, jeden Moment müsse man umkippen und mit allem Drum und Dran und in grünen Zeltstoff gewickelt den Berg hinunterkullern. Schön wäre das nicht.

Heute Morgen, als wir nach dem Frühstück noch etwas Zeit hatten und mir beim Warten kalt wurde, beschloss ich, endlich einmal die berüchtigten Plumpsklos zu erkunden. Vielleicht würde mich ja die feste Konstruktion der permanenten Toilettenanlagen überzeugen und mir mehr Vertrauen einflößen als unser wackeliger Eimer. Als ich dort ankam, war ich überrascht: Es gab zwei Toilettenhütten, direkt nebeneinander und säuberlich beschildert. Eine war die »Porters Toilet« für die Träger, so stand es in großen gelben Buchstaben über dem einen Eingang geschrieben, und die andere war für die Touristen.

Toilettenapartheid! So taufte ich das sogleich, denn wir kommen aus Südafrika, und dort liegen getrennte Toiletten für schwarz und weiß noch nicht so weit in der Vergangenheit. Aber eins kann ich bezeugen: Beide Hütten rochen genau gleich. Sie rochen schrecklich. Sie stanken zum Himmel. Ganz gleichberechtigt stanken sie! Und sie sahen noch schlimmer aus als sie rochen – wie ich herausfand, als ich vorsichtig nähertrat. Mit angehaltenem Atem knipste ich ein paar Fotos für die Nachwelt, drehte um und eilte von dannen, so schnell mich meine Beine trugen.

Ich möchte hier erwähnen, dass bei einer Kilimandscharo-Besteigung die tägliche Körperpflege sehr vereinfacht ausfällt. Man begnügt sich dabei nur zu gerne mit dem absoluten Minimalaufwand: ab und zu die Zähne putzen, einmal am Tag Gesicht und Hände waschen, und die verbleibenden Feuchttücher für die notdürftigsten Anwendungen einteilen. Erfreulicherweise kann man sich tatsächlich im Schlafsack mit einem einzigen Feuchttuch waschen.

Meine Erkenntnis: Entgegen aller Erwartung finde ich diesen Aspekt unseres Abenteuers besonders angenehm. Heute Morgen habe ich überrascht festgestellt, dass ich schon seit fünf Tagen nicht mehr in den Spiegel geschaut habe. Ich habe schon immer besonders gut Anweisungen befolgen können, und da der Posten *(1) Taschenspiegel* nicht auf meiner Packliste stand, habe ich auch keinen mitgebracht. Und ich vermisse ihn kein bisschen. Wenn überhaupt, fühlt man sich ohne Spiegel eher besser. Weiß jemand, wie oft wir Menschen an einem durchschnittlichen Tag in den Spiegel starren? Und wie oft wir uns an irgendetwas stören, was wir dort erblicken? Ich mache mir sowieso nicht viel aus Haarpflege und Makeup. Jeder Tag hat nur eine begrenzte Anzahl an Stunden, und ich verbringe sie lieber anderweitig als mit der Schönheitspflege. Wenn wir bei uns zu Hause Besucher aus dem Ausland haben, sind sie immer verblüfft darüber, dass ich ihnen keinen Fön anbieten kann. Ich besitze einfach keinen. Meine Töchter sind wahrscheinlich lebenslang geschädigt, weil ich außer einem einfachen Pferdeschwanz nichts mit ihren Haaren zustande bringe. Vor einiger Zeit sollte eine der beiden für irgendeinen Lesewettbewerb verkleidet als eine historische Figur aus den Pionierzeiten in die Schule gehen, und sie bat mich inbrünstig, ihre Haare in zwei Zöpfe zu flechten und sie über den Ohren in solche altmodischen Schnecken aufzurollen, wie man sie mit dieser Zeitperiode assoziiert. Wie soll das gehen, würde ich gerne wissen? Ich kann nur sagen, dass es an jenem Morgen viele ausgerissene Haare und eine durchs Zimmer geschmissene Bürste gab.

Aber ich schweife ab. Ich will eigentlich nur sagen, dass selbst Leute wie ich, die im Alltag ihrem Aussehen mit nur minimalem Aufwand auf die Sprünge helfen, trotzdem von Spiegeln besessen sind. Man weiß gar nicht, dass man ohne sie glücklicher ist. Es ist merkwürdig, aber irgendwie gewinnt man eine neue Art Selbstrespekt, wenn man nicht dauernd von der einen Person kritisiert wird, die jeden Tag am meisten an einem herumnörgelt: von sich selbst. Es ist, als ob man sich in einem anderen Licht sieht, sobald man nicht mehr ständig sein Spiegelbild anschauen muss. Vielleicht liegt das daran, dass man überhaupt nicht mehr so viel über seine eigene Person nachdenkt, wenn man sie weniger häufig zu Gesicht bekommt.

Ich sollte aber auch erwähnen, dass ich auf eine Routine nicht verzichten kann: das Bürsten meiner Haare. Ich bin schon fast besessen davon, jeden Morgen und Abend meine Haare ausführlich zu bürsten, bevor ich sie wieder unter meiner Wollmütze verstecke. (Von meiner Wollmütze bin ich übrigens auch ganz besessen: Es dauert nicht mehr lange, bis ich mich mit ihr unterhalten werde, so wie Tom Hanks es mit »Wilson« dem Volleyball in *Castaway – Gestrandet auf einer einsamen Insel* tut. Unser Berg gleicht zwar eher einem Ameisenhaufen als einer einsamen Insel, aber meine Mütze und ich, wir sind unzertrennlich geworden.) Wenn ich meine Haare schon nicht waschen kann, dann müssen sie wenigstens gebürstet werden. Das führt regelmäßig zu großen Haarbüscheln in meiner Bürste, die ich daraufhin entsorgen muss, indem ich sie tief in unsere gemeinschaftlichen Müllbeutel stopfe, damit sie ja nicht einem anderen Wanderer ins Gesicht fliegen. Ich weiß nicht, wie es andere Frauen hier auf dem Kili mit ihren Haaren machen, aber ich kann allen weiblichen Lesern nur raten – sofern sie eine eigene Kili-Expedition planen – eine ordentliche Bürste mitzunehmen.

Um diese Jahreszeit ist auf dem Berg eine Menge los. Das wusste ich vorher. Aber erst jetzt weiß ich, was das wirklich bedeutet. Inzwischen sind vier der sechs Routen aufeinandergetroffen, und das macht sich bemerkbar. Überall sind Menschen, und überall hinterlassen sie ihre Spuren. Weggeworfene Bonbon-Papiere, Handwärmer, Plastikflaschen: Die Wegränder sind von Müll übersät und bilden hässliche Mahnmale der vorüberziehenden Massen. Und dennoch gibt es immer wieder die Steintürmchen von Menschenhand, windschief und doch wunderschön, man könnte sich verlieren bei dem Gedanken an die Symbolik dahinter, an alles, was uns Menschen vereint. Kunst und Abfall, direkt nebeneinander. Vielleicht stellt dieser Berg ja eine Miniatur der ganzen Welt mit all ihren Wundern und Fehlern dar, und je weiter wir nach oben kommen und je mehr sich der Raum um uns herum verengt, desto näher muss sich alles Gute und Schlechte – und oftmals auch einfach Unerklärliche – aneinanderdrängen.

Ich habe nie verstanden, warum es auf den Wanderwegen der Welt so viel Müll gibt. *Du bringst es mit und du nimmst es auch wieder nach Hause zurück,* bläute es unsere Mutter mir und meinen Brüdern von Kindesbeinen an ein. Ich bin mir ziemlich sicher, dass ich in meinen Leben noch nie auch nur ein winziges Fitzelchen Material in der Natur hinterlassen habe, das dort nicht hingehört. (Nun gut, klagt mich der Heuchelei an dafür, dass ich hier nur zu gerne mein Ihr-wisst-schon-was hinterlasse oder zumindest nicht so genau nachfrage, wie es entsorgt wird.) Aber warum müssen die Leute ihren Abfall auf den Weg werfen? Schließlich haben sie doch so raffinierte Jacken mit mindestens 25 mit Reißverschlüssen versehenen Taschen, in denen man wunderbar zeitweise ein paar leere Gummibärchentüten verstauen kann, bis man zum Lager kommt und sie dort in den Müllsäcken entsorgen kann, die wiederum von den Trägern eingesammelt und den Berg hinuntertransportiert werden.

Man kann sich vorstellen, dass die Abfallentsorgung auf dem Kilimandscharo ein Problem darstellt. Es ist noch nicht mal so schlimm, wie es sein könnte, denn jeder kann nur eine begrenzte Ladung auf seinem Rücken tragen, sodass pures Eigeninteresse das Mitbringen von unnötigem Verpackungsmaterial im Zaum hält. Wie ich gelesen habe, schneidet der Kilimandscharo in Sachen Müll sogar besser ab als andere beliebte Wanderziele. Und man könnte argumentieren, dass ein paar Kaugummifolien mehr oder weniger auch keinen Unterschied machen. Aber dennoch ist das, was hier an Abfall auf diesen Hängen hinterlassen wird, eine gewaltige Menge. Weit über hundert Tonnen jährlich sollen es sein. Ich habe auch gelesen, es sei heute schon viel besser als früher, zumindest prozentual. Das tansanische Parkmanagement hat »Trekking-Out«-Systeme eingeführt, also Abfallentsorgung zu Fuß, bei denen jeder Reiseveranstalter eine Belohnung für allen Abfall bekommt, den seine Crew vom Berg entfernt und bei den hierfür eingerichteten Sammelstellen abliefert. Anscheinend gibt es an allen Hütten und Lagerplätzen Wiegestationen (die mir bisher nicht aufgefallen sind, aber ich habe auch nicht danach geschaut), an denen die Bergführer jeden Tag den Abfall ihrer Gruppe wiegen lassen müssen, damit vielleicht nicht jemand auf die Idee kommt, ihn vorzeitig irgendwo auszukippen. Tatsächlich klingt das wie ein gutes Programm, und dennoch könnte man sicherlich noch mehr zur Reinhaltung des Berges tun – es müsste nur jeder seinen kleinen Teil dazu beitragen.

Die Ironie dabei: Gerade der Schnee auf dem Kilimandscharo, den wir hier gerne sehen wollen, ist vom Klimawandel bedroht - von demselben Klimawandel, den wir damit beschleunigen, dass wir nur allzu gerne allerlei Gegenstände wegwerfen, um Platz für neue, bessere, und glänzendere Gegenstände zu machen. Man sollte denken, dass die meisten Kili-Wanderer aufgrund der schwindenden Schneedecke zumindest ein bisschen umweltbewusster sind, aber all die Bonbon-Papiere hier oben geben mir keinen Anlass zur Hoffnung.

Ich gebe zu, dass ich bis vor kurzem über das Abfallproblem auf Bergen nie nachgedacht habe. Aber seit ich mehr darüber nachlese bin ich fasziniert davon. Es gibt seit 2008 eine Art Pilgerreise, *Eco Everest Expedition*, bei der jedes Jahr eine Gruppe erfahrener Bergsteiger auf den Mount Everest steigt, um allen Abfall entlang den Wegen vom Basislager bis ganz hin zum Gipfel einzusammeln und zu entsorgen. Dieser Abfall besteht aus leeren Sauerstoffflaschen, Zelten, Konservendosen - manche davon jahrzehntealt - und allem anderen, was eben von Wanderern typischerweise zurückgelassen wird. Man kann es den Bergsteigern vielleicht noch nicht mal verübeln, denn auf solch einem tückischen Berg wie dem Mount Everest müssen sie ihre Kräfte schonen, wo es nur geht, und Abfall zu transportieren kostet aus ihrer Sicht nur unnötige Kraft. Bisher hat diese *Eco Everest Expedition* »über 13 Tonnen Müll« eingesammelt, einschließlich »mehrerer Kilo Exkremente und ein paar Leichen«, steht auf der Internetseite *Worldcrunch*.

Pardon - Leichen? Ich musste den Satz gleich dreimal lesen, um sicherzugehen, dass ich das mit den Leichen nicht etwa falsch verstanden hatte. Diese besondere Art menschlichen Abfalls, wenn man es als solchen bezeichnen kann, ist mir nie in den Sinn gekommen, und ich wünschte, ich hätte auch jetzt nicht daran gedacht. Es ist ein geistiges Bild, das man so schnell nicht wieder loswird. Wenigstens hat es in meinem Kopf sofort »mehrere Kilo

Exkremente« verdrängt, bevor *jene* Vorstellung sich dort richtig festsetzen konnte. Ich nehme an, dass *Eco Everest Expedition* hauptsächlich in Höhenlagen tätig ist, in denen alles - inklusive Abfall - tiefgefroren ist. Das mag ein Trost sein, aber es macht das Ganze nicht weniger makaber.

Vielleicht sind Bonbonpapierchen ja das geringste Abfallproblem?

Indem wir uns dem Tagesziel - und dem höchstgelegenen Lager - unseres Aufstiegs nähern, wird die Landschaft immer karger. Wir haben die letzten Büschel Gras und Disteln hinter uns gelassen und gehen nun auf einem Bergrücken entlang, der nach beiden Seiten zu riesigen Lavafeldern abfällt. Zumindest sieht es wie Lava oder auch Asche aus. Das Farbenspektrum hier oben besteht aus einer Palette von gedämpften Braun- und Grautönen, die gut zu den dunklen Wolken passen, die auf einmal heraufgezogen sind.

Mehr als einmal kreuzen sich unsere Pfade mit der Gruppe von Lance, und jedes Mal flötet Monia hocherfreut »Laaaaaaance!« Seine Gruppe kriecht genauso langsam den Berg hoch wie unsere, was mich ein wenig enttäuscht. Ich hätte den nun schon legendären Lance gerne so richtig in Aktion erlebt, wie er in 9 Stunden und 45 Minuten den Berg hinauf stürmt, mit straffen Muskeln, die sich durch das enganliegende Hemd abzeichnen. Oder vielleicht noch lieber ganz *ohne* Hemd und mit nacktem Oberkörper. Das wäre bestimmt ein tolles Bild.

Ich bin mir nicht ganz sicher, warum ich mich auf einmal bei solch verbotenen Lustgefühlen nach halbnackten Männern ertappe - besonders nach Männern, die ich gar nicht kenne. Aber Monia - die wie ich ihren Ehemann zu Hause gelassen hat - scheint ähnlichen Gedanken nachzuhängen. Vielleicht erzeugt der Kilimandscharo-Gipfel ja eine erhöhte Libido bei den Menschen, die ihm zu nahe kommen? Ich weiß, dass es bei den einheimischen

Tschagga-Stämmen Legenden über gewisse Geister gibt, die auf dem Kilimandscharo hausen sollen – viele gutartige, aber auch einige davon bösartig. Die bösen Geister der Legenden sollen darauf aus sein, jeden zu zerstören, der über eine gewisse Höhe hinaus klettert. Soviel ich weiß werden aber in keiner dieser Erzählungen irgendwelche Geister lüsterner Natur erwähnt. Vielleicht liegen meine Gelüste ja nur daran, dass wir auf einmal so viel Zeit für allerlei müßige Gedanken haben – ein Luxus, den wir uns im normalen Alltagsleben kaum erlauben können. Es kann schon sein, dass man unweigerlich bei diesem Thema landet, wenn man endlich einmal uneingeschränkte Zeit zum Nachdenken hat. Oder aber… vielleicht sind lüsterne Gedanken ja einfach eine weitere Nebenwirkung von Diamox!? Überraschen würde mich das kein bisschen. Wie wir bisher beobachtet haben, ist dieses Medikament ja an allerlei merkwürdigen Reaktionen schuld. Falls das allerdings der Fall wäre, und wenn man bedenkt, welche Mengen wir von dem Zeug bereits geschluckt haben, müssten wir alle vor lauter aufgestauter sexueller Fantasie bald platzen!

Die Aussicht, die uns am Barafu-Camp erwartet, als wir gegen Mittag dort eintreffen, ist atemberaubend. Falls man auf dieser Höhe überhaupt noch Atem übrig hat, der einem geraubt werden könnte. Wir sind wieder auf 4.600 Metern angelangt, ungefähr der gleichen Höhe, die wir schon an unserem dritten Tag bei Lava Tower erreicht hatten. Wie ich den Gesprächen zwischen Adrian und Dudley – unseren beiden Wissenschaftlern – entnommen habe, ist damit der Sauerstoffgehalt in der Luft von ursprünglich 21 Prozent bei Meereshöhe auf unter 12 Prozent zurückgegangen. Obwohl ich nicht ganz verstehe, ob das heißt, dass es immer noch die gleiche Menge an Sauerstoff in der Luft gibt und wegen des niedrigeren Luftdrucks mit jedem Atemzug einfach weniger davon in unsere Lungen gelangt, oder ob es bedeutet, dass tatsächlich weniger

Sauerstoffatome in Relation zu den anderen Stoffen in der Luft vorhanden sind. Nicht, dass das wichtig wäre. Man weiß auf jeden Fall, dass etwas nicht ganz stimmt, auch wenn man es nicht genau definieren kann. Und am Gipfel - sollten wir ihn erreichen - wird der Sauerstoffgehalt mit nur 10 Prozent noch tiefer liegen. Das ist eine erheblich dünnere Luft, als sie unsere Körper normalerweise bekommen.

Erschöpft lassen wir uns mehr oder weniger dort fallen, wo wir gerade stehen. Wir haben Zeit, in aller Ruhe erst mal die Aussicht zu genießen, denn zum ersten Mal diese Woche müssen wir auf unser Essenszelt warten. Nicht etwa, weil unsere Träger auf einmal faul geworden sind - sie sind wie immer schon seit Stunden hier - sondern weil der Platz noch besetzt ist, an dem sie unser Zelt aufbauen wollen. Barafu ist nicht gerade ein idealer Lagerplatz, bei weitem nicht. Wenn man den Luxus hätte, sich einen idealen Campingplatz auszusuchen, würde man an diesem vorbeigehen. Der Untergrund ist völlig schräg, da wir uns auf einem Steilhang befinden, und der Boden ist mit Felsbrocken und Geröll übersät. Es ist überhaupt ein Wunder, dass sich hier und da genügend ebenerdiger Untergrund findet, auf dem man ein Zelt aufbauen kann. Oder vielleicht ist es weniger ein Wunder als vielmehr das Ergebnis vieler Stunden knochenharter Schwerstarbeit, mit der vor Jahren irgendwelche Träger flache, einigermaßen ebene, Rechtecke in den Berg gehauen haben. Die Anzahl solcher Zeltplätze ist begrenzt und daher ist es schwierig, für größere Gruppen wie der unseren genügend nebeneinanderliegende Plätze zu finden.

Also müssen wir uns mit einer längeren Wartezeit abfinden, während die Gruppe vor uns ihren Besorgungen nachgeht und deren Träger sich an den Abbau ihres Essenszeltes machen. Diese Gruppe hat letzte Nacht ihren Gipfelvorstoß unternommen und ist erst heute Morgen wieder zurückgekehrt. Vielleicht sogar erst vor wenigen Minuten, wenn man die Erschöpfung in Betracht zieht, die an ihren Gesichtern abzulesen ist. Eine der Frauen hängt völlig leblos in einem Campingstuhl und sieht nicht so aus, als ob sie sich bald wieder aufrappeln könnte, während die zuständigen Bergführer besorgt um sie herumstehen und sich beraten. Aber wir vermeiden geflissentlich jeden Blickkontakt. So kurz vor unserer eigenen Gipfelbesteigung wollen wir uns nicht irgendwelche Horrorgeschichten anhören, und es gibt ja auch nichts, womit wir helfen könnten.

Irgendwann zieht die Gruppe endlich ab, und sobald unsere eigenen Zelte aufgebaut sind, kümmern wir uns um unsere üblichen Nachmittagsgeschäfte. Wir rollen unsere sich selbstaufblasenden Schlafmatten aus - eine praktische Erfindung, die mir jeden Tag immer wieder Freude macht! - und legen unsere Schlafsäcke darauf, wir deponieren alle leeren Wasserflaschen vor unseren Zelten, damit die Träger sie später für uns auffüllen können, und wir räumen alles andere dorthin, wo es nachts hingehört. Ordnung ist hier ratsam, besonders bei drei Gegenständen: bei der Stirnlampe, der Rolle Toilettenpapier und dem Paar Schuhe oder Stiefel. Es gibt nichts Schlimmeres, als wenn man mitten in der Nacht im Dunkeln das ganze Zelt umräumen muss, weil man die Stirnlampe nirgendwo finden kann. Wir haben auch herausgefunden, dass man am besten alles innerhalb des Zeltes aufbewahrt und nicht etwa außerhalb, sonst machen die Raben daraus eine Riesensauerei.

Bisher war ich mit meiner Vorausplanung bezüglich des Packens sehr zufrieden, aber ich bereue allmählich, dass ich nicht ein Paar Crocs mitgenommen habe. Mike hat welche dabei, die er sozusagen als Hausschuhe benutzt, und jedes Mal, wenn ich ihn durchs Lager schlendern sehe, lasse ich meine Augen sehnsüchtig auf ihm beziehungsweise in diesem Fall seinen Schuhen verweilen. Ich habe ein wunderbares Paar zu Hause in meinem Schrank, rosa und innen mit Fell besetzt, und besonders nach diesem zweiten Merkmal sehne ich mich jetzt inbrünstig. Meine allnächtlichen Gänge zum WC-Zelt wären so viel angenehmer, wenn meine Füße dabei in solchem Luxus steckten. Und da es Crocs sind, die ja fast überhaupt nichts wiegen, hätten sie noch gut in meine Reisetasche gepasst, ohne dass ich die Gepäckgrenze überschritten hätte. Stattdessen muss ich im Lager in meinen Wanderstiefeln herumlaufen. Das ist insofern nicht schlimm, als dass sie sehr bequem sind, aber ich hatte mir vorher eines nicht klargemacht: dass ich sie vor jedem Gang sorgfältig würde schnüren müssen, oft im Dunkeln, und dass ich dabei höllisch aufpassen müsste, dass ja nicht an irgendeinem herunterhängenden Schnürsenkel vielleicht aus Versehen - wie soll ich das sagen? - unerwünschte Materie haften bliebe.

Dieselbe Routine, der wir nachmittags beim Einzug ins Zelt folgen, wiederholt sich jeden Morgen in umgekehrter Reihenfolge. Allerdings ist es dann etwas mühsamer. Die sich selbstaufblasende Matte wieder aufzurollen und den Schlafsack wieder in seinen Beutel zu stopfen ist um einiges schwieriger, als einfach alles herausquellen zu lassen. Außerdem darf ich gleich alles zweimal machen, denn Max ist es mal wieder gelungen, so zu tun, als ob er eine solch schwierige Aufgabe absolut nicht selbst bewältigen kann - eine Kunst, die die männlichen Mitglieder meiner Familie perfektioniert haben. Aber ich bin darum nicht böse. Wenigstens sitzt er nicht neben mir und spielt *Angry Birds* auf seinem iPhone, während ich schufte. Er verbringt auch nicht Ewigkeiten in der Privatsphäre der Toilette, denn eine Privatsphäre gibt es hier nicht (»Ist da wer?« ist normalerweise der Ruf, mit dem jegliche Träumereien unterbrochen werden, in die man dort versehentlich hätte versinken können), und er steht auch nicht stundenlang unter der Dusche wie zu Hause, denn die gibt es hier nicht. Ich verbringe diese Woche so viel Zeit gemeinsam mit meinem Sohn, wie ich es nicht mehr getan habe, seit er sich als Dreijähriger an meine Beine geklammert hat. Lange bedeutungsvolle Unterhaltungen haben wir zwar nicht. Unsere »Gespräche« gehen mehr in Richtung von »Zeit zum Aufstehen!« und »Hast du mehr Feuchttücher?« und »Du hättest mehr Snickers mitnehmen sollen!« Dennoch will ich darauf um nichts in der Welt verzichten. Einfach und allein meinen 16-jährigen Sohn hier aus nächster Nähe zu erleben ist ein besonderes Vergnügen.

Als wir alles ausgepackt und verstaut haben, setzen wir uns mit dem Rücken zum Hang in die Nachmittagssonne und lassen den Blick über das Panorama vor uns schweifen. Wir haben zwar diese Woche schon allerlei schöne Aussichten genießen können, aber diese hier ist bisher die spektakulärste. Weit in der Ferne sehen wir Richtung Südwesten den Mount Meru mit seinen 4.565 Metern durch die Wolken herausragen. Zum ersten Mal haben wir das Gefühl, auf ihn *hinunter* zu blicken, und das tun wir ja auch - wenngleich nur ein kleines bisschen - von unseren 4.600 Höhenmetern. Der Gipfel des Kilimandscharo liegt genau hinter uns, Richtung Norden, ist aber von dem Steilhang verdeckt, der direkt am Lagerrand beginnt. Zu unserer Linken können wir den zerklüfteten Mawenzi erkennen, der wie immer dunkel und bedrohlich aussieht. Sein Name bedeutet laut Goddy »zerbrochene Spitze«, eine passende Beschreibung, finde ich. Seine tief gefurchten Grate erinnern an Szenen aus Zeichentrickfilmen, in denen böse Hexen mit ihrem Trupp fliegender Affen hinter genau solchen Bergen hausen.

Und tatsächlich taucht auf einmal eine riesige Gestalt aus dem Schatten des Mawenzi auf und kreist in einem weiten Bogen langsam nach oben. Es ist aber kein Affe, sondern ein großer Adler mit dunklen Flügeln, kupferfarbener Brust, und ein paar einzelnen Federn, die hinter seinem Schnabel nach unten hängen. Es ist ein sogenannter bärtiger Adler (*bearded eagle*), auch Lämmergeier genannt, so wird uns gesagt. Man trifft diese Vögel vorzugsweise genau in solchem Terrain an, wie wir es hier haben: schroffe Felswände und Schluchten im Gebirge. Sie sind am Mount Everest schon bis zu einer Höhe von 7.300 Metern gesichtet worden. In der persischen Mythologie werden Lämmergeier als ein Symbol des Glücks angesehen. Ob dieser hier uns Glück bringen wird für heute Nacht? Egal - allein schon diesen großartigen Vogel so deutlich aus nächster Nähe zu Gesicht zu bekommen, wie er majestätisch über uns durch die Luft gleitet, ist Privileg genug.

Es ist unglaublich friedlich hier oben. Du bist so weit von deinem normalen Leben entfernt, im Körper und auch im Geist. Du schwebst über allem, die Welt liegt dir zu Füßen, und alle Probleme sind von einer dicken Wolkendecke verhüllt. Wenn ich nicht den Gipfel erreichen sollte, dann genügt es mir, den Weg bis hierher zurückgelegt zu haben.

Diese Erkenntnis überrascht mich. Ich bin ein zielorientierter Mensch und hatte bisher für das Gerede, dass der Weg das Ziel sei, nicht allzu viel übrig. Aber jetzt bin ich mit einem Mal sicher, dass ich daran wirklich glaube und mir nicht nur ein abgedroschenes Klischee einrede. Diese letzten fünf Tage haben mein Leben auf eine Weise bereichert, wie ich es vorher nie für möglich gehalten hätte. Die Kameradschaft und das Vertrauen füreinander; sich über kleine Dinge Sorgen zu machen anstatt über große, genau, wie ich mir das vorher vorgestellt hatte; das unbeschwerte Lachen jeden Tag; und ja, die frische Luft: All diese Aspekte unserer Reise werden mir noch lange in Erinnerung bleiben, ungeachtet des Zielortes - da bin ich ganz sicher.

Wir schauen dem Geier noch eine Weile dabei zu, wie er seine Kreise zieht, während Martin ihn mit seiner Kamera ausgiebig fotografiert, aber als die Sonne langsam hinter dem westlichen Bergkamm verschwindet und die Temperatur rapide abfällt, stolpern wir zu unserem Essenszelt und dessen relativer Wärme (richtig warm ist es dort allerdings auch nicht). Wir stolpern tatsächlich. Das Gelände hier oben ist steil, überall müssen wir über sperrige Felsbrocken klettern, und ständig rutschen wir auf dem losen Geröll aus. Das alles ist nicht einfach, wenn man ununterbrochen nach Luft schnappen muss.

Es gibt da ein Rätsel, das schon eine Weile in mir brütet: was es wohl mit den Namen all dieser Bergspitzen und dem Ursprung des Wortes »Kilimandscharo« auf sich hat? Jenen schneebedeckten Gipfel, auf den wir seit dem Abend des ersten Tages – als wir zum ersten Mal aus den Wolken auftauchten – unsere Augen gerichtet halten, und den Hans Meyer einst als erster bezwungen hat, nennt man Kibo, was in der Tschagga-Sprache »Schnee« bedeutet. Dann gibt es den eben erwähnten Mawenzi, den niemand wirklich jemals besteigt, vielleicht, weil er niedriger und daher weniger rekordträchtig ist, aber auch, weil seine Besteigung extrem schwierig ist. Man hat ihn die längste Zeit völlig ignoriert, während alle um die Erstbesteigung des Kibo wetteiferten. Erst 1912 – fast ein Vierteljahrhundert nach der Bezwingung des Kibo durch Hans Meyer – stand jemand zum ersten Mal auf dem Mawenzi-Gipfel, und wieder einmal waren das Deutsche: Eduard Oehler und Fritz Klute. Ironischerweise tauften sie gerade diesen Gipfel, den Hans Meyer *nicht* erklomm, Hans-Meyer-Spitze.

Fast genau einhundert Jahre sind seitdem vergangen. Wir besteigen den Kilimandscharo, aber genauer gesagt besteigen wir den Kibo. Falls wir es tatsächlich schaffen, werden wir auf dem Uhuru Peak stehen. Der Uhuru Peak hatte einstmals den hochtrabenden Namen »Kaiser-Wilhelm-Spitze«, auf den Hans Meyer ihn zu Ehren des deutschen Kaisers taufte. Zu meiner Überraschung blieb dem Gipfel dieser Name bis 1964 erhalten, als er im Zuge der tansanischen Unabhängigkeitserklärung auf Uhuru umbenannt wurde (Uhuru ist Suaheli für »Freiheit«).

Warum dieser Berg so viele Namen haben muss, weiß ich nicht. Damit wir ein weiteres Unterhaltungsthema haben? Was das Wort Kilimandscharo anbelangt, so findet man weder auf Google noch Wikipedia eine zufriedenstellende Antwort, also werde ich mich danach richten, was Goddy uns erzählt. Wir haben ihm diese Woche nichts weniger als unser Leben anvertraut, also können wir ihm sicher auch in allen anderen Dingen vertrauen. Goddy sagt, auf Suaheli bedeutet Kilimandscharo »Leuchtender Hügel« – von *kilima* für »Hügel« und *ndscharo* für »leuchtend« oder »weiß«.

Damit wäre das geklärt. Es ist ein wunderbarer Name, *Leuchtender Hügel*, ein Name, wie ihn dieser herrliche Berg verdient, auch wenn die etymologische Herkunft vielleicht nicht ganz korrekt ist. Und auch wenn »Hügel« mehr als eine kleine Untertreibung darstellt.

Da wir schon beim Thema Sprache sind: Wir zehn Expeditionsteilnehmer mögen zwar mit einem einzigen Ziel hierhergekommen sein, nämlich dem, den Gipfel dieses Berges zu erreichen, aber Goddy verfolgt ein zweites Ziel mit fast noch größerer Hartnäckigkeit: Er will uns so viel Suaheli beibringen, wie er nur kann. Dabei ist es ihm egal, ob die Satzstücke, die er uns lehrt, irgendeinen Sinn machen. Unermüdlich wiederholt er sie tagein, tagaus und fragt uns vor dem Schlafengehen wie ein Lehrer ab. Einer seiner Lieblingsausdrücke ist *Poa kitschisi komandisi nana fridschi* (ich entschuldige mich hiermit für meine phonetische und sicherlich fehlerhafte Rechtschreibung). Ich habe vergessen, was es heißt – irgendetwas über eine kühle Brise und eine Banane im Kühlschrank. Versteht ihr nun, was ich meine? Aber weil es sonst nicht viel gibt, womit wir uns die Zeit vertreiben können, und weil wir nur zu gerne neue Themen aufgreifen, die uns von unserer Fixierung auf die üblichen Themen ablenken, machen wir ihm die Freude und sagen Dinge wie *asante sana* (danke), *karibu sana kaka yangu* (gern geschehen, mein Bruder), *lala salama* (Gute Nacht), und etwas, das wie *kaschu asebui* klingt und das wir uns nie merken können. Und natürlich, da wir ja in Tansania sind, jede Menge *Hakuna Matatas*.

Ich stelle fest, dass ich Suaheli liebe. Es ist eine sehr reizvolle Sprache, und sie klingt besonders melodisch, wenn Goddy mit den anderen Bergführern ein Lied für uns anstimmt. Wir werden fast jeden Abend mit einem Schlaflied verwöhnt, einer Routine, die wir allesamt zu schätzen gelernt haben, denn sie bildet eine sentimentale und passende Einstimmung auf unsere wohlverdiente Nachtruhe. Jedes Mal stellen sich dabei Goddy, Hillary und die anderen Guides Naiman, Monday und Peter im Essenszelt vor uns auf und geben ein A-cappella-Konzert.

Das Lied heute Abend hat ein biblisches Thema wie die meisten von Goddys Liedern, aber diesmal fügt er frei Verse hinzu, die ihm in den Kopf kommen. Eine Strophe verspottet eindeutig unsere südafrikanische Snack-Besessenheit. Alle fünf singen und tanzen und mimen mit ihren Händen, wie sie sich die Münder voller Essen stopfen, und sie fallen dabei fast um vor Lachen über ihren eigenen Witz. Am Ende verabschieden sie sich mit vielen *Lala Salamas* und ziehen sich in das »Nebenzimmer« zurück.

Ich habe das Gefühl, in einer Welt fernab jeglicher Gipfel wäre Goddy ein ausgezeichneter Psychologe. Oder auch Therapeut, Mentor, Life Coach... Er weiß immer genau, was wir gerade hören müssen, und was man besser unerwähnt lässt. Anstatt uns einen langen Vortrag über die bevorstehende Gipfelwanderung zu halten und uns damit eine Todesangst einzujagen, setzt er dagegen auf ein unterhaltsames Abendprogramm zur Entspannung.

Unsere Suaheli-Lektionen sind gerade dann nützlich, wenn wir nachts im Zelt liegen und nicht schlafen können. Und das ist eigentlich jede Nacht der Fall, denn Schlaflosigkeit ist bei einer Kilimandscharo-Wanderung dein ständiger Begleiter, zusammen mit Erdnüssen und Unterhaltungen über Toiletten.

Du kannst nicht einschlafen, egal, welchen Schlafsack du dabei hast. Aber trotzdem ist es angenehm, einen guten zu besitzen. Es ist *eine* Sache, wach dazuliegen und nichts zu tun zu haben, aber wenn du das schon erleiden musst, so willst du dich wenigsten kuschelig warm dabei fühlen. Du willst nicht in zehn Schichten Kleidung gezwängt wie eine Mumie daliegen und trotzdem mit den Zähnen klappern. Ich bin froh, dass ich für Max und mich hochwertige Schlafsäcke von First Ascent besorgt habe, auch wenn sie teuer waren. Sie haben ein Temperatur-Rating von minus acht Grad Celsius, und wir haben das noch weiter verbessert, indem wir zusätzlich Innenschlafsäcke benützen. Bisher haben wir in unseren doppelten Schlafsackschichten noch kein einziges Mal frieren müssen.

Im Gegensatz dazu hat mir Monia erzählt, dass sie seit der zweiten Nacht in ihrem Schlafsack erbärmlich friert. Sie benutzt ein älteres Modell, das noch von ihrer ersten Kilimandscharo-Besteigung stammt und nur mit Enten- anstatt Gänsedaunen gefüllt ist, und sie bereut es sehr, sich nicht einen neuen gekauft zu haben. Jeden Abend zieht sie sich alle ihre warmen Kleider über, bevor sie in den Schlafsack kriecht, und dennoch kann sie nicht warm werden. Ihr Schlafsack hat wohl auch keine Kapuze, und gemäß den Experten ist gerade die Kapuze besonders wichtig, damit die warme Luft nicht entweicht.

Übrigens sollte man sich beim Kauf eines Schlafsackes nicht einfach auf dessen Temperatur-Rating verlassen und annehmen, es garantiere die perfekte Klimakontrolle. Die Einstufung von Schlafsäcken ist eher eine Richtlinie, die die tiefste Temperatur angibt, bei der man in einer bestimmten Ausführung überleben kann. Als Expertin in puncto gespürter Kälte möchte ich darauf hinweisen, dass »überleben« sehr weit davon entfernt ist, sich auch wohl zu fühlen.

Außerdem können Max und ich froh darüber sein (abgesehen davon, dass wir dabei auch noch Geld gespart haben), dass wir unser Zelt miteinander teilen. Je mehr Leute sich in einem Zelt tummeln, desto mehr Körperwärme staut sich darin auf. Vielleicht hätte sich Monia am ersten Abend doch nicht so sehr zieren sollen, mit Martin in ein gemeinsames Zelt zu ziehen! Wenn Klaus mitgekommen wäre, hätte ich sogar meinen und seinen Schlafsack miteinander verbunden, denn das ist die wärmste Art zu schlafen. Max hätte dem natürlich niemals zugestimmt – ich hatte es daher wohlweislich auch gar nicht vorgeschlagen – aber mit einem Auge auf zukünftige Familienurlaube unter Teilnahme von Klaus habe ich dennoch darauf geachtet, die richtigen Schlafsackhälften zu kaufen: einen »rechten« und einen »linken« Schlafsack, die man beide mit passenden Reißverschlüssen miteinander verbinden kann. Es wäre ja eine kleinere Tragödie, wenn man sich bei einem Campingurlaub als Ehepaar abends darauf freute, gemeinsam in den Sack zu hüpfen, um das mal so salopp zu sagen, und dann diesen Plan durch inkompatible Reißverschlüsse vereitelt zu sehen.

Bei diesem Gedankengang kommt mir auf einmal, dass es in einem gemeinsamen Schlafsack noch ganz andere Möglichkeiten außer Sprachübungen auf Suaheli gäbe, mit denen man die Schlaflosigkeit überbrücken könnte. Da habe ich ja jetzt ein prächtiges neues Thema und kann meinen wildesten Fantasien – wie zum Beispiel über Lance, den Bergsteiger – freien Lauf lassen, während ich den Zeltstoff über mir anstarre.

Lala salama!

Sechster Tag: Das Dach Afrikas

Vom Barafu Camp zum Uhuru Peak, sehr früh am Freitag, 7. September 2012
Entfernung 5-6 km, 7-8 Stunden
Höhenunterschied 1.235 m, Anstieg von 4.660 m auf 5.895 m und dann wieder zurück auf 4.660 m

Ich kann nicht schlafen und werfe gelegentlich einen Blick auf die Uhr, aber die Zeit schleicht nur so dahin. Ich wünsche mir sehnlichst, die Gipfelnacht würde endlich beginnen, aber das tut sie erst kurz vor Mitternacht (genau genommen beginnt der sechste Tag nämlich am späten Abend des fünften Tages), und bis dahin sind es noch ein paar Stunden. Wir wurden früh ins Bett geschickt, damit wir in dieser kurzen Nacht genügend Schlaf bekommen, aber wie schon in den vorigen Nächten plagt mich die Schlaflosigkeit. Unweigerlich bin ich nach einem kurzen Nickerchen wieder aufgewacht und drehe mich seither von einer Seite auf die andere. An den harten Untergrund habe ich mich mittlerweile gewöhnt, aber heute Nacht ist er zusätzlich auch noch unangenehm schräg. Es schien nachmittags am meisten Sinn zu machen, unsere Schlafsäcke so auszurichten, dass wir mit den Köpfen nach oben liegen, aber nun bin ich ständig dabei, vom Fußende wieder hinauf zu krabbeln, damit ich nicht unten gegen den kalten Zeltstoff gequetscht liege.

Max scheint das alles wenig zu stören. Er liegt neben mir und schläft selig, die Kapuze des Schlafsacks eng ums Gesicht gezurrt, sodass nur seine Nase herausschaut. Es ging ihm zwar heute Nachmittag nicht besonders gut, aber - typisch Teenager - scheint er immer und überall ohne Probleme gut schlafen zu können. Ich beneide ihn darum, denn das Warten ist eine Folter. Mein Herz klopft wie wild, während ich in die Dunkelheit starre und mir auszumalen versuche, was bald auf uns zukommt. Goddy hat erzählt, er habe schon mehr als einmal erlebt, wie Wanderer hier oben ohnmächtig wurden - nicht etwa wegen der Höhenlage, sondern einfach vor lauter Angst und Bange um die Gipfelnacht.

Wie auch in den letzten Nächten verbringe ich quälende Augenblicke damit, vor meinem geistigen Auge zwei Übel gegeneinander abzuwägen: Entweder muss ich den zunehmend unangenehmen Druck auf meiner Blase erdulden, oder aber ich muss meinen Schlafsack aufziehen, Stiefel und Jacke und Klopapierrolle finden, das Zelt öffnen, hinaus in die Eiseskälte krabbeln und mühselig über einen Haufen Felsbrocken bis dorthin klettern, wo sich gestern Nachmittag bei der Errichtung des Lagers ein letztes Plätzchen für das Toilettenzelt gefunden hat. Bisher hat letztendlich immer die Blase nachgeben müssen, aber hier oben ist der Gedanke an eine nächtliche Exkursion besonders wenig einladend. Allein für den Weg zum WC-Zelt werde ich in der dünnen Luft meine ganze Kraft aufwenden müssen, und wenn ich dann endlich im Zelt sitze, wird der Eimer so wackelig und mein Gleichgewicht darauf so prekär sein, dass ich Gefahr laufen werde, jederzeit umzukippen. Und außerdem werde ich dafür »mein Fleisch den grausamen Elementen aussetzen« müssen, wie es Jacky so treffend formulierte, als sie mir vor einiger Zeit von ihrer eigenen Kili-Wanderung erzählte.

Zur Ablenkung denke ich an die vergangenen Tage zurück, und wie wir vor fünf Tagen am Machame-Gate losgezogen sind. Es kommt mir wie eine Ewigkeit vor, fast so, als ob unser Aufbruch in einem früheren Leben stattgefunden hätte. Ich denke daran zurück, wie wir langsam den Berg hinaufgestiegen sind, einen Tag nach dem anderen, *pole pole,* voller Zuversicht und guter Laune. Wie wir dabei andere Wanderer kennengelernt haben und wie sie erzählten, was sie ihrerseits zum Kilimandscharo gebracht hatte. Wie die Gipfelnacht immer nur abstrakt und weit entfernt schien, etwas, um das man sich erst weit in der Zukunft kümmern musste.

Aber jetzt ist sie fast da, die Gipfelnacht, und ich bin froh. Genauso wie ich als Kind froh war, wenn der seit Monaten gefürchtete Zahnarzttermin unmittelbar bevorstand, damit ich ihn endlich hinter mich bringen konnte und das Angsthaben ein Ende hatte. Ich bin froh, aber ich zittere vor Aufregung. Das Schlimme an der Gipfelnacht ist, dass man sie überhaupt nicht richtig einschätzen kann. Man hat von ihr aus Berichten und Erzählungen gehört und weiß, sie ist schwierig. Aber *wie* schwierig?

Das Kribbeln in meinem Bauch wäre nicht so schlimm, wenn ich mich nicht auch insgesamt flau fühlte. Wegen der Höhenlage habe ich schon den ganzen Tag lang keinen Appetit gehabt, auch wenn die Bergführer uns ständig immer neues Essen aufdrängten. Es war schwierig genug, mich zum Trinken zu überwinden. Ich stelle mir vor, dass es weitere 1.300 Meter oben auf dem Berg noch schlimmer ist - so viele Höhenmeter müssen wir nämlich noch erklimmen.

Nach einer Ewigkeit höre ich draußen Schritte und Goddys Stimme. Ich bin unglaublich erleichtert, denn endlich kann ich etwas tun. Ich wecke Max auf, auch wenn ich ihn am liebsten warm und wohlgeborgen weiterschlafen lassen würde, und stumm machen wir uns ein letztes Mal an unsere Vorbereitungen. Wir ziehen unsere vielen Lagen Kleidung an, die wir allein für diese Nacht mitgebracht haben: lange Skiunterwäsche, mittelgewichtige Fleece-Hemden, darüber die Ski-Jacken mit dickem Polartec-

Futter, Jogginghosen, darüber die Skihosen, zwei Lagen Socken in den Stiefeln, Gore-Tex-Fausthandschuhe, wollene Gesichtsmasken, Wollmützen, und ganz zum Schluss die Kapuzen, die wir dicht um unsere Gesichter zurren. Wir nehmen alles bis aufs Notwendigste aus den Rucksäcken heraus und brauchen dabei viel länger als sonst, um zu entscheiden, was wohl das Notwendigste ist. Wir stopfen die Schläuche der Wasserblasen in die Rucksäcke, damit sie nicht sofort einfrieren. Wir packen meine Kamera und eine Ersatzkamera ein. Wir stecken so viele Packen »Hotties« in unsere Hosen- und Jackentaschen, wie es nur geht, und dann schlagen wir die Zeltklappe hoch und treten in die eiskalte Nacht hinaus.

Zwischen unseren Zelten herrscht schon ein reges Treiben. Jeder prüft noch ein letztes Mal seinen Rucksack, verstaut seine Wasserflaschen und legt seine Wanderstöcke bereit. Besonders heute Nacht werden die Stöcke absolut vonnöten sein. Ich gehe herum und verteile Handwärmer, denn ich habe genügend dabei, um eine kleine Armee auszustatten. Allen dränge ich sie auf, außer Mike, der sich schlichtweg weigert, etwas »für Weichlinge« zu benutzen.

»Außerdem«, sagt er mit verträumter Miene, »denke ich bei *Hotties* an was anderes.« Ich muss laut lachen, denn es ist so typisch Mike, gerade jetzt an knackige Frauen zu denken. Prompt schaut er mich prüfend an, als wolle er mein *Hottie*-Potential abschätzen. Aber anscheinend lasse ich – nach fünf Tagen ohne Dusche und mit einer dank der etlichen Stoffschichten sehr unförmigen Figur – in Sachen *Hottie*-Appeal einiges zu wünschen übrig. Bedauernd schüttelt er den Kopf. »*Hotties,* wie ich sie mir vorstelle, kann man nicht einfach in die Tasche stecken«, sagt er mit einem wehmütigen Seufzer und widmet sich wieder dem Schnüren seiner Stiefel.

Vor dem Aufbruch wird ein kleines Frühstück (wenn man es um diese Uhrzeit ein Frühstück nennen kann) aus Tee und Keksen serviert, das wir gegen unseren Willen hinunterzwingen. Max weigert sich, etwas zu essen und sagt, er habe Magenkrämpfe. Sofort krame ich nach dem Imodium in meinem Erste-Hilfe-Packen und gebe ihm eine der Tabletten, froh darüber, dass ich sie für genau diesen Fall mitgebracht habe. Mehr denke ich mir dabei nicht, auch nicht, als Max sich beschwert, ich hätte ihm zu viele Kleider aufgeschwätzt und es sei ihm viel zu heiß. Genau diese Debatte führen wir schon seit ungefähr fünf Jahren, und ich habe gelernt, mich nicht darauf einzulassen. Wenn er im Winter unbedingt mit kurzer Hose in die Schule will, nur um mir widersprechen zu können, dann soll er es eben tun. Auch jetzt, habe ich den Eindruck, will er einfach nur mit mir diskutieren, und deswegen sage ich nichts.

Pünktlich um 23:30 Uhr ist es endlich - endlich! - so weit. Wir versammeln uns vor dem Essenszelt, und auf Goddys Kommando hieven wir unsere Rucksäcke auf den Rücken und marschieren los. Ich halte die Augen und die Stirnlampe fest auf die Füße meines Vordermannes gerichtet. Das ist das Einzige, was die nächsten sieben Stunden lang wichtig sein wird: die zwei Füße unmittelbar vor mir. Was immer sie tun, müssen meine Füße auch tun. So einfach ist das. Dennoch habe ich das ungute Gefühl, dass es nicht so leicht sein wird, wie es klingt.

Langsam beginnen wir den langen Treck zum Gipfel, wir zehn Besucher und die fünf Bergführer. Goddy geht wie immer vorne an der Spitze, noch langsamer als sonst. Ich hätte nicht gedacht, dass es überhaupt noch langsamer geht. *Pole pole* und nochmal *pole.* Wir gehen so langsam, dass wir fast stillstehen. Und dennoch müssen wir häufig anhalten, um zu verschnaufen. Einfach stillstehen ist auch schon anstrengend.

Schon kurz darauf sind meine Zehen eingefroren. Ich kann sie nicht mehr spüren und bemühe mich sehr, meine Finger in ständiger Bewegung zu halten, damit ihnen nicht das gleiche Schicksal widerfährt. Es ist aber nicht so einfach, dabei gleichzeitig die Wanderstöcke im Griff zu behalten. Ich bin enttäuscht von meinen Hand- und Zehenwärmern. Sie strahlen zwar ein wenig Wärme aus, aber die kommt nicht gegen eine kalte, sternklare Nacht auf 5.000 m Höhe an. Oder vielleicht sind die Dinger ja einfach zu alt und unwirksam geworden.

Wie oft habe ich schon die Behauptung gehört, dass bergab wandern anstrengender sei als bergauf wandern. Ich konnte das nie ganz nachvollziehen, und jetzt wird mir endlich bestätigt, dass es tatsächlich gelogen ist. Wer immer das sagt, hat noch nicht versucht, den Gipfel des Kilimandscharo zu erreichen!

Ich bin noch nie im Leben einen so steilen und endlosen Hang hinaufgegangen. Es ist schwer. Unheimlich schwer. Während ich vorsichtig einen Fuß vor den anderen setze, gehen mir zwei Gedanken im Kopf herum. Der erste: *Bin ich denn von allen guten Geistern verlassen?*

Warum reichte mir nicht der *südlichste* Punkt Afrikas, den ich schon besichtigt habe und zu dem man ganz bequem hinfahren konnte? Warum in Gottes Namen musste ich mir denn unbedingt den *höchsten* Punkt in den Kopf setzen? Zum Glück lenkt mich dieses Thema ein Weilchen von meinem Elend ab, denn nun erinnere ich mich, dass das Kap der Guten Hoffnung eigentlich gar nicht der südlichste Punkt Afrikas ist. Diese Auszeichnung geht an Kap Agulhas, das einige hundert Kilometer weiter östlich liegt - eine Tatsache, auf die uns damals Max hinwies, als wir stolz am Kap standen und uns den lauen Wind um die Nase blasen ließen, und er wie immer der einzige war, der sich vorher genauer informiert hatte. Also kann ich nur Anspruch auf die etwas dubiose Errungenschaft erheben, am süd-*westlichsten* Punkt des afrikanischen Kontinents gestanden zu haben. Aber ich will hier keine Haarspalterei betreiben. Wenn ich es mir aussuchen könnte, würde ich liebend gerne zu Fuß den ganzen Weg bis nach Kap Agulhas und wieder zurückgehen, anstatt diesen gottverdammten Hang hinauf.

Mein zweiter Gedanke: *Warum müssen wir das hier nachts tun bei gefühlten minus 25 Grad Celsius, wenn es im Sonnenschein so viel angenehmer wäre*?

Vielleicht ist die Antwort ja psychologischer Natur, denn sicherlich würde niemand, der einigermaßen bei Sinnen ist, weitergehen wollen, wenn er im hellen Tageslicht den steilen Hang in voller Ausdehnung vor sich sähe. Man würde sich das einmal anschauen, seinen Kopf ungläubig schütteln, »nein danke« sagen und auf dem Fuß umdrehen. Vielleicht wollen sich ja die Bergführer eine Meuterei dieser Art ersparen und setzen deswegen auf die Nacht als ihren Freund und Helfer.

Es ist schon jetzt schlimm genug. Die Dunkelheit hilft zwar, da man sich in dem schwachen Licht so sehr auf den Weg konzentriert, dass man selten nach oben schaut, aber dennoch erahnt man die Umrisse des Berges über sich und erspäht ein paar funkelnde Sterne ganz oben. Man geht und geht und geht, aber die Kulisse verändert sich nie, und die Sterne rücken keinen Zentimeter näher.

Oder vielleicht wurde der nächtliche Gipfelsturm auch aus historischen Gründen Tradition, und wir können uns bei Hans Meyer dafür bedanken. Er schuf nämlich eine Art Präzedenzfall. Als er im Jahr 1889 zum dritten Mal an den Kilimandscharo zurückkehrte, schlug er sein höchstes Lager auf 4.300 Metern Höhe auf. Am Vorabend des ersten Gipfelvorstoßes war er unfähig, »zu der doch so nötigen Ruhe« zu kommen, da die »bange Ungewißheit, was der nächste Tag bringen werde« ihm und seinem Kollegen Ludwig Purtscheller den Schlaf raubte. Ha, davon kann ich ein Lied singen! Zwar schäme ich mich mal wieder, dass meine »Ungewissheit« gegenüber der Gipfelnacht natürlich Kinderkram ist gemessen an dem, was Meyer und Purtscheller einst verspürt haben müssen, aber die Schlaflosigkeit kenne auch ich. Ähnlich wie ich lagen die beiden in ihrem Zelt und schauten »alle Viertelstunden bei Streichholzflackern nach der Uhr«. Schließlich hielten sie es nicht länger aus und brachen um 2:30 Uhr morgens in die stockfinstere Nacht auf, »von dem erhofften Mondlicht keine Spur«. Die Szene, wie Meyer sich von seinem treuen Diener Muini verabschiedete, der unbegreiflicherweise in einem Felsspalt schlief anstatt in einem Zelt, finde ich besonders bewegend:

»›Kuaheri‹ (›Lebwohl‹), rief ich unserm in seinem Felsspalt schlafenden Muini zu; ›Kuaheri, bwana, na rudi salama‹ (›Lebwohl, Herr, und kehre heil zurück‹), klang es aus dem Loch zurück. ›Inschallah‹ (›So Gott will‹), bestätigte ich meinerseits, und fort ging es in die kalte Nacht hinein.«

Meyer und Purtscheller erreichten an jenem Morgen nicht den Gipfel, da ihr Fortkommen mehrmals von tiefen Schluchten unterbrochen wurde, die sich unerwartet auf dem von unten so einfach aussehenden Weg auftaten. »Es war eine verzweifelte Kletterei in dunkler Nacht«, schrieb Meyer, wobei ihre Laterne zwar glücklicherweise keinen Schaden nahm, aber »durch das Wiederanstecken im Nachtwind unsere Geduld auf eine harte Probe stellte«. Als sie endlich das »geschlossene Kibo-Eis« auf 5.480 m Höhe erreichten – die Eiskappe hat sich heutzutage auf weit höhere Lagen zurückgezogen – war es schon später Vormittag, und so begnügten sie sich für den Rest des Tages damit, mit ihren Eispickeln Stufen ins Eis zu hauen. Das war eine Sisyphusarbeit, denn in dem »glasharten [ ] Eis erforderte jede Stufe an zwanzig Pickelhiebe«, und alle paar Minuten mussten sie stehenbleiben, »um weit vornüber gebeugt nach Luft zu röcheln«.

Sie schafften es tatsächlich bis zum Kraterrand an jenem 3. Oktober 1889. Dort angekommen verschlug ihnen der erste Blick in die bisher verborgene Caldera den letzten Atem (»den ganzen oberen Kibo einnehmend öffnete sich in jähen Abstürzen ein riesiger Krater«), aber sie konnten auch erkennen, dass der eigentliche Gipfel noch fast zwei Gehstunden weiter oben lag. Aus Angst davor, möglicherweise zu erfrieren, sollten sie auf dem Gipfel ihr Nachtlager aufschlagen müssen, entschieden sie sich schweren Herzens zur Umkehr. Drei Tage später unternahmen sie den nächsten Gipfelvorstoß, der ihnen endlich den ersehnten Erfolg brachte.

Vielleicht wandern wir also nachts, weil es einfach schon immer so war. Oder vielleicht wurde es später zur Tradition, weil es zu schön ist, die aufgehende Sonne vom Gipfel begrüßen zu können. Oder vielleicht sind die Gründe ja hauptsächlich praktischer Natur. Ohne Zweifel ist es um einiges einfacher, diesen schrecklich steilen Hang auf gefrorenem - und daher festem - Untergrund zu erklimmen anstatt auf dem losem Schutt, in den sich unser Weg in sechs oder sieben Stunden aufgrund der Sonneneinstrahlung unweigerlich verwandeln wird.

Die Nacht ist klar und still. Zuerst wandern wir mit eingeschalteten Stirnlampen, aber nach einer Weile bemerken wir, dass das Mondlicht den Weg ausreichend erhellt. Ungewollt muss ich schmunzeln, als mir dabei die Diskussion über den Mond einfällt, bei der ich vor einigen Monaten noch so unwissend war. Wir haben den Vollmond um eine Woche verpasst, und dennoch scheint der Mond noch hell genug; ich verstehe nun, warum erfahrenen Kili-Wanderern die Mondphasen so wichtig sind. Als wir die Lampen ausschalten, können wir auf einmal den Berg vor uns sehen. Er ist in ein kühles Licht getaucht, und ab und zu funkeln weiter oben die Lampen vorangehender Gruppen. Es ist völlig windstill. Es ist zwar bitterkalt, aber ich tröste mich damit, dass es noch viel schlimmer sein könnte - wir könnten von einem Schneesturm überrascht werden, wir könnten von einer Eisschicht bedeckt sein, oder wir könnten bei jedem Schritt zwanzigmal die Axt schwingen müssen.

Das alles sage ich mir, und dennoch friere ich jämmerlich. Es zieht mir kalt an den Rücken, und ich kann meine Finger und Zehen schon lange nicht mehr spüren. Ich bemühe mich nicht einmal mehr, sie zu bewegen. *So ist das also mit den Erfrierungen an den Extremitäten,* schießt es mir durch den Kopf. Man wundert sich immer, wie es denn dazu kommen kann, solange man in Bewegung bleibt. Aber je mehr alles einfriert, desto langsamer werden die Bewegungen, und irgendwann hört man ganz damit auf, mit Fingern und Zehen zu wackeln, weil es einem nicht mehr wichtig erscheint.

Während einer unserer Pausen finde ich heraus, warum ich gerade am Rücken so sehr friere: er ist klatschnass. Irgendwo ist mein Camelback nicht dicht, und das Wasser läuft mir in Strömen am Rücken hinunter. Ironischerweise ist der Schlauch vorne zugefroren, sodass ich gar nichts von dem Wasser trinken kann, das mich so großzügig benetzt. Und ich kann die undichte Stelle auch nicht verstopfen, weil meine Finger völlig taub vor Kälte sind. Also ziehe ich mir das Ding kurzerhand vom Rücken und kippe das restliche Wasser auf den Boden. Das bringt mir missbilligende Blicke der Bergführer ein. Sie haben uns den ganzen Abend lang mit Adleraugen beobachtet, ob wir auch genügend trinken, und ich hätte sie wohl kaum mehr schockieren können, wenn ich ihnen das Wasser direkt ins Gesicht geschüttet hätte. Sofort habe ich ein schlechtes Gewissen, denn unsere Träger haben dieses Wasser mühselig den Berg hinaufgetragen, und hier benehme ich mich, als ob ich das überhaupt nicht würdigte. Aber meine Last ist damit leichter geworden und mein Rücken ein bisschen weniger durchnässt.

Schweigend gehen wir weiter, immer einen langsamen Schritt nach dem anderen, wobei jeder versucht, seinen Fuß in die Fußstapfen des Vordermannes zu setzen. Ich habe gehört, wie jemand diesen Teil der Wanderung mit einem Trauermarsch bei einer Beerdigung verglichen hat, und das Bild passt gut. Wir sind in eine Art Zeitlupenrhythmus gefallen: ein paar schleppende Schritte vorwärts, halbe Drehung nach rechts, wieder ein paar Schritte, halbe Drehung nach links. So geht es immer weiter im Zickzack nach oben, denn geradeaus wäre es zu steil. Auch nur ein wenig schneller zu gehen wäre absolut unmöglich, aber merkwürdigerweise wäre es genauso unmöglich, auch nur einen Hauch langsamer zu gehen. Jedes Mal, wenn wir eine Gruppe Wanderer einholen, die noch langsamer vorwärtskommen als wir, müssen wir eine Entscheidung treffen: Nutzen wir die Gelegenheit für eine kurze Pause, oder versuchen wir, sie zu überholen? Goddy, der merkt, dass ein paar von uns halb erfroren sind, versucht die Pausen zu minimieren und entscheidet sich daher meistens fürs Überholen. Aber dafür auch nur ein wenig zu beschleunigen, kostet unglaublich viel Anstrengung. Einmal, als wir kurz anhalten, um zu verschnaufen, sehen wir eine Gruppe näherkommen, die wir gerade erst überholt haben. Goddy und Mike beschließen, schnell weiterzugehen, damit wir uns ein neues beschwerliches Überholmanöver weiter oben ersparen, aber diese Nachricht dringt nicht bis zu Dylan und Martin ganz am Ende der Kolonne durch. Sie kramen in ihren Rucksäcken herum, verpassen den Abmarsch und sind weit hinter uns, als sie endlich loskommen. Es dauert lange, bis sie wieder zu uns aufgeschlossen haben, und sofort lassen sie keuchend bitterliche Anklagen vom Stapel. Mike hätte sie »im Stich gelassen«, beschweren sie sich. Wir hätten warten sollen und nicht einfach losgehen, und Mike sei an allem Schuld. Der hört sich das eine Weile an, aber irgendwann hat er genug davon. »Hört endlich auf, mich zu bekakken«, sagt er (»kak« ist Afrikaans und bedeutet etwas ganz ähnliches wie im Deutschen), und alle brüllen vor Lachen - eine sehr willkommene Ablenkung von unserem Elend.

Weiter kriecht unsere Kolonne den Berg hinauf, und Max, der vor mir geht, beklagt sich wieder, dass es ihm zu heiß sei. Ich schlottere nur so in meinen fünf Schichten Kleidung, und er will seine Jacke ausziehen! Wieder beiße ich mir auf die Zunge und lasse ihn gewähren, aber ich habe eine dunkle Vorahnung, als er da in seinem blauen Pulli vor mir hergeht. Erst scheint alles gutzugehen, aber als wir kurz darauf wieder eine Pause einlegen und uns gegen eine Felswand lehnen, ist auf einmal die Hölle los. Im einen Augenblick steht Max noch neben mir und bittet mich, seinen Rucksack loszuschnallen, da seine Finger dafür zu schwach seien, und im nächsten Moment, als ich gebückt wieder einmal an der verfluchten Wasserblase herummontiere, höre ich ein lautes Geklapper von Wanderstöcken. Ich schaue auf und dort liegt Max völlig leblos auf dem Boden.

Barafu Camp, 7. September, ungefähr 10 Uhr

Nur wenige Stunden später, obwohl sie mir wie Jahre vorkommen, liege ich ausgestreckt auf einem Felsen vor unserem Zelt und ruhe meine müden Gliedmaßen aus. Ich werfe einen Blick auf den Berg, der hinter mir bis in den Himmel ragt, und schaudere. Ich kann kaum glauben, dass ich erst vor einer halben Stunde jenen steilen Hang hinuntergeschlittert bin, mit Naiman - einem unserer Bergführer - dicht auf meinen Fersen. Lance mag einen Rekord aufgestellt haben, indem er in 9 Stunden und 45 Minuten auf den Kili geklettert ist, aber wie steht es um seinen Abstieg? Ich bin fast sicher, dass ich heute Morgen meinen eigenen Kili-Rekord aufgestellt habe. Dabei fällt mir Debbie Bachmann wieder ein, die erst vor einem Jahr den neuesten weiblichen Geschwindigkeitsrekord gesetzt hat. Als sie den Gipfel und damit ihr Ziel erreicht hatte, rannte sie ohne Pause wieder bis zum Fuß des Berges hinunter, nicht unbedingt, weil sie auf einen weiteren Rekord aus war, sondern weil sie zu ihren Kindern zurück wollte. Das kann ich jetzt gut nachvollziehen. Ich bin sicher, dass Naiman auch noch nie in seinem Leben so schnell abgestiegen ist. Wir haben nur eine knappe Stunde für die Strecke gebraucht, die uns in umgekehrter Richtung über sieben Stunden gekostet hatte.

Max sitzt entspannt neben mir und lässt sich die Sonne ins Gesicht scheinen. Nirgendwo wäre ich gerade lieber als genau hier, mit ihm wohlgeborgen und gesund an meiner Seite. Ich bin glücklich und zufrieden, ganz so, als ob jemand mit einem Zauberstab all mein Elend weggewischt hätte. Dieser Augenblick, gerade jetzt, ist *mein* Kili-Moment. Manchen gibt vielleicht jenes Triumphgefühl die größte Befriedigung, das sie beim Hinabblicken auf die Welt zu ihren Füßen verspüren, aber für mich ist dieses Plätzchen in der warmen Sonne tausendmal besser. Eine friedliche Ruhe erfüllt mich.

Alle anderen sind noch weit über uns auf dem Berg, und erst jetzt, wo ich stillsitze, lasse ich meine Gedanken zu gestern Nacht zurückschweifen. Ich erinnere mich nicht genau an alles, was passiert ist, nachdem Max das Bewusstsein verlor, dafür ging alles zu schnell. Ich konnte noch nicht mal den ersten Fluch zu Ende denken, der mir in den Kopf kam, als mehrere unserer Bergführer schon zur Stelle waren. Zwei hatten ihre Sauerstoffflaschen gezückt und klatschten Max auf die Wangen, während ein weiterer ein paar wohlmeinende Gruppenmitglieder zur Seite schob, denn sie waren nicht für Krisensituationen geschult und daher nur im Weg. Max kam kurz zu sich, mit klappernden Zähnen, und fiel wieder hintenüber.

Das dringlichste Problem schien zu sein, ihn irgendwie zu wärmen, und daher konzentrierte ich mich auf eine einzige Tätigkeit: ihm all die Kleidungsstücke wieder überzuziehen, die er nach und nach abgelegt hatte, und noch mehr. Sharon fand einen Fleece-Pullover in ihrem Rucksack, den sie zur Reserve dabei hatte, und den zogen wir ihm nun fieberhaft über den Kopf. Ich kämpfte mit einem Arm und ein paar unkooperativen Fingern, während Hillary – war es Hillary? – auf der anderen Seite das gleiche tat, und als wir mit den Kleidern fertig waren, riss ich noch ein paar Packen Handwärmer auf und stopfte sie für alle Fälle in seine Handschuhe. Während alledem hallten laute Rufe auf Suaheli durch die Nacht und Goddy kam von weiter oben heruntergerannt, um zu sehen, was passiert war. Sofort verschwand er im Gedränge um Max herum, und ab da ging alles blitzschnell. Bevor ich überhaupt einen zusammenhängenden Gedanken fassen konnte, sah ich ungläubig zu, wie Hillary und Peter mit meinem Sohn in ihren Armen den Berg hinunterrannten und von der Dunkelheit verschluckt wurden.

Und ich war nicht bei ihm.

Ich rede mir ein, dass das eine bewusste Entscheidung war. Dass ich Hillary und Peter nur gebremst hätte, wenn ich ihnen gefolgt wäre. Dass diese zwei Bergführer am besten wussten, was Max brauchte, und dass ich dazu nichts Hilfreiches beitragen konnte. Dass, wie jeder weiß, der schnelle Abstieg das perfekte Gegenmittel bei Höhenkrankheit ist – denn natürlich war es die Höhenkrankheit, die Max erwischt hatte, wenngleich nicht mit allen typischen Symptomen, und ich mache mir jetzt Vorwürfe, dass ich auf diese Symptome nicht eher geachtet habe. Ich rede mir ein, dass ich, wäre ich ihnen gefolgt, einen weiteren Bergführer benötigt hätte, und dass dieser Führer dem Rest der Gruppe gefehlt hätte. Dass Max gewollt hätte, dass ich weitergehe.

Ich rede mir ein, dass ich all diese Gedanken fein säuberlich durchdacht hatte, einen nach dem anderen, bevor ich meinen Entschluss fasste. Aber das ist nicht wahr. Im einen Moment war Max noch da, und dann war er weg, und ich konnte mich einfach nicht schnell genug zum Handeln entscheiden. Ich konnte noch nicht mal meine Handschuhe und Wanderstöcke schnell genug wieder aufsammeln, die in dem Tumult um mich herum verstreut worden waren. Ich erinnere mich, dass ich Goddy – dem ich bis dahin in allen Dingen auf dem Berg vertraut hatte – fragte, was mit Max geschehen würde und was ich tun sollte, und dass er entschieden »Du bleibst bei uns« sagte.

Wieder einmal war Goddys Wort entscheidend, und so kam es, dass ich den restlichen Weg bis zum Gipfel ohne Max weiterkletterte, mit solch schwerem Herzen, dass ich es fast nicht ertragen konnte. Ich war überzeugt, dass ich einen Riesenfehler gemacht hatte. Wie konnte ich nicht bei meinem Kind bleiben? Auch wenn er 16 Jahre alt ist und es ihm sicher nicht gefallen würde, dass ich ihn ein Kind nenne. Die wildesten Szenen spielten sich in meinem Kopf ab. Zeitweise war ich überzeugt, dass er mit dem Hubschrauber vom Berg evakuiert werden müsste und der Pilot sich ohne meine Kreditkarte weigern würde, ihn mitzunehmen. Es half auch nicht, als ich nach und nach von den anderen Paaren in unserer Gruppe hörte, dass sie genau solch eine Situation vor der Wanderung miteinander besprochen hatten, damit sie im Zweifelsfall sofort wüssten, was jeder zu tun habe. Ich dagegen hatte darüber keinerlei Gespräch mit Max geführt – ein weiterer Minuspunkt auf meinem Elternzeugnis, der wie ein großer roter Pfeil auf meine Inkompetenz als Mutter hinweist.

Und dann ist da noch jener winzige, bohrende Zweifel: Hatte ich wirklich keine Zeit, alles zu durchdenken, oder hatte ich es doch durchdacht und in Sekundenschnelle die Entscheidung getroffen, dass ich bei meinem eigenen Gipfelversuch nicht gebremst werden wollte?

Ich glaube nicht, dass ich jemals sicher sein kann. Aber eins weiß ich: Ich hatte ab da keine Freude mehr in mir, auch wenn ich es während der langen Nacht irgendwie vollends den Berg hoch schaffte. Meine Gedanken und Zweifel lasteten so schwer auf meiner Seele, dass jeder Schritt eine doppelte Qual war. Ich schluchzte so laut, dass Sharon, die direkt hinter mir ging, mich besorgt beim nächsten Zwischenstopp zur Seite nahm. »Geh hinter Goddy her«, riet sie mir, »dort geht's dir besser.« Es schien keinen Sinn zu machen, aber sie hatte Recht. Ich reihte mich direkt hinter Goddy ganz vorne in die Marschordnung ein, und ab da ging es tatsächlich besser.

Es ist merkwürdig aber wahr, und Sharon hatte es dank ihrer Einfühlsamkeit sofort gespürt: Hinter manchen Menschen lässt es sich besser hergehen als hinter anderen. Das ist eine der eher nutzlosen Erkenntnisse, zu denen man bei einer Woche Wandern auf dem Kilimandscharo gelangt. Es sei denn, man erachtet es als eine Metapher fürs Leben im Allgemeinen, und dann ist es vielleicht gar nicht so nutzlos. Für mich war es auf jeden Fall genau die richtige Medizin, mich wie eine Klette an Goddy zu heften. Er ging sicheren Schrittes, voller Zuversicht, und machte keine unnötige Bewegung. Ich konzentrierte mich voll und ganz darauf, jeden Fuß genau dorthin zu setzen, wo eine Sekunde zuvor der seine verweilt hatte, und dieser fast stumpfsinnige Trott half dabei, alle anderen Gedanken aus meinem Kopf zu verbannen.

Und dann kam der Gesang. Ich kann das Gefühl nicht hinreichend beschreiben, aber Goddy, der einmal mehr genau den richtigen Augenblick abpasste – den Tiefpunkt unseres Durchhaltevermögens noch ungefähr eine Wegstunde von Stella Point am Kraterrand entfernt – begann mit seiner tiefen Bassstimme zu singen, worauf Naiman und Monday vom Ende unserer Kolonne aus einstimmten. Die wehmütige Melodie schwebte sanft durch die stille Luft und langsam mit uns den Berg hinauf, wie eine Zauberwelle, die uns mit sich trug.

Alle in unserer Gruppe sind sich einig, dass uns der geradezu himmlische Gesang jener Nacht unvergesslich bleiben wird. »Das war herzergreifender Kram«, erinnert sich Mike, der sonst fast nie über seine Gefühle spricht. Dudley sagt, er »spürte mehr als Ironie«, als er stehengeblieben war und beim besten Willen keinen einzigen Schritt mehr machen konnte. In dem Augenblick dachte er, »Gott steh mir bei!«, und genau darauf kam die Antwort, als Godlisten sein Lied anstimmte, so, als ob er Dudleys stummes Gebet gehört hätte. Goddys Name, den wir schon am ersten Tag so verheißungsvoll fanden, hat sich bewährt.

Ich weiß nicht, wie ich es ohne den Gesang geschafft hätte. Ich erinnere mich, dass ich von da an nicht mehr so verzweifelt war. Ich war traurig, aber auch irgendwie glücklich zugleich. Mir strömten Tränen über die Wangen und dennoch fühlte ich mich gestärkt. Auf einmal wusste ich, dass ich nur weitergehen brauchte, dass unweigerlich etwas Besseres auf das Schlimmste folgen würde. Von da an konnte es mir gar nicht schnell genug gehen. Ich wollte endlich oben sein, das Foto knipsen und wieder umdrehen. Der schnellste Weg zu Max, so war mir auf einmal klar, führte direkt über den Gipfel.

Ich weiß, dass ich in den kommenden Jahren versuchen werde, mir die unvergesslichsten Erfahrungen auf dem Kilimandscharo wieder vor Augen zu führen, und dass sie trotzdem langsam, aber sicher, verblassen werden. Einen Augenblick jedoch werde ich nie vergessen: unsere Ankunft bei Stella Point. Ich war Goddy so blind gefolgt, dass ich gar nicht bemerkte, wie er anhielt, und fast wäre ich mit ihm zusammengestoßen. Er drehte sich um und öffnete weit seine Arme, und ich ließ mich hineinfallen und klammerte mich fest. Ich fühlte mich so erleichtert wie nie zuvor, denn jetzt war das Ende in Sicht, aber trotzdem erinnere ich mich daran, wie ich laut schluchzte und nie wieder loslassen wollte. Aller Schmerz der Welt schien in diesem Moment aus mir herausbrechen zu wollen, und niemand schien mich so gut verstehen zu können wie Goddy. Es waren sicher nur einige Augenblicke, wie wir so da standen, aber es fühlte sich an wie eine Ewigkeit. Und ich schöpfte unendlich viel Kraft daraus - vielleicht nicht nur für die wenigen hundert Meter, die bis zum Gipfel fehlten, sondern für den Rest meines Lebens.

Kurz nach sechs Uhr morgens kam wie auf Kommando der Sonnenaufgang, gerade, als die letzten Nachzügler unserer Gruppe über den Kraterrand gestolpert waren und noch nach Luft schnappten. Ich hatte schon viele afrikanische Sonnenaufgänge erlebt und sie waren alle wunderschön, aber der Sonnenaufgang am Stella Point bewegte mich am meisten. Hier stand ich so hoch oben wie noch nie zuvor in meinem Leben, überwältigt von widersprüchlichen Gefühlen und mit dem sehnlichen Wunsch nach einem kleinen bisschen Wärme, die bisher nur als fernes Versprechen am Horizont schimmerte, und sah gebannt der Sonne zu, wie sie hinter dem Panorama des zerfurchten Mawenzi auftauchte, wie sie unendlich langsam aus dem Wolkenmeer unter uns herausschwebte, wie sie nach und nach die dumpfe braune Mondlandschaft um uns herum in feuriges Kupfer verwandelte, und wie sie hinter uns immer längere Schatten warf.

Stella Point ist nach der Frau eines der frühen Kilimandscharo-Forscher benannt. Man sagt, die gute Stella sei zurückgeblieben, um sich auszuruhen, während ihr Mann sich weiter zum Gipfel durchschlug. Zumindest glaube ich, das gelesen zu haben, aber ich kann die Passage dazu beim besten Willen nicht mehr finden. Die arme Stella scheint von der Geschichte mehr oder weniger vergessen worden zu sein. Vielleicht hätte sie einen Mann gebraucht, der sie mit »Reiß dich doch mal zusammen!« ein wenig mehr angetrieben hätte, aber andererseits trägt nun dieser prächtige Meilenstein ihren Namen.

Für uns war Stella Point trotz der bitteren Kälte ein vortrefflicher Ort für die erste längere Pause in über sechs Stunden, und nachdem wir uns ausgiebig umarmt und zu unserem ersten Etappensieg gratuliert hatten, ließen wir uns fallen, wo wir gerade standen, oder lehnten uns über unsere Wanderstöcke. Zum ersten Mal seit Barafu hatten wir einen ausgezeichneten Blick in mehrere Richtungen. Auf der einen Seite lag der Mawenzi, über dem nun die Sonne schwebte, und auf der anderen Seite konnten wir in den Reusch-Krater blicken, der eher einer weitläufigen Hochebene aus dunkelgrauem Schutt gleicht, die von mehreren Gletschern und Eisfeldern umringt ist. Der Name geht auf den evangelisch-lutherischen Pastor Richard Reusch zurück, der als erster in den Krater des Kibo hinabstieg, und ihm und seinem außergewöhnlichen Werdegang zuliebe muss ich hier ein wenig abschweifen.

Richard Reusch stammte aus einer Familie Russlanddeutscher aus Baratajewka an der Wolga. Nach dem Abitur wurde er zunächst Kosakenoffizier, bevor er die Laufbahn wechselte und Theologie sowie Arabisch studierte. Er kämpfte gegen die Bolschewiken, war zeitweise als

Hauslehrer in Dänemark angestellt, trat in den britischen Missionsdienst in Tanganjika ein, bestieg den Kilimandscharo über 50 mal, schuf ein Ausbildungsprogramm für Bergführer, diente als britischer Spion und bereiste in dieser Eigenschaft ausgiebig die umliegenden Länder, veröffentlichte die erste Bibel auf Suaheli, wurde ein geachteter Islam-Experte, und befreundete sich mit dem Stamm der oft kriegerischen Maasai. Er soll es auch gewesen sein, der 1926 am Kraterrand des Kibo den gefrorenen Körper eines Leoparden entdeckte, was einige Jahre später Ernest Hemingway dazu inspirierte, »Schnee auf dem Kilimandscharo« zu schreiben. Ich kann nicht herausfinden, ob es auch eine Verbindung zur Firma Reusch - Hersteller von Skihandschuhen - gibt, aber wundern würde mich das überhaupt nicht. Dr. Reusch muss unglaublich viel Zeit in den arktischen Regionen des Kilimandscharo verbracht haben, so oft, wie er den Gipfel erklommen hat, und konnte dabei sicherlich ein warmes Paar Fausthandschuhe gut gebrauchen. Wirklich, bei seinen vielseitigen Interessen könnte er nebenbei auch schnell eine Kleidermarke gegründet haben.

An das letzte Stück von Stella Point aufwärts erinnern wir uns alle sehr unterschiedlich. Einige sagen, es sei wie eine Folter gewesen und kaum zu bewältigen. Mir kam es im Nachhinein eher wie ein kurzer Spaziergang vor, aber anscheinend erst, als wir wieder unterwegs waren. Als wir noch dabei waren, uns nach der Rast wieder aufbruchsbereit zu machen, stand ich laut Mike noch mit meinen Händen über dem Gesicht zusammengeschlagen und laut heulend inmitten der Gruppe. Daran erinnere ich mich gar nicht mehr. Ich weiß nur noch, dass ich entsetzlich fror. Anscheinend sagte ich zu Mike, ich wolle einfach nur wieder runtergehen. Darauf sagte er, das ginge jetzt noch nicht, und dass Uhuru »gleich da drüben« sei. Es ist eine Art Symmetrie des Schicksals: Dank Mikes Begeisterung und gewissenhafter Planung hatte ich mich überhaupt nur auf die Wanderung gemacht, und trotz Goddy und all der

Kraft, die dieser mir mit seiner Ruhe und Zuversicht einflößte, war es am Ende doch wieder Mike, der mich förmlich über die letzte Hürde schob.

Vielleicht hielt Mike seine kleine Rede auch mehr für sich selbst als für mich, denn hinterher gestand er mir, dass er all seine Willenskraft für den kurzen Weg hatte aufbringen müssen. Auch Dudley dachte, er müsse auf halbem Weg aufgeben. Als der Pfad durch eine Art Pforte zwischen zwei Felsen führte, und als Uhuru nicht direkt dahinter auftauchte, wie er vermutet hatte, sondern immer noch ein paar hundert Meter entfernt war, setzte er sich mitten auf die Schotterhalde, so erinnerte er sich später, »mit einer Riesenwut auf Gott oder wer immer auch sonst es war, der diesen Scheißberg gemacht hat.« Dem Gipfel zum Greifen nahe, wollte er am liebsten einfach sitzenbleiben und darauf warten, dass wir ihn auf dem Rückweg wieder einsammelten. Es erschien ihm überhaupt nicht mehr wichtig, oben anzukommen. Ich weiß nicht, was ihn von diesem Plan abgebracht hat, und er weiß es auch nicht mehr, aber irgendetwas trieb ihn letztendlich doch weiter. Vielleicht muss man sich nur ab und zu vor Augen führen, dass man tatsächlich eine Wahl zwischen zwei Wegen hat, bevor man den schwierigeren einschlagen kann.

Es ist eher ungewöhnlich, dass wir alle bis oben durchhielten, denn so wie Dudley geht es auf dem Kilimandscharo vielen. Eine ganze Menge Wanderer schaffen es bis Stella Point, aber nicht bis Uhuru. Mit ihrer allerletzten Kraft schleppen sie sich über den Kraterrand und sinken auf den Boden, genauso wie die Stella von damals. Man liest einen Bericht nach dem anderen darüber, wie Kili-Wanderer bei Stella Point umgedreht haben (oder bei Gillman's Point, falls sie auf der Marangu-Route gingen), so verlockend nahe ihrem Ziel und doch unfähig, auch nur einen Schritt weiterzugehen.

In meiner Erinnerung war, wie gesagt, das letzte Stück Weg kaum mehr als ein kurzer Spaziergang. Das Ziel war direkt vor mir, genau wie Mike gesagt hatte –

gleich da drüben und ein bisschen den Berg hoch. Ich will nicht sagen, ich sei geschlendert, aber im Nachhinein kommt es mir im Vergleich zu dem qualvollen Schneckentempo vor Stella Point genau wie Schlendern vor. Auf einmal spürte ich wieder neue Kraftreserven in mir. Es dauerte vielleicht noch 45 Minuten, und dann waren wir da: Um 6:53 Uhr am 7. September 2012 standen wir auf dem Dach Afrikas. Der ganze Kontinent lag uns zu Füßen. Endlich hatten wir es geschafft!

Noch einmal umarmten sich alle, und noch einmal weinte und schluchzte ein jeder und ließ seinen Gefühlen freien Lauf. Es braucht nicht viel, um mich zum Heulen zu bringen – ich weinte mir die Seele aus dem Leib, als ich als frischgebackene Mutter zum ersten Mal *König der Löwen* anschaute – aber wie wir da auf dem Gipfel standen und in alle Richtungen nach unten sehen konnten, war ich nicht die einzige mit tränenverschmiertem Gesicht. Dudley erinnert sich, dass die Tränen einfach fließen *mussten* bei dem Zusammentreffen so vieler Gefühle auf einmal: Stolz, Freude, Trauer, Erschöpfung, Dankbarkeit und Liebe – all das habe ihn zugleich ergriffen, so sagte er später, und habe eine Flut unglaublich intensiver Emotionen entfesselt, wie er sie vorher noch nie auf einmal verspürt habe.

Ein bisschen von alledem verspürte ich auch, aber am deutlichsten erinnere ich mich daran, wie einsam ich mich fühlte. Hier war ich endlich angelangt auf diesem Gipfel, am Ende des langen Wegs, und anstatt Triumph verspürte ich eine gähnende Leere. Ich war da, aber ohne Max bedeutete es mir nichts. Mit *ihm* wollte ich diesen Augenblick teilen; *ihn* wollte ich umarmen; neben *ihm* wollte ich mich unter diesem Schild fotografieren lassen.

Allerdings hätte er das Fotografieren gehasst. Besonders hätte er gehasst, dass immer wieder ein neues Foto geknipst werden würde, jedes Mal mit einer anderen Kamera. Er hätte sich über solch eine Zeitverschwendung beschwert (»Warum könnt ihr Leute euch nicht gegenseitig vertrauen und einfach die Fotos hinterher mailen?«, hatte er erst einige Tage vorher gefragt), und vielleicht hätte er sich sogar geweigert, in die Kamera zu schauen. Ich musste an unsere Weihnachtsfotos der vergangenen Jahre denken, auf denen man den vier strahlend lächelnden Kindern nie die Scharmützel ansieht, die bei jedem Fototermin zuvor ausgefochten werden müssen: die gekreuzten Arme, das Schmollen, das Brüllen, das Geschubse, und am Ende der riesige Berg Bonbonpapiere als stummer Zeuge dafür, dass Klaus und ich entgegen aller guten Vorsätze doch ab und zu die wirksamste Erziehungsmethode aller Zeiten anwenden – die Bestechung. Ich konnte all das förmlich vor mir sehen, und der Gedanke daran ließ mich beinahe lächeln.

Max war nicht darauf aus, sich mit Ruhm zu bekleckern. Er ist nicht hierhergekommen, um sich etwas zu beweisen oder hinterher damit anzugeben. Er hasst es, für seine Leistungen anerkannt zu werden und vermeidet es geflissentlich, in der Schule Preise und dergleichen entgegenzunehmen. Er hat nur mitgemacht, so denke ich, weil ich ihn darum gebeten habe.

Und genau das war das Besondere daran.

Ich habe schon erwähnt, wie überfüllt die Wege auf dem Kilimandscharo sind. Und wie es immer voller wird, je höher man kommt, weil mehrere Routen sich den gleichen Weg teilen. Also kann man sich denken, dass der überfüllteste Ort auf dem ganzen Berg der Gipfel selbst ist, und tatsächlich mussten wir Schlange stehen, um einen Platz unter dem Schild zu ergattern. Es kam uns vor, als ob wir ewig herumstanden und darauf warteten, dass wir drankamen, auch wenn es wahrscheinlich nicht mehr als fünfzehn Minuten dauerte. Manche hatten sich irgendwo hingesetzt und ruhten dankbar ihre müden Beine aus, den Kopf an den Rucksack gelehnt und das Gesicht zur langsam höhersteigenden Sonne gedreht. Ich hingegen erinnere mich genau, dass ich mich wie schon zuvor am Stella

Point lediglich im Stehen über meine Stöcke beugte, um Atem zu schöpfen. Die Versuchung, mich auf den Boden fallen zu lassen, war gewaltig, aber ich wusste, dass ich danach nicht wieder hochkommen würde, und deswegen blieb ich lieber stehen.

Irgendwie gelang es mir, trotz meiner tauben Finger ein paar Fotos zu knipsen. Meine Kamera funktionierte trotz angeblicher Kälteempfindlichkeit ausgezeichnet und die Herausforderung bestand hauptsächlich darin, sie aus dem Rucksack zu ziehen und einzuschalten. Ich war besonders fasziniert vom Anblick der Gletscher in der glitzernden Morgensonne. Die über zehn Meter hohen Gletscherwände aus purem Eis - ihre Ränder geriffelt wie mit einem überdimensionalen Brotmesser abgeschnitten - stellen zwar nur kümmerliche Überbleibsel der einstmaligen Gletscher da, aber sie sind dennoch gewaltig. Als ich oben in jener Kälte stand und all das Eis um mich herum sah, konnte ich mir kaum vorstellen, dass es jemals vollends schmelzen würde, wie es Monia befürchtet hatte.

Einer der Gletscher ist nach Dr. Walter Furtwängler benannt, der im Jahr 1912 bei der vierten Gipfelbesteigung dabei war und als erster die Abhänge des Kilimandscharo auf Skiern hinabfuhr. Gut, dass er es tat, solange er es konnte, denn heutzutage gibt es keine Skihänge mehr. Weiter entfernt konnte ich die sogenannten Nördlichen Eisfelder (»Northern Icefields«) sehen und die Überbleibsel des Rebmann-Gletschers - benannt nach demselben Johannes Rebmann, der einst den Europäern die Wunder des Kilimandscharo zu beschreiben versuchte und so sehr wegen seiner fantastischen Geschichten über äquatorialen Schnee verspottet wurde.

Ich gebe zu, es macht mir Spaß, mit all diesen Namen deutscher Forscher um mich zu werfen, zumal sie ja auch allesamt solche gelehrten Doktoren waren.

Mit Adleraugen schauten wir den Wandergruppen vor uns zu, um ja nicht unseren Platz in der Schlange zu verlieren, und dabei hatte ich Gelegenheit, mir das Schild auf dem Gipfel genauer anzusehen. Es ist einfach eine Ansammlung mehrerer schmaler waagerechter Schilder aus grünem Metall, die übereinander angebracht sind und in leuchtend gelben Buchstaben verkünden:

Congratulations!
You are now at Uhuru Peak
5895 M A.M.S.L.
Tanzania
Africa's highest point
World's highest free standing mountain
World heritage site

Wenn man es bis dorthin geschafft hat, weiß man das natürlich alles schon, und dennoch liest man erfreut die offizielle Bekanntmachung: dass man sich auf dem Uhuru-Gipfel in Tansania befindet, auf einer Höhenlage von 5.895 m über dem Meeresspiegel und damit auf Afrikas höchstem Gipfel, dem höchsten freistehenden Berg der Welt, und außerdem einem Weltkulturerbe.

Wären wir nur zehn Monate früher gekommen, hätten wir noch das alte windschiefe Holzschild angetroffen, das weltbekannte, wenngleich sehr mitgenommene, braune Schild mit abblätternder Schrift. Es hat die gleichen Fakten verkündet wie dieses, aber irgendwie auf stilvollere Art. Jahrzehntelang hat man es mit diesem Berg gleichgesetzt – auch wenn das Wort Kilimandscharo darauf nirgendwo erwähnt wurde – und jetzt war es nicht mehr da. Das fand ich schade.

Wenn man annimmt, dass 35.000 Menschen pro Jahr den Kilimandscharo besteigen und davon rund die Hälfte oben ankommen, dann kommt man auf zirka 50 Wanderer, die sich an einem beliebigen Morgen am Gipfel gegenseitig auf die Füße treten – mehr, wenn man die Bergführer dazuzählt, und nochmal über doppelt so viele, wenn man, so wie wir, während der Hauptsaison unterwegs ist. Nach dieser Rechnung könnten es weit über 100 Menschen gewesen sein, mit denen wir uns am Morgen des 7. September 2012 den Platz auf dem Uhuru teilen mussten. Und alle hatten sie ihre Fotoapparate dabei.

Als Meyer und Purtscheller am 6. Oktober 1889 den Gipfel erreichten, hatten sie ihn ganz für sich alleine. Sie sahen, was kein anderer Mensch vor ihnen jemals gesehen hatte: den Mount Meru, wie er in der Ferne aus den Wolken lugte, das grelle Sonnenlicht auf den Gletschern, und dazwischen die Mondlandschaft aus dunkelgrauen Asch- und Sandfeldern, die damals sicherlich völlig mit Schnee und Eis bedeckt waren. All das gehörte in diesem geschichtsträchtigen Augenblick nur ihnen allein, und man möchte sich vorstellen, dass sie vor Freude in die Luft sprangen und grölten, aber laut Meyers Tagebuch schüttelten sie sich einfach nur die Hände, hissten die deutsche Flagge, und benannten den Ort nach dem deutschen Kaiser.

Als wir endlich an der Reihe waren, nahmen wir unsere Positionen um das Schild herum ein. Jemand hatte eine südafrikanische Flagge mitgebracht, und in eben der Art, wie sie Max verrückt gemacht hätte, ließen wir unser Gruppenfoto wieder und wieder knipsen. Dazu hatten wir einen Wanderer der nachfolgenden Gruppe auserkoren, dem wir nacheinander alle unsere Kameras hinhielten, und der sich über diese Aufgabe zu freuen schien. Dann wurden ein paar Fotos von kleineren Gruppen gemacht, gefolgt von jenen, für die wir einzeln posierten. Ich hatte keinen Spaß an der ganzen Aktion, und ich werde mein Leben lang das Foto von mir hassen, auf dem ich scheinbar lässig gegen das Schild gelehnt stehe und unter meiner Kapuze herausschaue. Mir war überhaupt nicht nach einer Siegerpose zumute, und innerlich war ich aufgewühlt – nichts wünschte ich mir sehnlicher, als endlich diesen unwirtlichen Platz wieder verlassen zu können. Hauptsächlich wollte ich nach Max schauen und mit eigenen Augen sehen, dass mit ihm alles in Ordnung war, aber es war auch reine Selbsterhaltung, die mich antrieb. Denn obwohl die Sonne mittlerweile alles hell erleuchtete, lag die Temperatur noch weit unter null Grad. Die Kälte spürte ich schon fast nicht mehr, aber mir war klar, dass ich meinen Fingern und Zehen zuliebe baldmöglichst in mildere Regionen absteigen musste.

Ich brach als erste auf. Es muss ungefähr 7:25 Uhr morgens gewesen sein. Ich hatte insgesamt eine knappe halbe Stunde auf dem Gipfel verbracht, aber es hatte sich wie eine Ewigkeit angefühlt. Naiman – und dafür werde ich ihm ewig dankbar sein – merkte, dass ich schnell zurück wollte, und wich von da an nicht von meiner Seite. Wir beiden flogen förmlich den Berg hinunter. Ich kam mir wie eine Skifahrerin auf einer schwarzen Buckelpiste vor. Nicht, dass ich besonders oft oder gut auf schwarzen Buckelpisten Ski fahre. Es war eher so, wie Skifahren auf einer schwarzen Buckelpiste *wäre*, wenn man es perfekt könnte. Ich hatte mich zwar schon die ganze Woche lang auf meine Wanderstöcke verlassen, aber bei meinem wilden Wettrennen vom Gipfel zurück nach Barafu lernte ich sie lieben. Ohne sie wäre es lange nicht so schnell gegangen, und es hätte auch lange nicht so viel Spaß gemacht – ja, ich gebe zu, dass es mir trotz allem tatsächlich Spaß machte. Bei jedem Schritt setzte ich die Stöcke weit vor mir ein, hüpfte zwischen ihnen hindurch und schlitterte nochmal einen Meter weiter in dem tiefen Schutt. Auf diese Weise arbeitete ich mich den ganzen Abhang hinunter, im Slalom zwischen den Felsbrocken hindurch und umhüllt von einer riesigen Staubwolke.

Ich wäre vielleicht noch schneller gewesen, aber Naiman zwang mich immer wieder zu kurzen Pausen, damit ich verschnaufen und ein paar Schlucke Wasser trinken konnte. Im Nachhinein bin ich dafür dankbar, denn bei jedem Halt konnte ich ein paar Fotos schießen und die Aussicht bewundern. Ohne die beißende Kälte am Gipfel genoss ich den Blick von diesen tiefer gelegenen Aussichtspunkten fast noch mehr. Die Wolken waren verzogen, und ich befand mich immer noch hoch genug oben, dass das mir gebotene Bild durch die Erdrundung verzerrt wurde und einer dieser Miniaturlandschaften ähnelte, wie man sie aus Schneekugeln zum Schütteln kennt. Weit unter mir war unser Lager zu sehen, eng an den Berg geschmiegt, die bunten Zelte winzig klein und zum Berühren nah in der dünnen Luft, dahinter in sanft abfallenden Hängen der Fuß des Berges, und ganz unten am Talboden die Anfänge der weiten Steppe.

Es dauerte keine fünf Minuten, und schon waren meine Finger und Zehen wieder komplett aufgetaut und wiederbelebt. Mir wurde so warm, dass ich bald die dicken Jacken von mir riss. Gelegentlich trafen wir auf entgegenkommende Wanderer, die halberfroren unter ihrer Kapuze hervorlugten und wie in Trance ihrem Guide hinterhertrotteten, und jedes Mal schauten sie mich voller Entsetzen an, wie ich mit kaum mehr als einem T-Shirt am Leib den Berg hinuntersprang. Oder vielleicht war es ja auch Neid, der aus ihren Augen sprach. Der Kontrast war absurd. Nur eine Stunde vorher hatte ich genauso ausgesehen und mich genauso miserabel gefühlt, und nun war ich unbeschwert und frei wie ein Vogel. Nichts konnte mich bremsen auf meinem Weg zurück zu meinem Sohn, und ich konnte förmlich die Energie spüren, die mit jedem aufgegebenen Höhenmeter wieder in mich hineinströmte.

Atemlos stolperte ich kurze Zeit später im Lager durch den Zelteingang. Ich konnte kein Wort herausbringen, aber das war auch nicht nötig. Ich lachte und weinte vor Erleichterung, als ich Max in meine Arme schloss, der vergnügt auf seinem Schlafsack saß und mir versicherte, es ginge ihm ausgezeichnet. Er hatte die ganze Nacht geschlafen, nachdem ihn seine beiden Retter zum Zelt zurückgebracht und ihm große Mengen Wasser eingeflößt hatten. Hillary war kurzzeitig zu ihm gezogen, um ihn genau beobachten und falls nötig versorgen zu können. Dieses Detail lässt Hillary – und Goddys gesamtes Team – noch einmal höher in meiner Achtung steigen, falls das überhaupt möglich ist.

Wenn Max enttäuscht war von seinem Misserfolg, so verbarg er es gut. Er hat keine sichtbaren Narben davongetragen, aber wer weiß, wie es um seine Psyche steht. Ich kann mir kaum vorstellen, was ihm während der Nacht alles durch den Kopf gegangen sein muss, als er wieder klar denken konnte und ihm bewusst wurde, dass seine zwei Freunde ohne ihn auf dem Gipfel stehen würden. Ohne Zweifel wird das an ihm nagen. Vielleicht wird er sich ja in seiner Meinung bestätigt fühlen, dass man sich am besten nur an jenen Dingen versucht, die nahezu garantierten Erfolg versprechen. Denn wer wünscht sich schon Misserfolg? Wer will Enttäuschung erleben, seine Ziele verfehlen und seine Hoffnungen zerschlagen sehen? Aber vielleicht lernt er aus seiner Erfahrung ja auch, dass Erfolg und Misserfolg zusammengehören wie Tag und Nacht. Dass das eine kaum herausragt ohne das andere. Dass jeder Misserfolg ein kleines Türchen in die Zukunft öffnet, und dass, wenn man dieses Türchen nur findet und aufstößt und hindurchschreitet, es kaum etwas gibt, das man nicht später einmal erreichen kann.

Vielleicht findet Max ja Trost bei Thomas Edison. Als dieser die Glühbirne erfand, geriet er zunächst mit etlichen Fehlversuchen immer wieder in eine neue Sackgasse. Ein Geringerer hätte vielleicht vorzeitig aufgegeben, und in diesem Fall würden wir vielleicht heute noch in düsteren Zimmern sitzen und Petroleumdünste einatmen. Aber Edison schienen seine zahllosen Misserfolge wenig zu stören; er nahm sie einfach zum Anlass, es immer wieder neu zu versuchen. Als man ihn später darauf ansprach, sagte er Berichten zufolge: »Ich habe nicht versagt. Ich habe lediglich 10.000 Methoden entdeckt, die nicht funktionieren.«

Ich hoffe, dass Max genau diese Erkenntnis von unserem Abenteuer mit nach Hause nimmt. Tatsächlich sagt er schon jetzt, er wolle einmal zum Kilimandscharo zurückkehren.

Wer weiß, vielleicht komme ich dann wieder mit.

Sonnenaufgang bei Stella Point

Siebter Tag: Immer runter und direkt zur Bar

Vom Barafu Camp über das Mweka Camp zum Machame Gate, Freitag, 7. September und Samstag, 8. September 2012
Entfernung 12-13 km, 6-7 Stunden zum Mweka Camp und am nächsten Morgen 3 Stunden zum Machame Gate
Höhenunterschied 2.860 m, Abstieg von 4.660 m zum Mweka Camp auf 3.000 m und dann Abstieg zum Machame Gate auf 1.800 m.

Auch der siebte Tag beginnt genau genommen am Vortag, also am Spätvormittag des sechsten Tages. Man kann sich kaum vorstellen, dass es noch nicht mal Mittag ist und wir schon so viel hinter uns haben. Dennoch liegt der längste Teil des Tages noch vor uns.

Nachdem die restlichen Gruppenmitglieder wieder am Barafu Camp eingetroffen sind, ruhen wir uns dort ein paar Stunden lang aus und verzehren ein letztes Mittagessen auf dem Berg. Wir schaffen es kaum, genügend Energie für das Packen unserer Habseligkeiten aufzubringen, aber wir müssen - genau wie gestern die Gruppe vor uns - Platz für Neuankömmlinge machen. Auch das Wetter trägt seinen Teil dazu bei, dass wir nicht allzu lange verweilen mögen: Vor einer knappen Stunde war es noch so sonnig, aber schlagartig ist eine Front aufgezogen und treibt milchige Wolken übers Lager. Zum ersten Mal in dieser Woche erleben wir Schneefall. Er ist nicht heftig, aber stark genug, um unser Essenszelt weiß zu bestäuben und uns talwärts zu treiben, ähnlich einer Herde Kühe auf der Alm bei Wintereinbruch.

Zum Mweka Camp sind es ungefähr 13 Kilometer. Das bedeutet sechs bis sieben Stunden Marschzeit, vielleicht auch etwas mehr. Wie schon erwähnt, wird die Mweka-Route ausschließlich für den Abstieg benutzt, sodass wir von nun an nicht mehr auf entgegenkommende Wanderer treffen werden. Kurz nach dem Aufbruch spaltet sich unsere Kolonne bald wieder in kleinere Grüppchen. Manche gehen so schnell sie können, und andere gehen den Abstieg gemächlich an, um ihre Knie zu schonen.

Es ist ein Tagesmarsch, der gar nicht mehr enden will. Zwar geht es immerzu nur bergab, und daher ist es nicht annähernd so strapaziös wie das, was wir heute früh schon bewältigt haben, aber trotzdem male ich mir die baldige Ankunft im nächsten - und letzten - Lager in den prächtigsten Farben aus. Wir haben in über 24 Stunden kaum geschlafen, und das macht sich langsam bemerkbar. Ich habe das Gefühl, ich gehe nur deshalb unermüdlich weiter, weil mich die Schwerkraft nach unten zieht, als ob bergabgehen weniger Energie kostet als stehenbleiben. Eigentlich ist es unglaublich, wie schnell wir trotz unserer Erschöpfung vorwärtskommen. Wenn man sich unseren gesamten Aufstieg als Film vorstellt, dann ist es jetzt so, als ob jemand ihn mit fünffacher Geschwindigkeit zurückspult.

Während ich vorsichtig um Felsen herumsteuere, betaste ich geistesabwesend einen kleinen Stein in meiner Tasche. Ich hatte ihn am Gipfel aufgelesen, als wir darauf warteten, unser Gruppenfoto zu schießen, und jetzt erinnert er mich an etwas, das mich schmunzeln lässt. Es geschah zu Anfang unserer Wanderung, vielleicht am ersten oder zweiten Tag auf dem Berg, als wir auf einem Felsvorsprung Mittagspause machten. Ich saß an meinen Rucksack gelehnt auf dem Boden und bewunderte die Aussicht, als Mike mit einem riesigen Felsbrocken im Arm daherkam. Der Stein war so schwer, dass er ihn kaum tragen konnte.

«Hier«, sagte er zu mir und legte sein Mitbringsel behutsam vor meine Füße.

»Was?«, entgegnete ich und fragte mich im Stillen, ob Mike vielleicht einen Sonnenstich hatte.

»Das ist dein Stein«, sagte er. »Du hast doch gesagt, du wolltest einen Stein vom Kilimandscharo nach Hause bringen!«

Ich saß da mit offenem Mund. Ich konnte kaum fassen, dass Mike sich an eine solch beiläufige Bemerkung meinerseits erinnert hatte. Es war nur ein kurzer Moment, aber er verkörpert perfekt die Kameradschaft, die wir hier in dieser Woche zwischen uns erlebt haben.

Ich überlege, was ich wohl mit dem kleinen Stein in meiner Tasche machen soll, wenn wir wieder zu Hause sind. Hans Meyer, der natürlich auch am Hang des Kibos ein paar Steine auflas, hatte da keinen Zweifel. Als er von seiner Forschungsreise nach Deutschland zurückgekehrt war, »durfte ich dem Reichsoberhaupt über meine Expedition Bericht erstatten. Seine Majestät nahm die Widmung der Kaiser-Wilhelm's-Spitze, die ich in natura mitgebracht hatte, gnädigst an.« Jene »in natura« mitgebrachten Steine wurden später in den Grottensaal der kaiserlichen Residenz – dem Marmorpalast in Potsdam – eingebaut, wo sie auch heute noch die Wand zieren. Oder vielmehr ziert ein schwarzes Vulkangestein die Wand, das inzwischen in den Verdacht gekommen ist, eine Fälschung zu sein. Niemand scheint zu wissen, wann Meyers ursprüngliches Mitbringsel gestohlen wurde und was daraus geworden ist, und die Suche danach wäre sicher ein spannendes Thema für ein weiteres Buch.

Ich glaube nicht, dass sich irgendjemand in Johannesburg für meinen Stein interessieren wird. Ich war weder die erste am Gipfel, noch kenne ich irgendwelche Kaiser oder sonstigen Staatsoberhäupter. Ich denke, ich werde ihn in mein Bücherregal legen, wo er von Zeit zu Zeit dazu dienen kann, mich an mein Abenteuer zu erinnern.

Als wir endlich unsere erste Pause einlegen, fällt uns ein interessantes Gerät ins Auge, das an einem Felsen lehnt. Es ist eine Metalltrage mit langen Handgriffen an beiden Enden, unter die genau in der Mitte ein großer Fahrradreifen auf Stoßdämpfern montiert ist.

»Kilimandscharo-Krankenwagen«, wirft Goddy in die Runde, als er unsere fragenden Blicke sieht, und geht weiter. Wir staunen. So also gelangt man vom Berg hinunter, wenn man nicht mehr aus eigener Kraft gehen kann! Man wird die steilsten Stücke huckepack getragen, und falls man weiter evakuiert werden muss, so wird man auf so ein Ding geschnallt und über Stock und Stein bis zu einem Ort wie dem Shira Plateau mit Hubschrauberlandeplatz manövriert, von wo aus man schnellstmöglich zurück in die Zivilisation transportiert werden kann. Ich kann mir vorstellen, dass der Abstieg mithilfe dieses Gefährts weder für den Verletzten noch für die Träger besonders angenehm ist. Allein der Gedanke daran lässt mich frösteln, und ich spreche nochmal ein stilles Gebet zum Dank dafür, dass Max diese Strapaze erspart geblieben ist. Allerdings nicht erspart bleibt ihm die Demütigung, sich jetzt auf diesen »Krankenwagen« setzen zu müssen und in unterschiedlichen Posen fotografiert zu werden, während Martin und Mike Regisseur spielen und hier- und dorthin zeigen, damit sie den besten Schnappschuss hinbekommen. Man kann sehen, wie sehr Max in den letzten Tagen gereift ist, denn er lässt alles gutmütig über sich ergehen und grinst dabei über beide Ohren.

Als wir endlich einer nach dem anderen am späten Nachmittag ins Lager eintrudeln, lassen wir uns auf ein paar Stühle vor dem Essenszelt fallen und strecken alle viere von uns. Wir sind völlig erschöpft, aber dennoch sehr vergnügt. Dankbar schlürfen wir warmes Cola und Bier aus Dosen, die wie von Zauberhand erschienen sind, und dann schauen wir uns gegenseitig zum ersten Mal richtig an und müssen laut loslachen. Unser Anblick ist schauerlich. Die Männer sind natürlich alle unrasiert, bei uns Frauen tauchen unter den seit Tagen nicht mehr abgenommenen Wollmützen Haare auf, die Vogelnestern gleichen, und wir sind alle von Kopf bis Fuß von einer dicken Staubschicht bedeckt. Allesamt sehen wir wild und ungepflegt aus, und ich will gar nicht erst wissen, wie wir riechen, aber keiner scheint sich daran zu stören. Tatsächlich scheint um jeden von uns eine Art strahlender Schimmer in der Luft zu schweben, der geradezu attraktiv anmutet.

Mike ist völlig in seinem Element und erzählt die ersten Geschichten, aber bevor er richtig in Fahrt kommt und das Ganze zu einer etwas voreiligen Siegesparty ausarten könnte, ziehen sich nach und nach alle in ihre Zelte zurück. Es fehlt einfach die Energie zum Feiern, und außerdem ist unser Abenteuer noch nicht ganz vorüber. Bevor wir morgen unseren Abstieg fortsetzen, hat jeder von uns noch hier und da etwas an seiner Ausrüstung zu schaffen. Da die kommende Nacht unsere letzte auf dem Berg sein wird, ist es an der Zeit, alles aufzuräumen und darauf zu achten, dass nichts zurückgelassen wird. Schlafsäcke werden gelüftet, schweißgetränkte T-Shirts werden zum Trocknen über Äste gehängt, ACE-Packen werden um geschwollene Knie gewickelt, verkrampfte Schultern und wunde Füße werden massiert. Unser Lager hat die Atmosphäre eines Truppenlagerplatzes nach einem kleineren Scharmützel. Ich unternehme einen ersten Versuch, die dicke Schicht Schmutz von meinem Körper zu schrubben, die ich mir beim Hinunterrutschen auf der Schutthalde zwischen Gipfel und Barafu zugelegt habe. Mein Waschwasser wird davon sofort dunkelbraun, aber ansonsten kann man an mir kaum einen Unterschied erkennen.

Als wir unser Abendessen noch nicht mal halb verschlungen haben, fallen den ersten die Augen zu. Außerdem scheint die gute Laune von vorhin verflogen zu sein. Wahrscheinlich liegt das daran, dass wir nach den Anstrengungen der letzten zwei Tage einfach unglaublich erschöpft sind, aber ich vermute auch, dass da eine gewisse Melancholie eine Rolle spielt. Denn heute Abend teilen wir zum letzten Mal die nun schon liebgewonnene Routine miteinander: Zum letzten Mal tauchen wir die Suppenkelle in den Topf; zum letzten Mal warten wir mit angehaltenem Atem darauf, wer wohl den kaputten Stuhl erwischt und plötzlich mitten im Satz zur Seite kippt; zum letzten Mal werden wir von Goddy über unsere Suaheli-Vokabeln abgefragt; und zum letzten Mal werden wir im Schatten dieses mächtigen Bergmassivs schlafen.

Aus reiner Gewohnheit ziehe ich beim Einschlafen die Kapuze meines Schlafsacks eng ums Gesicht, aber das hätte ich nicht tun sollen. Schweißgebadet wache ich mitten in der Nacht in meinem überhitzten Schlafsack auf und bin sofort hellwach. Obwohl wir immerhin noch auf 3.000 Metern Höhe verweilen, herrschen in dieser Nacht geradezu tropische Temperaturen im Vergleich zu vorher, und die ungewohnte Hitze raubt mir den Schlaf. Oder vielleicht ist es mir ja inzwischen einfach zur Gewohnheit geworden, nicht länger als zwei Stunden am Stück schlafen zu können. Ich stehe auf, statte dem WC-Zelt einen letzten nächtlichen Besuch ab, und muss zu meiner Überraschung feststellen, dass sich auch diesmal davor wieder eine Schlange gebildet hat. Ich bin nicht die einzige, die von Schlaflosigkeit geplagt ist.

Es gibt so viel, was mir im Kopf herumgeht. Erst jetzt wird mir wirklich bewusst, was wir heute vollbracht haben, und ich liege noch stundenlang schlaflos in unserem Zelt und lasse nochmal alles Revue passieren, Schritt für Schritt.

Am nächsten Morgen stehen wir früh auf, schauen etwas wehmütig dabei zu, wie unsere Zelte zum letzten Mal zusammengepackt werden, und kommen dann nochmal in den Genuss einer Vorführung des »Kili-Liedes«. Es ist ein herzergreifender Anblick, wie alle unsere Bergführer und Träger zum letzten Mal als gesamte Mannschaft im Morgendunst in einer Reihe stehen und uns diesen Abschiedstanz schenken. Einige von ihnen sind in neue Schuhe und Jacken gekleidet, die ihnen als Abschiedsgeschenk vermacht wurden – das ist eine Art Sitte bei Kili-Führungen. Ab hier bereitet der Weg keine größeren Herausforderungen mehr, sodass manche ihn in Turnschuhen zurücklegen, und da es warm und trocken ist, brauchen wir auch keine Jacken mehr. Monia hat ihre Stiefel unserem Koch gegeben, der besonders dürftiges Schuhwerk hatte. Ob das wohl heißt, dass sie zufrieden damit ist, schon zweimal auf dem Gipfel des Kilimandscharo gestanden zu sein?

Max und ich hingegen haben unsere Stiefel behalten. Obwohl wir seit gestern nicht mehr über die Gipfelnacht geredet haben, ist dies vielleicht das erste Anzeichen, dass wir im tiefsten Inneren noch nicht mit diesem Kapitel abgeschlossen haben. Schließlich bräuchte man ja auf jeden Fall ein Paar Stiefel, um erneut den Kilimandscharo zu besteigen, auch wenn der reine Gedanke daran in diesem Moment absolut hirnverbrannt erscheint.

Wir versuchen, jedes Wort ab *Jambo, bwana* in uns aufzusaugen, damit uns dieses Abenteuer auch noch in vielen Jahren unvergesslich bleiben wird, und dann beginnen wir den Abstieg zum Parkeingang, unsere letzte Etappe. Dieser Tagesmarsch ist zwar kurz, der Weg dafür aber umso tückischer. Ich für meinen Teil bin froh, meine Stiefel noch an den Füßen zu haben, denn gerade hier sind sie besonders gefragt. Der Pfad geht sofort steil bergab und besteht wie am ersten Tag aus riesigen Stufen, die durch Holzplanken an den Kanten verstärkt sind. Diese Holzkanten sind durch den täglichen Fußverkehr über die Jahre so ausgetreten und glattgeschliffen worden, dass sie keinen guten Halt bieten. Es muss hier erst gestern geregnet haben, denn der Pfad ist sehr matschig und wir müssen fürchterlich aufpassen, dass wir nicht ausrutschen und auf den glitschigen Stufen das Gleichgewicht verlieren. Ganz gelingt uns das nicht. Dudley erntet Gelächter, als er auf einmal mit einem lauten Platsch in einer großen Pfütze landet und danach die Wanderung mit einer Schlammkruste auf Hinterteil und Rucksack fortsetzt.

Ärgerlicherweise spüre ich den Beginn einer Blase an meinem rechten Fuß. Wirklich, jetzt noch? Beim Aufstieg hat sich meine Umsicht, immer zwei Lagen Socken anzuziehen, bezahlt gemacht, und ich hatte überhaupt keine Probleme. Das lange Bergabgehen dagegen tut meinen Zehen nicht gut. Sie werden bei jedem Schritt erbarmungslos vorne in die Stiefel gerammt, und nach dem gestrigen Gewaltmarsch macht sich das nun bemerkbar. Wieder einmal bin ich dankbar für die Wanderstöcke, die besonders auf dem nassen Untergrund eine große Hilfe beim Abstützen nach unten bieten. Ich bin froh, dass ich vor Beginn der Wanderung den Befürwortern von Stöcken Glauben geschenkt habe.

Eine Weile lang halte ich mit den Jungs Schritt, obwohl sie regelrecht den Berg hinunterrennen. Es macht uns richtig Spaß, unter gezieltem Einsatz unserer Stöcke von Stufe zu Stufe zu hüpfen. Wie schon am Gipfel erinnert mich die Strecke an eine Buckelpiste beim Skifahren. Während Goddy diesmal die Nachhut mit den langsameren Wanderern bildet, hat sich Hillary zu uns gesellt. Ich glaube, er hat nach dem gemeinsamen nächtlichen Abenteuer einen gewissen Beschützerinstinkt für Max entwickelt. Auf halbem Weg gebietet er uns plötzlich anzuhalten und führt uns ein paar Schritte abseits des Pfades zu einer Lichtung im Wald. Er wolle uns etwas Besonderes zeigen, sagt er. Und tatsächlich ist das, was wir zu sehen bekommen, ein ganz besonderer Genuss. Durch die Zweige der tropischen Bäume um uns herum blicken wir direkt auf den Kibo, wie er im hellen Sonnenschein vor dem tiefblauen Himmel glitzert. Der frischgefallene Schnee, dessen erste Flocken wir ja gestern noch selbst erlebt haben, lässt die Schneekuppe besonders hell strahlen. *Kilima ndscharo,* Leuchtender Hügel – es ist wirklich ein passender Name. In solcher Pracht haben wir den Kilimandscharo bisher noch nicht gesehen, und wir können uns fast nicht von diesem Anblick losreißen. Nur widerstrebend packe ich irgendwann meine Kamera wieder ein und folge Hillary und den anderen zurück zum Pfad, um den Abstieg fortzusetzen. Als ich mich kurze Zeit später wieder umdrehe, um einen letzten Blick zu erhaschen, ist der Kibo verschwunden, verdeckt vom dichten Laub und den neu aufziehenden Wolken. Man könnte fast meinen, wir haben uns das Ganze nur eingebildet, wie eine Fata Morgana in der Wüste.

Als wir wenige Stunden später am Parkeingang eintreffen, sind wir fast ein bisschen enttäuscht. War es das wirklich schon? Wir stehen noch ein Weilchen herum, tragen uns ein letztes Mal in das Logbuch ein und kaufen Kili T-Shirts und sonstige kitschige Souvenirs, wofür wir, wie uns geraten wurde, etwas Bargeld mitgebracht haben. Aber irgendwann ist der Augenblick gekommen, an dem unsere Wanderung tatsächlich zu Ende ist. Schweren Herzens klettern wir in den alten Militärlaster, der schon mit laufendem Motor für die Fahrt zum Hotel bereitsteht.

Sieben Tage lang sind wir nur zu Fuß gegangen, und man sollte meinen, es täte gut, endlich mal wieder im Sitzen und mit ausgestreckten Beinen in relativem Komfort zum Ziel befördert zu werden. Aber nein, so ist das nicht. Eher kommt mir die Busfahrt irgendwie unbefriedigend vor. So, als ob ich um etwas betrogen werde, als ob mir dieses Stück Weg weggenommen wird. Ich glaube, den anderen geht das auch so. Wir lassen die holprige Fahrt schweigend über uns ergehen und betrachten wehmütig die kleinen Dörfer und Kaffeeplantagen, die draußen vor den Fenstern vorüberziehen. Gelegentlich winken uns die Leute freundlich zu, so wie sie es auch vor einer Woche taten, als wir in die andere Richtung fuhren. Ihr Leben geht genauso weiter wie vorher.

Unser Leben dagegen scheint überhaupt nicht so wie vorher. Innerhalb einer Woche sind wir 4.000 Meter hoch und wieder hinunter gestiegen – 6.200 Meter, wenn man all die Talüberquerungen beim Aufstieg mitzählt. Wir sind insgesamt 70 Kilometer gewandert – Mike ein wenig weiter, seines Hutes wegen. Wir haben Temperaturen weit unter dem Gefrierpunkt ertragen und einen solch geringen Sauerstoffgehalt, wie man ihn fast nicht mehr aushalten kann. Wir mussten mit all den kleinen Beschwerden kämpfen, die ein Leben in der Wildnis mit sich bringt, wenngleich die treuen Dienste unserer Mannschaft zum einen oder anderen unerwarteten Luxus beitrugen. Unsere gemeinsame Woche hat ihre Spuren hinterlassen, aber nicht nur körperlicher Art. Dudley, der gerne seine Gefühle in Worte fasst, sagt, er habe »eine neue Wertschätzung fürs Leben« gewonnen, habe gelernt, »den Weg zu genießen und die darauf erworbenen Freundschaften zu würdigen«. Dem kann ich mich uneingeschränkt anschließen.

Und jetzt endet dieser Weg.

Alle sind in Gedanken versunken, während der Bus über die staubigen Straßen holpert. Ich nutze die Stille, um mir die letzten zwei Tage nochmal in Erinnerung zu rufen. Seit dem Nachmittag im Barafu-Camp, als wir nervös auf die kommende Gipfelbesteigung warteten, habe ich keine Notizen mehr gemacht, und ich habe Angst, dass ich etwas vergessen könnte. Nicht so sehr die Gipfelnacht mit all ihrem Drama. Die werde ich nicht so schnell vergessen. Aber auch der Abstieg enthielt Momente, die ich festhalten will.

Eigentlich ging er viel zu schnell, der Abstieg. Sofern wir nicht von steifen Knien gebremst wurden, flogen wir förmlich den Berg hinunter, voller neuer Energie, die wir mit jedem sauerstoffreichen Atemzug in uns aufsogen. Die Landschaft huschte so schnell an uns vorüber, dass man im einen Moment noch eine kahle Schutthalde hinunterschlitterte und im nächsten schon durch dichten und nebeligen Regenwald marschierte, ohne sich zu erinnern, wie man von hier nach dort gelangt war. Gerade beim Abstieg hätten wir die Atmosphäre vielleicht länger auskosten und hier und da eine Pause einlegen können, um möglichst viele Fotos zu machen. Aber als ich meine Kamera herauskrame – die zu meiner Überraschung immer noch eine fast volle Batterie anzeigt – sehe ich, dass ich vom gesamten Abstieg nur drei kümmerliche Bilder besitze.

Warum bloß die Eile? Warum rennt man den Berg so schnell hinunter, wie einen die Beine tragen können? Ich kann es nur so erklären: Man tut es, weil es auf einmal geht! Beim Aufstieg lief alles nur *pole pole*, anfangs auf Befehl und dann später aus Notwendigkeit. Im Schneckentempo ist deine Gruppe bergauf gekrochen, und dein Blick war hauptsächlich auf den Quadratmeter Boden vor deinen Füßen fixiert. Oder manchmal auch auf die Gartenschaufel, die von dem Rucksack deines Vordermannes baumelte und dir Anlass gab, stundenlang darüber zu grübeln, wo sie wohl überall schon benutzt wurde und welche Substanzen sie dabei vielleicht berührt hatte. Aber beim Abstieg gibt es kein Bremsen. Es fühlt sich an, als ob die Schwerkraft mit jedem Schritt zunimmt und dich unaufhaltsam bergab zieht. Wie eine Marionette lässt du dich von ihr englangführen, wie auf Autopilot. Auf einmal kommst du genauso schnell vorwärts wie die unermüdlichen Träger, vielleicht überholst du ja sogar den einen oder anderen. So trottest du immer weiter bergab, und wenn du denkst, der Berg müsste doch schon längst zu Ende sein, geht es immer nochmal weiter hinunter.

Vielleicht ist es auch die Vorfreude auf die Familie zu Hause, die einen so unnachgiebig zum Fuß des Berges zieht. Ich kann jetzt nachvollziehen, was Debbie Bachmann antrieb, als sie fast nonstop den Berg hinunter zu ihren Kindern rannte, obwohl sie ja ihren Rekord schon erreicht hatte und man meinen sollte, sie hätte ihn auf dem Rückweg noch etwas länger auskosten können. Auch wenn dieses Abenteuer Max und mir alleine gehört, und obwohl ich es genossen habe, meine Hausfrauen- und Mutterrolle zeitweise abzulegen, so vermisse ich nun doch die anderen Kinder und auch Klaus. In seinem Fall wird es bis zu einem Wiedersehen länger dauern, da er schon seinen neuen Job in den USA übernommen hat, und wir die nächsten drei Monate auf zwei verschiedenen Kontinenten leben werden. Aber die drei jüngeren Kinder werde ich schon morgen wiedersehen, und auf einmal kann ich es kaum abwarten.

Erst auf dem allerletzten Stück des Abstiegs gelang es mir, langsam zu gehen, um das unvermeidliche Ende der Wanderung etwas hinauszögern. Ich genoss die unbeschwerten Gespräche mit den anderen Gruppenmitgliedern, solche Gespräche, wie sie uns während der letzten Etappe des Aufstiegs nicht möglich gewesen waren, als wir ständig nur nach Atem rangen. Ich weiß nicht mehr, worüber wir sprachen - vorbei war es mit den tiefgründigen Eier- und Vakuumfragen - aber ich genoss das Geplänkel.

Jetzt im Nachhinein befürchte ich allerdings, dass das, was mir wie Geplänkel vorkam, einigen anderen vielleicht eher wie Ächzen und Stöhnen durch zusammengebissene Zähne erschien. Das Bild eines sorgenfreien Abstieges, das ich hier male, ist gegenüber einigen in unserer Gruppe sicherlich nicht ganz fair. Ich musste zwar auch aufpassen, wohin ich trat, und ich musste mich dabei konzentrieren, aber es machte mir Spaß. Wer aber Probleme mit den Knien hatte, für den war der Abstieg eine Qual. Adrian und Dudley schien es besonders schwer zu treffen. Sie arbeiteten sich Schritt für Schritt vorwärts und um die großen Steine herum, die über den Wanderpfad verstreut lagen, und sie tasteten dabei mit schmerzverzerrten Gesichtern immer wieder vorsichtig den rutschigen Untergrund ab, damit sie nicht ausrutschten. Es muss frustrierend für sie gewesen sein, so langsam voranzukommen und ständig von jemandem überholt zu werden. Beide behaupten, dass sie lieber nochmal eine ganze Gipfelnacht durchlebt hätten als den Abstieg.

Je mehr man sich dem Ende nähert, desto mehr denkt man an das Hotel und die heiße Dusche, die einen dort erwartet, und an allen anderen herbeigesehnten Komfort.

Ja, dazu gehört auch der Besuch der Toilette. Man stelle sich nur vor, keine ärgerlichen Reißverschlüsse zwischen dem Bett und einer befriedigenden Sitzung! Solide Wände um sich herum anstatt dünnen Zeltstoff, der kaum einem mittelstarken Windstoß standhalten würde! Ein ebener und fest verankerter Sitz, auf dem man keine Gefahr läuft, vor Beendigung seines Geschäfts umzukippen …

Eines ist klar: Ich hätte nie gedacht, dass ich eines Tages so viel über Toiletten schreiben würde. Oder auch über Gartenschaufeln.

Auch wenn du dich auf den baldigen Komfort freust, so macht dich doch jeder Schritt traurig, mit dem du dich der Zivilisation näherst, denn dir ist klar, dass etwas ganz Besonderes zu Ende geht. Ich finde, es fühlt sich ein bisschen an wie die Heimkehr nach meiner ersten Klassenfahrt als Teenager: Manche Kameraden sind mir ans Herz gewachsen, wir prusten vor Lachen, wenn irgendeine gemeinsame Erinnerung erwähnt wird, und ich erinnere mich gerne an die Mahlzeiten, auch wenn sie nicht gerade von Fünf-Sterne-Köchen zubereitet wurden. Wir haben eine Woche in einer Art Dauerrausch verbracht und jetzt gehen wir schmutzig und erschöpft nach Hause und wissen nicht, ob wir glücklich oder traurig sein sollen. Ich bin glücklich, weil es so spannend und einzigartig war, und ich bin traurig, weil es vorüber ist. Und eines weiß ich genau: Andere, die nicht dabei waren, werden es nicht verstehen können.

Ganz vorüber ist es allerdings noch nicht. Denn welche gute Wanderung endet ohne ein paar kalte Getränke zur Besiegelung der Tat?

Ich habe gehört, dass man bei der Rückkehr von einer Kili-Wanderung Südafrikaner ganz einfach von Amerikanern unterscheiden kann: Während erstere immer gleich an die Bar steuern, um die erste Runde eiskaltes Kilimandscharo-Bier zu bestellen, gehen letztere immer schnurstracks in Richtung Dusche. Zumindest geht so die Legende. Vielleicht ist ja das, was sich bei unserer Ankunft am Hotel abspielt, ein Beweis dafür, dass ich jeweils einen Fuß fest auf beiden Kontinenten verankert habe: Sobald wir aus dem Laster gestiegen sind, stehe ich nämlich wie angewachsen auf dem Schotterpfad im Innenhof des Hotels und weiß nicht, wohin. Aus der einen Richtung ruft mein amerikanischer Sohn, der schon ungeduldig vorausgeeilt ist und sich nichts sehnlicher wünscht, als ein Zimmer zu bekommen und dort stundenlang im Bad unter der Dusche zu stehen, und aus der anderen Richtung winken meine südafrikanischen Freunde, die schon ein paar Stühle an der Bar zurechtgerückt haben und mich zu einem Bier einladen. Ein paar Minuten lang kann ich mich weder für das eine noch für das andere entscheiden, aber am Ende bekommt Max seine Dusche und ich mein Bier, gefolgt von vielen Gläsern Wein und irgendwann sogar einer Flasche Champagner.

Eigentlich wäre ich auch mit ein paar Litern Gemüsesaft zufrieden gewesen, solange er gekühlt gewesen wäre und nicht nach Chlor geschmeckt hätte, aber ich muss sagen, ich genieße trotzdem den Alkohol nach einer Woche Abstinenz. Es ist wunderbar, hier barfuß und in meinen schmutzigen Kleidern in der warmen Sonne zu sitzen, inmitten dieser Gruppe von Freunden, die mir im Verlauf der letzten Woche so sehr ans Herz gewachsen sind. Es scheint fast so, als ob ich auf bestem Wege bin, in meinem Innersten eine richtige Südafrikanerin zu werden, just in dem Moment, als wir das Land bald wieder verlassen müssen. Das ist die Geschichte unseres Lebens - immer müssen wir Abschied nehmen, gerade wenn wir einen Ort ins Herz geschlossen haben und vielleicht sogar damit liebäugeln, dort Wurzeln zu schlagen.

Das Ausrechnen der Trinkgelder für die Träger und Bergführer ist eine Kugelfuhr, und ich kann nur empfehlen, das zu erledigen, bevor man zu lange an der Bar verweilt hat. Außerdem möchte ich den Lesern, die selbst eine Kilimandscharo-Besteigung in Betracht ziehen, den folgenden Ratschlag geben: Am besten bringt man ungefähr doppelt so viele US-Dollar mit, wie man es sich vorher so genau ausgerechnet hat. Erstens gibt man unweigerlich ein kleines Vermögen für die schon erwähnten T-Shirts und anderen Souvenirs unten am Berg aus, wenn es nach einer Woche zum ersten Mal wieder etwas zum Einkaufen gibt. Zweitens braucht man eventuell extra Bargeld, um am Flughafen irgendeine ärgerliche Ausreisegebühr zu bezahlen, die vorher niemand erwähnt hat. Und drittens will man sich sehr großzügig gegenüber den Trägern und Bergführern erweisen, die ihrerseits so wenig besitzen und dennoch so emsig und immer fröhlich arbeiten, um ihren Gästen die bestmögliche Wandererfahrung bieten zu können. Manche von ihnen tragen einen ja vielleicht sogar auf ihrem Rücken den Berg hinunter!

Nichts qualifiziert einen so sehr für hilfreiche Ratschläge, wie wenn man sie selbst nicht befolgt hat. Denn natürlich habe ich *nicht* genügend Dollar mitgebracht - wie Klaus es nur zu gerne bestätigen wird, kümmere ich mich nie zufriedenstellend um solcherlei lästige Details. Deswegen finde ich mich alsbald auf dem Rücksitz von Hillarys Auto wieder, auf dem Weg ins nächste Abenteuer, bevor das alte überhaupt ordnungsgemäß gefeiert wurde. Ich sitze eingequetscht zwischen Martin und Adrian - die zu meiner Erleichterung genauso bargeldbedürftig sind und genauso wenig Voraussicht geübt haben wie ich - während wir durch das staubige Moshi tuckern und nach einem Geldautomaten Ausschau halten. Ich bereue es, meine Kamera beim Hotel zurückgelassen zu haben, denn es gibt hier fast so viele Sehenswürdigkeiten wie zuvor auf dem Berg. Am eindrucksvollsten ist der Mann, der auf einem Motorrad die Straße entlangfährt und einen zwei Meter hohen Stapel Feuerholz auf dem Gepäckträger balanciert. Wieder einmal finde ich es seltsam und verkehrt, dass wir unsere Besorgung nicht zu Fuß erledigen, und es ist noch merkwürdiger, unseren treuen Bergführer auf einmal in einen Chauffeur verwandelt zu sehen.

Ganz wider Erwarten funktioniert gleich der erste Geldautomat wunderbar, an dem Hillary uns absetzt. Nacheinander füttern wir alle drei den Automaten mit unseren Bankkarten, um im Gegenzug tausende tansanische Schilling zu erhalten. Als das Transaktionslimit erreicht ist, schieben wir einfach unsere Karten nochmal hinein und bekommen dafür wieder Geld. Wahrscheinlich sollte ich etwas misstrauisch sein, ob ich dafür nicht eventuell später auf unserem Kontoauszug eine böse Überraschung erleben werde. Bestimmt gibt es zusätzliche Gebühren, und bestimmt haben wir mit unseren höhen- und alkoholumnebelten Gehirnen noch nicht mal annähernd den richtigen Wechselkurs berechnet. Aber an so einem Tag wie heute kann mir nichts meine gute Laune verderben, und so beenden wir vergnügt unseren kleinen Ausflug und kehren zum Hotel zurück.

Dort angelangt bestellen wir neue Getränke und überreichen Mike unsere Schilling-Bündel. Der hat sich im Innenhof unter einem Sonnenschirm niedergelassen und widmet sich der undankbaren Aufgabe, all unser Geld zu zählen und zu ermitteln, welcher Bergführer wieviel davon bekommen soll. Er vollbringt damit, so scheint uns, eine undenkbar schwierige Leistung und löst kompetent (und unter Zufuhr einiger weiterer Flaschen Bier) diese Aufgabe der höheren Mathematik. Als er endlich fertig ist, händigt er nacheinander verschieden dicke Bündel Geldscheine an Goddy, Hillary, Naiman und Monday aus. Sie sind sehr dankbar. Wahrscheinlich ist dies der Höhepunkt *ihrer* Kili-Wanderung. Zusätzlich gibt Mike Goddy eine Tabelle mit Trinkgeldbeträgen und einen weiteren Stapel Geldscheine, damit dieser den nicht anwesenden Trägern später ihre Anteile aushändigen kann.

Als nächstes sind wir Gäste an der Reihe, Geschenke in Empfang zu nehmen. Goddy ruft nacheinander jeden von uns auf, hält eine kurze Rede, und überreicht uns unsere Urkunden. Jeder wird dabei fotografiert, wie er herumgeht und allen die Hände schüttelt, und jedes Mal wird laut geklatscht. Wieder zeigt sich Max guter Dinge, als er von Goddy und Hillary als einziger hoch in die Luft gehoben wird und dafür eine extra Runde Applaus erntet. Er mag es vielleicht nicht bis ganz oben auf den Berg geschafft haben, aber dafür umso weiter in die Herzen dieser beiden Bergführer.

Zu guter Letzt kommt der Augenblick des Abschieds, und nach nochmaligem Händeschütteln und dem Ausdruck gegenseitiger guter Wünsche machen sich unsere treuen Begleiter auf den Nachhauseweg. Sicherlich können sie es nicht abwarten, zu ihren Familien zurückzukehren und all die Dinge des täglichen Lebens zu organisieren, die bei ihrem Job ohne Zweifel oft liegenbleiben. Ich hoffe sehr, dass sie diesmal mehr als nur eine Nacht Pause haben, bevor ihre nächste Gruppe losmarschiert.

Goddy macht uns den Abschied leichter, indem er uns erzählt, dass er aufgrund eines glücklichen Zufalls bald in Südafrika sein wird. Ein paar ehemalige Gäste haben sich zusammengetan, um ihm als Dankeschön einen Urlaub zu finanzieren, und deswegen wird er genau in einem Monat nach Johannesburg reisen. Zum ersten Mal in seinem Leben wird er das heimatliche Tansania verlassen, und er kann nicht anders, als über beide Ohren zu strahlen. Wie ein Kind kurz vor Weihnachten platzt er fast vor Aufregung, und wir freuen uns natürlich darauf, dass wir ihn schon bald wiedersehen werden.

Dennoch ist es ein emotionaler Abschied. Goddy und auch die anderen Bergführer sind uns ans Herz gewachsen, denn sie alle haben uns durch sieben so bedeutungsvolle Tage unseres Lebens begleitet, beziehungsweise geführt. Vielleicht ist es für sie ja einfacher als für uns, weil sie nach Jahren des Bergführens an diese Szenen gewöhnt sind. Aber ich glaube, dass auch ihnen der Abschied schwerfällt. Die Kameradschaft, die wir füreinander verspüren, scheint auch unsere Bergführer ergriffen und mit eingeschlossen zu haben. Mehrmals in der vergangenen Woche hat Goddy uns anvertraut, wie berührt er sei, dass wir ihn wie »Jemanden« behandelt haben, wo er doch so ein »Niemand« sei. Das waren seine Worte, nicht unsere. Er konnte sich nicht vorstellen, dass er für uns *alles* war. Er war derjenige, den wir um Rat fragten, er war es, der uns aufheiterte, wenn wir betrübt waren, und ihm haben wir es auch zu verdanken, dass wir tief in unserem Innersten immer dann ungeahnte Kraftreserven fanden, als wir dachten, wir könnten keinen Schritt mehr tun.

Leider sehen anscheinend nicht alle Wanderer ihre Bergführer im gleichen Licht wie wir das tun, denn sonst müsste Goddy nicht so ein geringes Selbstwertgefühl haben. Eines Abends hatte er Tränen in den Augen, als wir alle unsere Erste-Hilfe-Kästen ausleerten, um nach Schmerztabletten für einen der Träger zu suchen, der schlimme Zahnschmerzen hatte und leidend vor der Hütte saß. Er musste deswegen vorzeitig absteigen, und wir wollten ihm den langen Fußmarsch leichter machen. Goddy konnte es nicht fassen, dass wir einem »niedrigen« Träger halfen, auch wenn es für uns eine solch kleine und unbedeutende Geste war.

Ich für meinen Teil werde den Kilimandscharo nie vergessen, und auch nicht Godlisten Mkonyi.

Ich weiß, es ist ein Mischmasch aus afrikanischen Sprachen, aber dennoch:

Hamba kahle, kaka yangu.

Lebwohl, mein Bruder.

Gletscher auf dem Gipfel des Kilimandscharo

Achter Tag: Abreise

9. September 2012, Abreise nach Johannesburg

Wenn ich beim Reisen meinen Koffer packe, finde ich das Packen für die Heimreise immer viel angenehmer als das Packen *vor* der Reise. Wahrscheinlich bin ich damit die Ausnahme. Ich stelle mir vor, dass es bei den meisten Menschen eher umgekehrt ist; dass sie im Vorfeld der Reise voller Vorfreude auf Sonne und Strand und exotische Länder nur zu gerne die Dinge auswählen, die sie mitnehmen wollen, und dass sie das Kofferpacken voller Energie angehen, genauso, wie sie schon vorher voller Energie Prospekte gewälzt und Hotels gebucht haben.

Bei mir ist es aber genau umgekehrt. Vielleicht liegt das an meiner ewigen Unentschlossenheit. Oder vielleicht auch daran, dass ich gar nicht so gerne verreise. Auf jeden Fall finde ich es vor einem Urlaub unglaublich schwierig und mühselig, mich für die Dinge zu entscheiden, die alle eingepackt werden sollen, und verzögere das Packen deswegen bis zum letztmöglichen Moment, was Klaus wiederum absolut verrückt macht. Und umgekehrt, wenn die Heimreise vor der Tür steht, stopfe ich nur zu gerne alles wieder kurzerhand in meine Tasche hinein, ohne jegliche Ordnung, und freue mich schon im Voraus darauf, wie dann zu Hause alles wieder an den richtigen Platz geräumt werden kann. Dieser Gedanke beflügelt mich meisten so sehr, dass ich nicht böse drum bin, dass der Urlaub vorüber ist.

Aber diesmal nehme ich mir mit dem Packen ausnahemsweise richtig viel Zeit. Unsere Ausrüstung liegt in einem wüsten Haufen vor mir, und ich rufe mir vor Augen, wie ich den ganzen Krempel bei den Reisevorbereitungen sorgfältig sortiert habe; wie ich buchstäblich jedes Stück abwog und entschied, ob es wichtig genug sei, um kostbaren Raum in der Tasche einzunehmen. Ich weiß, dass ich zu Hause alles kurzerhand - und mit angehaltenem Atem - in die Waschküche kippen und aus meiner Erinnerung verbannen werde, und da kommt mir eine Idee. Anstatt alles einfach in die Reisetaschen zu stopfen, will ich die Gelegenheit nutzen und mir jeden Gegenstand einzeln vornehmen, um zu überlegen, wie wichtig er für unsere Wanderung war. Damit kann ich dann meine Packliste perfektionieren - mein Geschenk an die Kili-Nachwelt, sozusagen.

Die Wanderstöcke, die ich vor Beginn der Wanderung für Max und mich sehr günstig direkt hier im Hotel gemietet habe, sind als erstes an der Reihe. Ich erinnere mich noch genau, wie schwer ich mich damals entscheiden konnte. Warum sollte ich denn überhaupt Wanderstöcke haben? Wäre es nicht besser, sich um eine Sache weniger kümmern zu müssen? Wie naiv ich doch war! Sie sind unentbehrlich, das weiß ich jetzt - besonders für die Gipfelnacht, und vielleicht sogar noch mehr für den Abstieg. Und wer beim Gipfelsturm und dem Abstieg eventuell sogar ohne sie auskäme, der könnte sie sicherlich dennoch gut gebrauchen, um damit einem Mitwanderer bei Gelegenheit eins über den Kopf zu hauen, wenn dessen Handy mit lautem Gepiepe die Ruhe stört.

Die Feuchttücher verdienen hier auch nochmal eine Erwähnung, auch wenn sie nur imaginär auftreten, da kein einziges übrig geblieben ist. Warum ich nicht einfach einen zweiten Packen mitgebracht habe, weiß ich nicht. Ich glaube, sie standen überhaupt gar nicht auf meiner Packliste, und ich hatte bei der einen Packung schon leichte Schuldgefühle, dass ich nicht strikt den Anweisungen gefolgt war. Außerdem sind die Tücher auch nicht biologisch abbaubar, ein weiterer Minuspunkt. Wenn man allerdings bedenkt, dass sowieso all unser Abfall den Berg hinabtransportiert werden musste, dann hätten ein paar Feuchttücher mehr auch nicht den Ausschlag gegeben. Wahrscheinlich bin ich einfach nicht amerikanisch genug. Die meisten amerikanischen Frauen aus meiner Bekanntschaft gehen nie ohne eine Riesenpackung Feuchttücher aus dem Haus.

Das gleiche lässt sich übers Toilettenpapier sagen. Aber über dieses Thema habe ich jetzt genug gesprochen.

Die Stirnlampen, die ich für uns beide gekauft habe, waren nicht gerade billig, sondern gut und teuer. Und hatten damit auch eine längere Lebensdauer. Rundum eine gute Investition, mit der ich sehr zufrieden bin und die ich ohne Bedenken weiterempfehlen kann, auch ohne Nachtwanderung. Es ist nämlich viel einfacher, nachts mithilfe einer um den Kopf gespannten Lampe im Zelt herumzukramen, als sie dabei zwischen den Zähnen halten zu müssen. Gegen Ende der Woche hatte ich mir sogar angewöhnt, sie vor dem Einschlafen eng ums Handgelenk zu schlingen.

Gebraucht habe ich sie zwar nicht, aber ich würde sie trotzdem wieder mitnehmen: Ersatzbatterien für die Stirnlampe.

Der eine oder andere Leser mag sich an das Hin und Her erinnern, als ich mich beim Einkaufen vor der Reise nicht zwischen den vielen Mikrofaserhandtüchern entscheiden konnte, die bei Trappers im Angebot waren. Letztendlich kaufte ich tatsächlich eines – es war blau, falls es jemanden interessiert – und ich muss sagen, es war sehr angenehm, mir damit jeden Morgen und Abend nach dem Waschen die Hände und das Gesicht abtrocknen zu können. Es war schön leicht und außerdem wurde es superschnell wieder trocken, wenn man es nachts über das Zeltgestänge hängte oder tagsüber am Reißverschluss des Rucksacks baumeln ließ. Übrigens kaufte ich damals sogar zwei dieser Handtücher und gab eines gleich an Max weiter, für seine Schulwanderung im März. Von dort gelangte es leider nie wieder nach Hause, auch wenn Max schwört, dass er es nicht verloren hat. Er »weiß nur nicht mehr, wo es ist«. Nett wie ich bin, teilte ich mir daraufhin das eine Handtuch mit ihm, und es erwies uns gute Dienste. Es muss übrigens kein großes Handtuch sein, schon gar nicht in der Größenordnung eines Badetuches, denn eines kann ich versprechen: Nirgendwo auf dem Kilimandscharo wird man eine einzige Dusche vorfinden!

Es gibt einen Posten auf meiner Packliste, den ich nur am ersten Tag benutzt habe, und auch dann hätte ich darauf verzichten können. Es waren Gamaschen, diese langen schlauchartigen Dinger aus strapazierfähigem Material, die man sich über die Hosenbeine stülpt, damit sie Regen, Schnee und Schlamm aus den Stiefeln fernhalten. Zum Glück gab es aber bei unserem Aufstieg nie Regen, Schnee oder Schlamm, ganz im Gegenteil: der Waldweg war knochentrocken. Dennoch würde ich auch beim nächsten Mal Gamaschen einpacken - man kann ja nie wissen.

Meine ganz besondere Zuneigung zu meiner Wollmütze habe ich ja schon erwähnt. Ich trug sie nicht nur jeden Tag, sondern auch jede Nacht. Man sagt ja, der Großteil der Körperwärme entweiche durch den Kopf, aber nach etlichen Skiurlauben kann ich nur sagen, dass das auf mich noch nie zugetroffen hat. Vielleicht habe ich dafür zu dicke Haare. Ich habe die Mütze hauptsächlich nur für die Gipfelnacht wirklich gebraucht, aber ich möchte dennoch dringendst empfehlen, eine einzupacken - nicht so sehr zum Schutz vor den Elementen, sondern eher zum Schutz vor etwaigen missbilligenden Blicken auf die ungewaschenen Haare.

Wie haben sich meine tollen Socken bewährt, fragt ihr euch vielleicht? Ich kann nur sagen, sie waren absolut perfekt und leisteten genau das, was sie versprachen. Es bereitete mir ein besonderes Vergnügen, sie jeden Morgen aus meiner Tasche zu angeln und sie auf das knallrote »L« und »R« hin zu überprüfen, um zu wissen, welche Socke an welchen Fuß gehörte. Ich gab mir große Mühe, sie nicht zu verwechseln; hauptsächlich deswegen, weil sie nach mehreren Tagen die genaue Form meiner Zehen angenommen hatten, aber vielleicht auch aufgrund einer leichten Neigung zum Aberglauben, die ich bisher bei mir noch gar nicht bemerkt hatte. Dieser Berg zieht einen in seinen Bann, ob man will oder nicht.

Die Stiefel verdienen einen Ehrenplatz auf meiner Packliste. Ich hatte nie den geringsten Anlass, mich über sie zu ärgern oder sie vielleicht sogar zu hassen, wie man es so oft in anderen Erzählungen von Bergbesteigungen lesen kann. Ich verspürte nie die geringste Abneigung gegen meine Stiefel, als ich sie jeden Morgen schnürte, sondern eher ein Gefühl des Bedauerns, als ich sie mir zum letzten Mal von den Füßen zog.

Ein weiteres Teil, das mir während der letzten Woche sehr ans Herz gewachsen ist, ist mein aufblasbares Kissen. Man findet solche Kissen nicht auf vielen Packlisten, denn sie werden nicht als notwendig erachtet, aber meines machte nachts für mich einen Riesenunterschied, selbst dann – oder vielleicht sogar gerade dann – wenn ich nicht schlafen konnte. So ein Kissen kostet nicht viel und kann zu einem winzigen Ball zusammengerollt werden – warum also nicht eins einpacken?

Mein Handy hatte ich nicht auf den Berg mitgenommen. Ohne internationale Minuten war es praktisch nutzlos, und die Batterie wäre schon nach zwei Tagen leer gewesen. Dennoch ist es mir gelungen, Klaus mit einem geliehenen Telefon gelegentlich eine SMS zu schicken, und ich bin sicher, er hat sich darüber gefreut. Gut, ich gebe es zu: Es war nicht einfach *irgendein* geliehenes Telefon, sondern es war *Adrians* Telefon. Genau jenes, das uns so sehr auf den Geist ging, aber das tatsächlich mithilfe des Solarpanels lange genug geladen blieb, um für eben solche Nachrichten nützlich zu sein. Also will ich ihm – dem Telefon, sowie Adrian – hier ein wenig Anerkennung zollen. Beim nächsten Mal würde ich vorher ein billiges Handy mit ein paar internationalen Minuten kaufen und es sehr sparsam für zwei oder drei Textnachrichten verwenden. (Und an dieser Stelle wird mein Mann einwenden, dass die Worte »Handy« und »sparsam verwenden« nicht häufig im gleichen Satz vorkommen, wenn von mir die Rede ist.)

Viel gibt es nicht mehr zu berichten, denn bald brechen wir zum Flughafen auf und damit geht mein Kili-Abenteuer zu Ende. Aber ich sollte vielleicht noch vom Rest des gestrigen Abends berichten, auch wenn er mir – äh – nur lückenhaft in Erinnerung ist. Als wir uns alle von Goddy verabschiedet und geduscht hatten, nahmen wir unser Trinkgelage im Innenhof wieder auf, und dabei blieb keiner nüchtern. Es machte uns einen Riesenspaß, wieder und wieder über die gleichen abgedroschenen Witze zu lachen, und in einem plötzlichen Anflug von Kreativität dachten wir uns für jeden Gruppenteilnehmer ein Pseudonym für mein Blog aus, denn ich würde ja darin bald meine Kili-Tagebucheinträge veröffentlichen. Es war ein Brainstorming, wie man es nur hinbekommt, wenn man gerade von einer gemeinsamen Woche in der Wildnis zurückgekehrt ist und sich einige Flaschen Kilimandscharo-Bier zu viel gegönnt hat. Wir konnten gar nicht wieder aufhören mit dem Namen-Erfinden – und auch nicht mit dem Bier-Trinken. Schließlich mussten wir ja auch den sieben Tage lang aufgestauten Nachgeschmack der leidigen Wasserreinigungstabletten loswerden, der sich als unerwartet hartnäckig entpuppte.

Und so tranken wir und vergaben Spitznamen. Ich habe ja schon erzählt, dass wir Mike den »Dicken Kontrolleur« tauften, wegen seiner Angewohnheit, alle herumzukommandieren. Martin wurde »Sheriff Woody« aus *Toy Story*, aber die Begründung dafür ist mir entfallen. Ich weiß nur noch, dass es uns gestern Abend sehr lustig vorkam. Dudley wurde zu »Johnny Fartpants«, einer mir unbekannten Zeichentrickfigur, deren Namenspatenschaft mir allerdings in Dudleys Fall völlig klar ist. Im Nachhinein bin ich nicht mehr ganz so neidisch auf Sharon im Hinblick auf ihren Schlafsackpartner, der vielleicht tatsächlich Wärme, aber zusätzlich wohl leider auch nicht gerade frische Düfte in ihrem Zelt erzeugt hat. Sharon selbst wurde »die kleine Bo-Peep«, weil sie unserer Schar – genau wie jene Namensschwester – immer mit ihrem rosa Schlapphut vorausging. Adrian tauften wir »Professor Bienlein«, der – wie ihr euch vielleicht erinnert, wenn ihr, wie ich, eure Kindheit damit verbracht habt, jedes einzelne Comic-Buch der *Tintin*-Serie wieder und wieder zu lesen – bei jedem Abenteuer eine seiner neuesten Erfindungen mitbringt, die dann aber leider nie so funktionieren, wie er sich das vorgestellt hat. David – dem ja ständig irgendetwas verloren- oder kaputtging, was ihm Adrian dann wieder reparieren musste – bekam den Namen »Herr Kartoffelkopf«, genau wie dieses Kinderspielzeug aus Plastik, das man in alle Einzelteile zerlegt und dann oft nicht wieder richtig zusammenstecken kann.

Ja, ich weiß, es klingt alles fürchterlich albern, aber als wir mal mittendrin waren, gab es kein Halten mehr. Außerdem muss man wissen, dass gerade in Afrika die Vergabe von Spitznamen an der Tagesordnung ist. Fast niemand wird verschont, und meistens sind diese Namen sehr clever. Ich tröste mich damit, dass selbst der ehrenwerte Hans Meyer, Bezwinger des Kilimandscharo, auf einen eher albernen Beinamen hörte, den ihm seine somalischen und afrikanischen Träger verliehen hatten: »Bwana kelele« (»Herr Ruhe«). Hier folgt, was Meyer selbst darüber schrieb:

»So ward mir, weil ich regelmäßig beim Schlafengehen die allzulauten Schwätzer mit dem Ruf ›kelele!‹ (»Ruhe!«) zur Ruhe wies, schon auf der ersten Reise der Name ›Bwana kelele‹ (›Herr Ruhe‹) zu teil…«

Irgendwie wächst mir Meyer mit dieser kleinen Anekdote noch mehr ans Herz, denn ich kann ihn wieder einmal nur zu gut verstehen. Wenn meine Kinder bei uns zu Hause Spitznamen verteilten, könnte »Frau Ruhe« wahrlich einer sein, der an mir hängenbliebe.

Da von Ruhe die Rede ist: Ruhe ist nicht gerade etwas, womit sich Dylan gut auskennt. Außer an dem einen Tag, an dem er krank war, schwätzte er gerne und viel, und nicht nur das, er tat es auch in vielerlei verschiedenen Dialekten. Daher tauften wir ihn »Sebastian« nach der Krabbe aus *Arielle die Meerjungfrau,* die anscheinend in dieser Hinsicht gleichermaßen begabt ist. Dylan konnte so gut die Angestellten am OR Tambo International Airport in Johannesburg nachmachen, wie sie bei der Flugansage anstatt der Flugzeiten ihre Bestellung für gegrilltes Hähnchen durchgaben, dass wir dabei regelmäßig vor Lachen fast unter dem Tisch lagen. Monia musste natürlich »Dorie« aus *Findet Nemo* sein, denn das hätte besser nicht passen können. Genau wie die liebenswerte Dorie im Trickfilm plapperte auch Monia ständig und hatte außerdem immerzu irgendwelche Fragen. Und, wie Dorie, hat auch Monia ein Herz aus Gold. Ich selbst wurde »Olivia«, die Geliebte des spinatessenden Seemannes »Popeye«. Genau weiß ich den Zusammenhang dabei nicht mehr, aber ich schmeichle mir damit, dass Olivia für ihre ausgesprochen schlanke Figur bekannt ist. Nur Max wurde die Schmach eines neuen Spitznamens erspart, denn er hat ja schon einen. Vielleicht hätte er es sich ja auch verdient, ihn ein für alle Mal loszuwerden. Denn in diesen vergangenen zehn Tagen hat er sich kein einziges Mal wie ein sturer Zax benommen.

Ich erinnere mich daran, dass die Männer während all des Feierns und Herumalberns irgendwann ein skandinavisches Mädchen namens Ingrid - jung, blond, und schlank - zu unserem Trinkgelage einluden. Sie war ohne eigene Gruppe angereist und saß daher etwas traurig herum. Ich meine mich außerdem zu erinnern, dass jeder der Männer - Mike natürlich allen voran - sein bestes tat, sie mit immer fantastischeren Erzählungen über unsere Wanderung zu beeindrucken, aber natürlich behaupten sie jetzt, das sei nicht wahr. Gab es vielleicht zu dieser Ingrid etwa ein männliches Pendant - groß, stark, und gutaussehend - namens Björn, der allen Frauen in unserer Gruppe Massagen verpasste? Und schaute vielleicht sogar Lance nochmal vorbei, im enganliegenden Hemd und mit dem Anflug eines Bartes im kantigen Gesicht? Wohl eher nicht. Wie gesagt, meine Erinnerung ist lückenhaft und der Unterschied zwischen Wunschdenken und Realität verschwommen. Wer kann genau sagen, was passiert ist? Manchmal frage ich mich, ob letzte Woche wirklich alles so geschah, wie ich es hier beschrieben habe, oder ob sich dabei nicht vielleicht ein kleines bisschen Fantasie eingeschlichen hat. Was unsere gestrige Party anbelangt, müsste man dazu vielleicht die Jungs fragen. Es könnte aber sein, dass wir ihnen ein paar Flaschen Bier untergejubelt haben und sie vielleicht sogar dazu gedrängt haben, diese leerzutrinken, und deswegen ist das wahrscheinlich auch keine gute Idee.

Die Hotelangestellten mussten uns regelrecht aus unseren Stühlen ziehen, als sie frühmorgens die Bar schließen wollten, und dann gab es erst mal beim Abrechnen Probleme, weil die Kreditkartenmaschine nicht funktionierte. Aber irgendwie konnte das Zahlen der Zeche dann doch zur Befriedigung aller Anwesenden abgewickelt werden, und wir stolperten zu unseren Zimmern, um dort in unsere Betten und in einen tiefen Schlaf zu fallen. Oder fast alle - ich selbst litt trotz grenzenloser Erschöpfung immer noch unter Schlaflosigkeit und verließ fast sofort mein bequemes Bett wieder, um den Großteil der restlichen Nacht auf einem eher unbequemen Sofa in der Hotellobby zu verbringen. Verrückt, nicht wahr? Aber diesmal war ich nicht böse drum, denn ich hatte so die Gelegenheit, die Anfänge dieser Geschichte zu Papier zu bringen, solange sie mir noch so lebendig in Erinnerung war.

Ach ja, und die heiße Dusche? Sie war wirklich himmlisch. Ich kann mir kein passenderes Symbol für meine Rückkehr in die Zivilisation vorstellen als den köstlichen Anblick der Mischbatterie, mit der ich zum ersten Mal die Dusche wieder andrehte. Ich ziehe noch ein letztes Mal Dr. Hans Meyer hinzu, der auch hierzu ein Wörtchen zu sagen hatte. Nichts sei besser, so schrieb er, um solchen Komfort wie »Douchebad, Kaffee mit Milch, illustrierte Zeitungen und dergleichen« - kurz all das, was zu Hause ein »selbstverständliches Lebensbedürfnis« sei - angemessen zu würdigen, als mit den Entbehrungen eines Ortes wie Ostafrika auskommen zu müssen. Ich glaube wirklich, er konnte manchmal meine zukünftigen Gedanken lesen, als er vor über 120 Jahren seine Geschichte zu Papier brachte. Ich werde nie wieder den Genuss von fließendem Warmwasser als selbstverständlich annehmen, sondern ihn als Privileg würdigen. Als ich staubig und erschöpft in der Dusche stand und den ersten Tropfen - gut, nicht einen Tropfen, sondern eher eine ganze Flasche - Shampoo in meine Haare rieb, weinte ich fast vor Freude. Und als ich so dastand, inmitten des dampfenden Wassers, das auf mich herunterprasselte, und dabei an unsere unglaubliche Woche zurückdachte, da kamen mir dann wirklich die Tränen.

Es scheint passend, meine Geschichte mit einer Anekdote zu eben jenem Duscherlebnis abzuschließen. Einer meiner amerikanischen Freunde war zufällig - ganz unabhängig von unserer Gruppe - erst eine Woche vor uns auf den Kilimandscharo gestiegen und hatte mir nach seiner Rückkehr das folgende Erlebnis geschildert:

Während der letzten Stunde des Abstiegs träumte ich nur noch von der Dusche im Hotel. Aber als wir dort angekommen waren und ich endlich unter ihr stand, musste ich leider feststellen, dass im ganzen Hotel das heiße Wasser alle war. ALLE! Grausam. Und dann merkte ich zu allem Überfluss auch noch, dass ich die Seife vergessen hatte. Und als ich da so im kalten Wasser stand, schmutzverkrustet und voller Selbstmitleid, fragte ich mich, was denn sonst noch schiefgehen könnte. Genau in dem Augenblick ging der Strom aus und es war auf einmal stockdunkel, sodass am Ende meine herbeigesehnte heiße Dusche aus ein paar Tropfen eiskalten Wassers im Dunkeln bestand. Das ist Afrika!

Letztendlich klappte es dann doch noch, aber alles, was ich in dem Moment tun konnte, als die Lichter ausgingen, war laut loszulachen.

Und genau damit kann man die tiefere Bedeutung unserer Kilimandscharo-Woche zusammenfassen. Wenn du heulen kannst, wenn etwas herrlich ist, und lachen, wenn etwas schiefgeht, dann befindest du dich auf dem richtigen Weg im Leben.

Vielleicht kann man das nur in Afrika lernen.

ENDE

DANKSAGUNGEN

Es gibt in unserem Leben immer Menschen, ohne die wir es nicht geschafft hätten - ob es nun das Besteigen eines Berges war oder die Schöpfung eines Buches. Deswegen möchte ich all denen gegenüber meinen Dank aussprechen, die bei diesem Werk in irgendeiner Weise mitgeholfen haben. Ganz besonderen Dank an:

Meinen Sohn Max, ohne den ich womöglich nicht auf den Kilimandscharo geklettert wäre und dann keine Geschichte zu erzählen gehabt hätte.

Godlisten Mkonyi, ohne den ich womöglich nicht sicher und gesund vom Kilimandscharo zurückgekehrt wäre, und der mir durch sein Vorbild den Mut gab, dieses Buch zu schreiben.

Die anderen wunderbaren Bergführer - Hillary, Peter, Naiman, und Monday - und Träger unserer Expedition, die sich so fürsorglich um unser tägliches Wohlbefinden gekümmert haben, vor allem immer so gutgelaunt; Hakuna Matata!

Dudley, Sharon, Adrian, David, Monia, Martin und Dylan, die solch gute Wandergefährten waren - für ihre Hilfe und Unterstützung in allen schwierigen Situationen und für die tägliche Dosis Gelächter; und ganz besonders Mike – für seine unermüdliche Planung aller Details im Vorfeld sowie seine ebenso unermüdliche Hilfe bei der Ergänzung einiger Lücken in meiner Erzählung.

Klaus, Ben, Maya und Julia, die nicht mit dabei sein konnten und zudem gelegentlich auf Mahlzeiten und zusammengelegte Wäsche verzichten müssen, während ich meiner anderen Liebe – dem Schreiben – nachgehe.

Maryanne – für das Lesen aller meiner Entwürfe und dafür, dass sie mir immer mit einem ermutigenden Wort zur Seite stand, wenn es gerade besonders nötig war.

Charles O'Donnell – für seine hilfreichen Tipps zu der mir neuen Welt des Self-Publishing.

Catherine Ryan Howard, die mich nicht kennt, aber ohne deren Buch »Self-Printed« ich gar nicht gewusst hätte, wo ich anfangen soll.

Maria Foley, die so großzügig ihre Dienste als erste Korrekturleserin zur Verfügung stellte und mich mit ihren geistreichen Randnotizen immer wieder zum Lachen brachte.

Meine Lektorinnen fürs Englische, Julie van Pelt und Ros Brodie, die mit ihrem unglaublichen Gespür für Erzählerstimme, Kommasetzung und »disharmonische Sätze« viele kleine und auch größere sprachliche Katastrophen abwenden konnten.

Nicole El Salamoni, die mit nur ein paar Fotos und der Anweisung »mach's lustig« den perfekten Buchumschlag entwarf, obwohl sie dafür mindestens fünfzehnmal den Titel ändern musste.

Gudrun Sauter, meine deutsche Lektorin – für die prompte und geduldige Korrektur all meiner Entwürfe, ohne die Augen zu verdrehen, wenn mal wieder auf gut schwäbisch die Rede von »nackig« oder »dem Socken« war, und für die treue Unterstützung über die letzten Monate.

Corinna Deyhle – für das kritische Korrekturlesen der ersten deutschen Übersetzung und die vielen konstruktiven Hinweise auf Ungereimtheiten und Widersprüche, die mir bis dahin entgangen waren.

Meinen Bruder Philipp, der mich - und den Rest der Familie - immer wieder so fürsorglich mit deutscher Literatur versorgt.

Meinen Bruder Conrad, der nicht nur bei diesem Buch, sondern bei jedem wichtigen Projekt meines Lebens immer mein erster und größter Fan gewesen ist - danke!

Bibliografie

Bezruchka, Stephen, *Altitude Illness: Prevention and Treatment* (Mountaineers Outdoor Expert). Seattle: Mountaineers Books, 2005.

Curtis, Rick, *High Altitude: Acclimatization and Illnesses* (Princeton University Outdoor Action Program). Princeton, 1995.

Dippelreither, Reinhard, *Tansania: Kilimanjaro* (Reihe OUTDOOR, Der Weg ist das Ziel). Welver: Conrad Stein, 2011.

Dorr, Daniel, *Kissing Kilimanjaro: Leaving it All on Top of Africa.* Seattle: Mountaineers Books, 2010.

Meyer, Dr. Hans, *Ostafrikanische Gletscherfahrten: Die Ersteigung des Kilimandscharo und Forschungsreisen im Kilimandscharo-Gebiet.* Leipzig: Duncker & Humblot, 1893.

Meyer, Kathleen, *How to shit in the Woods: Wie man im Wald sch...* (Reihe OUTDOOR, Basiswissen für draußen). Welver: Conrad Stein, 2011.

Moore, Tim, »Kilimanjaro? Well it nearly killed me.« *The Guardian*, 15. Feb 2003.

Stedman, Henry, *Kilimanjaro: The Trekking Guide to Africa's Highest Mountain.* Surrey: Trailblazer Publications, 2010.

Stedman, Henry, »History of Kilimanjaro.« www.climbmountkilimanjaro.com, Climb Mount Kilimanjaro, 7. Okt 2006.

Stewart, Alex, *Kilimanjaro: A Complete Trekker's Guide: Preparations, practicalities and trekking routes to the 'Roof of Africa'.* Milnthorpe, UK: Cicerone Press, 2011.

Schoeman, Eben, »Western Breach Route.« *Taraji Kilimanjaro*, www.westernbreach.com, 14. Feb 2013.

»Which is the Best Route to Climb Kilimanjaro?« *Team Kilimanjaro*, www.teamkilimanjaro.com, 22. Nov 2010.

»Which Route Should I Use to Climb Kilimanjaro?« *Ultimate Kilimanjaro*, www.ultimatekilimanjaro.com, 25. Okt 2009.

Wikipedia-Beiträge, »Mount Kilimanjaro.« *Wikipedia, The Free Encyclopedia*. en.wikipedia.org, 14. Feb 2014.

WAS PACKT MAN FÜR DEN KILIMANDSCHARO?

Das ist sicherlich die Frage, die dem künftigen Kilimandscharo-Wanderer das größte Kopfzerbrechen bereitet. Eine gute Packliste - und zwar eine, die sich im Einsatz bewährt hat - ist für eine erfolgreiche Wanderung unabdinglich.

Eine detaillierte Packliste und Tipps bezüglich der besten Routen und Jahreszeiten sowie eine Foto-Galerie der Kilimandscharo-Reise aus diesem Buch kann auf der Internetseite der Autorin eingesehen werden:

www.evamelusinethieme.com

Und zu guter Letzt: Sollte Ihnen *Kilimandscharo-Tagebuch* gefallen haben, würde ich mich sehr über eine Kundenrezension bei **www.amazon.de** freuen.

Über die Autorin

Eva Melusine Thieme ist die Autorin des beliebten Blogs *Joburg Expat,* in dem sie über die vielen Abenteuer ihrer Familie in Südafrika berichtet. Davor war sie als freie Mitarbeiterin bei der Zeitschrift *Kansas City Parent Magazine* tätig. Sie wurde in Deutschland geboren und hat in Nordamerika, Asien und Afrika gelebt. Zurzeit wohnt sie in Brentwood im US-Bundesstaat Tennessee mit ihrem Mann und ihren vier Kindern, wo sie an ihrem nächsten Buch arbeitet, das von einer Autofahrt durch das ungezähmte Namibia zu sechst in einem Fünfpersonenwagen handelt.

12086270R00183

Printed in Germany
by Amazon Distribution
GmbH, Leipzig